Für Tina & Lena –
Dank an Rositta & Walther

Susanne Petersen

Marktweiber und Amazonen

Frauen in der Französischen Revolution
Dokumente · Kommentare · Bilder

Pahl-Rugenstein

© 1987 by Pahl-Rugenstein Verlag GmbH, Köln
Alle Rechte vorbehalten
Umschlag: Willi Hölzel/Andreas Tsordanidis
Satz: Fotosatz Klaußner GmbH, Köln
Druck: Locher GmbH, Köln

CIP-Kurztitelaufnahme der Deutschen Bibliothek

Petersen, Susanne:
Marktweiber und Amazonen: Frauen in d. Franz. Revolution; Dokumente, Kommentare,
Bilder / Susanne Petersen. – Köln: Pahl-Rugenstein, 1987.
(Kleine Bibliothek; 411: Frauen)
ISBN 3-7609-1061-0
NE: GT

Inhalt

Jakobiner und Jakobinerinnen. Der Freispruch Marats am 24. April 1793

Einleitung

Frauen der Französischen Revolution – als vulgär-zügellose Fisch- und jakobinische Strickweiber, als blutrünstige Hyänen und ähnliche Schreckgestalten geisterten sie seit dem 19. Jahrhundert durch die historische, schöngeistige und Trivialliteratur; und ganz zur Ruhe gekommen sind diese Geister auch heute noch nicht. Daneben gibt es aber auch seit jeher ein anderes Stereotyp: Die unpolitische Frau, die ihrem in der Revolution aufgehenden Ehemann einen bodenständigen, das tägliche Brot über Freiheitsideale stellenden Realismus entgegensetzt, aus alter Anhänglichkeit oder Nächstenliebe am Ende gar einem konterrevolutionären Priester auf dem Dachboden Unterschlupf gewährt.

Die akademische Sansculottenforschung hat freilich vor mehr als einem Vierteljahrhundert bereits Einsichten in soziale Hintergründe, Motive und Aktionsformen des Eingreifens des »niederen« Volks in die große Politik eröffnet, die eine Überprüfung auch dieser (von manchen liebgewonnenen) Vorstellungen mehr als nahegelegt hätten; doch die Frauen der Sansculotten[1] gingen zumeist in der anonymen Volksbewegung unter; ihr spezifischer und eigenständiger Part im revolutionären Prozeß wurde weitgehend ausgeblendet.

Erst seit den 70er Jahren bemüht sich eine wachsende Zahl von Forscherinnen meist feministischer Orientierung darum, die von der »männlichen« Geschichtsschreibung verschütteten Spuren weiblicher Präsenz in der Geschichte freizulegen, und in diesem Zusammenhang geriet auch die Französische Revolution ins Visier. Das Augenmerk richtete sich zunächst auf die Ursprünge der Frauenrechtsbewegung, zu denen auch einige Persönlichkeiten der Französischen Revolution als Protagonistinnen des Frauenrechts Wesentliches beisteuerten. So steht Olympe de Gouges' »Erklärung der Rechte der Frau und Bürgerin« auch dem deutschen Publikum zur Verfügung. In der Folgezeit nahm die Zahl von Veröffentlichungen über allgemein-politische Aktivitäten von Frauen während der Revolutionszeit nicht nur im deutschsprachigen Raum, sondern auch in Frankreich und besonders den angelsächsischen Ländern zu (vgl. Literaturliste). Allerdings fehlen nach wie vor systematische Untersuchungen zu den Lebens- und Arbeitsbedingungen von Frauen auf dem Lande oder in der Stadt, vor, während oder nach der Revolution. Eine neue Durchsicht und Auswertung der Archivalien, der zeitgenössischen Hand- wie Druckschriften wäre vonnöten, um den Alltag der Sansculottinnen besser kennenzulernen.

Für diesen Band konnten derartige Vorarbeiten nicht unternommen werden. Vielmehr stammen die ausgewählten Quellen zumeist aus »klassischen« Quelleneditionen bzw. zeitgenössischen Klassikern. Zwar wurden auch Revolutionszeitschriften konsultiert und mir vorliegende Archivalien ausgewertet, aber die Probleme der Quellenlage machen sich deutlich bemerkbar. Zumeist sind es Männer, die über Aktivitäten von Frauen sprechen, diese beschreiben und bewerten; häufig handelt es sich dabei überdies um Angehörige des Polizei- und Überwachungsapparates, was ihren Beobachtungen noch eine besondere Färbung gibt. Und wenn Frauen selbst zu Worte kommen, dann geschieht dies häufig in Verhören, wo sie auf vorgegebene Fragen zu antworten haben und taktisches Raffinement zeigen müssen, um aus der Sache ungeschoren herauszukommen. Selbstzeugnisse sansculottischer Frauen sind vor allem deshalb so selten in reiner Form wiederzufinden, weil diese Frauen in der Regel schriftunkundig waren. Allerdings sind ihre Petitionen sowie ihre Interventionen in den öffentlichen Gremien überliefert, wenn auch durch die Filter der zuständigen Protokollanten.

Allen Schwierigkeiten zum Trotz möchte dieser Band mehr Hintergrundinformationen darüber vermitteln, warum sich Frauen so zahlreich und engagiert an der Revolution beteiligten, wie sich ihr Leben in den ersten Revolutionsjahren veränderte, welche Erfahrungen sie im Umgang mit den neuen revolutionären Institutionen sammelten, welche Erfolge sie errangen und welche Mißerfolge sie erlitten. Es wird dabei im wesentlichen um die Frauen der Pariser Volksbewegung der Jahre 1789–1794 gehen. Die Aktivitäten der Pariser Sansculottinnen sind noch am besten dokumentiert. Ihnen kam auch wegen der Möglichkeit, auf die nationalen Institutionen einzuwirken, die größte politische Bedeutung zu. Das vorrangige Interesse an der Volksbewegung rechtfertigt den Verzicht auf die Beleuchtung adliger oder großbürgerlicher Frauenschicksale; daß aber die Landfrauen aus der Betrachtung herausfallen, daß auch der wichtigen Frage nach dem Anteil von Frauen an konterrevolutionären Bestrebungen, nach der schon von Zeitgenossen immer wieder behaupteten besonderen Hinneigung zur Kirche gar nicht nachgegangen wird, ist allein dem unbefriedigenden Stand von Forschung und Dokumentation geschuldet.

Die Anordnung der Kapitel folgt zumeist dem chronologischen Prinzip, das gerade für die Revolutionszeit besonders zu beachten ist, waren doch die politischen und ökonomischen Rahmenbedingungen einem ständigen Wandel unterworfen, wodurch sich auch Formen und Inhalte der Intervention von Frauen veränderten. In einigen Kapiteln wurde allerdings dem systematischen Zugang der Vorzug gegeben, sei es um langandauernden Tendenzen Rechnung zu tragen, sei es um einen Aspekt in konzentrierter Form darzubieten, um bessere Vergleichsmöglichkeiten zu eröffnen oder um einer Berufsgruppe näher zu kommen.

Die oben skizzierten Probleme der Dokumentation betreffen vor allem die sozialgeschichtlichen Hintergründe; in den ersten beiden Kapiteln über die Lage von Frauen am Vorabend der Revolution und die Lohnarbeit von Frauen vor und während der Revolution sollen aber wenigstens einige Akzente gesetzt werden. Reichlicher sprudeln die Quellen, wo es um so spektakuläre Aktionen geht wie den Marsch der Pariser Frauen nach Versailles (Kapitel 3), den (ersten) »Tag der Weiber« in der Revolution. Mit dieser Massendemonstration, die den König schließlich am 6. Oktober 1789 im Triumphzug in »seine« ihn sehr wachsam beaufsichtigende Hauptstadt zurückbrachte, hatten die Frauen das »Recht« auf Teilnahme am politischen Leben nicht reklamiert, sondern ausgeübt. Keine der einander ablösenden revolutionären Verfassungen – auch nicht die demokratische von 1793 – hat ihnen politische Rechte zugestanden. Auf das Wahlrecht warteten die Französinnen bis 1945. Die Zeitgenossen und -genossinnen haben daran, daß die »Menschen- und Bürgerrechte« für Frauen nicht gelten sollten, erstaunlich wenig Anstoß genommen. Daß es nicht allen ganz selbstverständlich war, zeigt Kapitel 4, das der Auseinandersetzung um Frauenrechte gewidmet ist. Seit 1792 befand sich Frankreich in einem Krieg, der sich nicht nur auf den Gang der innenpolitischen Ereignisse, sondern auch auf das Verhältnis der gesellschaftlichen Kräfte auswirken mußte, und auch für die Rolle der Frauen in Familie und Gesellschaft neue Zeichen setzte. Direkte »Kriegsfolgen« versucht das Kapital 5 aufzuzeigen, indirekte, deshalb aber nicht weniger bedeutsame auch die folgenden. Denn der Krieg verschärfte die ohnehin prekäre Versorgungslage. Dies galt zunächst für Lebensmittel, d. h. vor allem Brot, und hier traten die Frauen, deren traditionelle Rolle in der Familienökonomie die Verantwortlichkeit für das »tägliche Brot« einschloß, als direkt Betroffene auf den Plan. Anzeichen für Brotknappheit ließ Frauen unüberhörbar werden, vor den Bäckereien, in den Straßen und über die neuen demokratischen Institutionen auch in allen Gremien, die Frauen für zuständig hielten. Ihre täglichen Erfahrungen ließen sie gleich nach Verantwortlichen suchen und – angesichts der revolutionären Rahmenbedingungen – häufig zu politischen Antworten vorstoßen, wie im 6. Kapitel zu zeigen ist. Engpässe gab es aber auch bei anderen Gütern, z. B. Seife. Wenn gerade dieser Mangel Anlaß zu »Frauenkrawallen« gab, so weniger wegen der Folgen für die »Volkshygiene«, sondern weil eine traditionell in Frauenhänden liegende Berufstätigkeit betroffen war: die der Pariser Wäscherinnen (Kapitel 7). Obwohl Forderungen nach politischer wie rechtlicher Gleichstellung von Frauen in der Verfassung kaum Berücksichtigung fanden, zeichneten sich in der Praxis des politischen Lebens wichtige Veränderungen zugunsten der Frauen ab. In den meisten größeren Städten Frankreichs entstanden Frauenklubs. Herausragende Bedeutung erlangten die Revolutionären Republikanerinnen aus Paris. Den Zielen und Aktivitäten dieser revolutionären Frauenorganisation sind die nächsten zwei Kapitel gewidmet. Das Zurückdrängen der Pariser Volksbewegung seit dem Frühjahr 1794 und schließlich ihre Niederlage bedeuteten auch das Ende revolutionärer Frauenaktivitäten – vom Verbot des Frauenklubs der Revolutionären Republikanerinnen bis zur »Letzten Schlacht« der Frauen im Mai 1795.

Jedem Kapitel geht ein längerer Kommentar voraus, der die historischen Rahmenbedingungen knapp erläutern sowie interpretatorische Hilfestellungen für die Lektüre der Quellen geben soll. Zum Teil sind einzelne Dokumente mit Anmerkungen versehen. Auch die Abbildungen wurden in einen inhaltlichen Zusammenhang gestellt. Die Quellen wurden zumeist – sofern nicht anders vermerkt – von mir übersetzt; eine Literaturliste mit den wichtigsten Titeln und den verwendeten Quelleneditionen findet sich am Ende des Bandes.

---

1 Aus dem Französischen: Sans-culottes (=ohne [die teuren Kniebund-] Hosen; d. h. mit langen weiten Hosen). So bezeichneten sich die städtischen Revolutionsanhänger selbst, voller Stolz auf ihre einfache Kleidung. Zu den Sansculotten rechnet die Forschung gemeinhin städtische Volksmassen, die von lohnabhängiger Arbeit lebten, bzw. eine kleinbürgerliche Existenz als selbständige Handwerker etc. fristeten oder sog. liberale Berufe ausübten, sowie ihre Familienangehörigen; kurz: über 2/3 der Pariser Bevölkerung (gleiches gilt auch für andere Städte). Aber das Adjektiv »sansculottisch« verdienten nur jene Personen, die sich auch vollständig für die Revolution einsetzten, die vom Konsumentenstatus diktierte Interpretationen des »Existenzrechts« einklagten, die nach basisdemokratischen Rechten »direkter Demokratie« verlangten und alle Volksvertreter einer ständigen Kontrolle unterwarfen usw. Insofern repräsentierten die Sansculotten das radikaldemokratische Element der bürgerlichen Revolution.

1. Kapitel
Zur Situation der Frauen im vorrevolutionären Frankreich

Über die Hälfte der ca. 26 Millionen Menschen, ungefähr 13 Millionen, waren weiblichen Geschlechts. Davon lebte die große Mehrheit als Ehefrauen feudalabhängiger Bauern auf dem Lande. Die Zahl der Adligen und der Angehörigen der Großbourgeoisie fiel demgegenüber prozentual kaum ins Gewicht. Die Stadtbevölkerung wuchs durch stetigen Zuzug. Die größte Anziehungskraft übte die Hauptstadt Paris aus. Die Perspektivlosigkeit trieb immer mehr junge Frauen vom Lande, die zumeist aus verarmten Verhältnissen stammten und über keine größere Mitgift verfügten, dorthin. Für die Töchter der gehobenen Gesellschaftsschichten wurde demgegenüber das Kloster bevorzugt, wo sie eine Ausbildung erhielten und abwarten mußten, mit wem man sie verheiraten würde.

Eine verbindliche Schulausbildung im heutigen Sinne, auch nur auf die Vermittlung der Grundkenntnisse im Lesen, Schreiben und Rechnen beschränkt, gab es nicht.

Wohl war die Zahl schulischer Einrichtungen größer als früher angenommen, aber der Analphabetismus war immer noch sehr hoch. So schwierig es ist, sein ganzes Ausmaß zu ermitteln, zumal zumeist nur die eigene Unterschrift als Beweis für Schreib- und Lesefertigkeiten herangezogen wird, scheint doch festzustehen, daß er auf dem Lande sehr viel mehr als in der Stadt und bei Frauen noch mehr als bei Männern (85% gegenüber 65%) verbreitet war.

Interessante Einblicke in die Lage französischer Bäuerinnen bietet der kundige und detailbesessene englische Agronom und ehemalige Landwirtschaftsminister Arthur Young (1741–1820). Auf seinen Reisen durch Frankreich (1786/1787/1789) verfaßte er ein Reisejournal, in dem er den Schwerpunkt auf französische Besonderheiten, auf Unterschiede zu englischen Verhält-

Dorfschule vor der Revolution

nissen legte, was der Darstellung sehr zugutekommt. Arthur Young war vollständig davon überzeugt, und er wiederholte es immer wieder, daß die politischen, ökonomischen und sozialen Strukturen Frankreichs dringend einer Änderung bedurften. So stand er 1789 den revolutionären Veränderungen zunächst durchaus positiv gegenüber.

Eine einfache französische Bäuerin mußte neben der Hauswirtschaft auch alle Arten von Feldarbeiten verrichten, was Arthur Young besonders auffiel (Dok. 1 a, b): In aller Frühe stand sie auf, besorgte das Wasser, machte Feuer und bereitete das Essen. Dann versorgte sie die zahlreichen Kinder, arbeitete auf dem Feld oder brachte Waren zum nächsten Markt. Abends mußte sie für die ganze Familie das Hauptgericht kochen. Sofern vorhanden, gehörten auch Gemüsegarten und Viehversorgung zu ihrem Aufgabenbereich. Das Wäschewaschen war zwar aufgrund des geringen Kleidungsbestands keine ständige Anforderung (Dok. 1 c, h), aber da die Familie zumeist groß war, mußten auch die wenigen Kleider mal gewaschen werden. Sicherlich halfen die größeren Kinder bei der Erledigung all dieser Tätigkeiten schon früh mit, denn »groß« waren die Kinder seinerzeit schon recht bald. Aber die Belastungen eines derart langen Arbeitstages trafen die Bäuerinnen auch deshalb besonders hart, weil sie aufgrund häufiger Schwangerschaften schon körperlich stark mitgenommen waren. Denn Maßnahmen zur Empfängnisverhütung waren zwar z. T. bekannt und breiteten sich aus, aber der Einfluß der katholischen Kirche, der auf dem Lande größer als in der Stadt war, hemmte ihre Auswirkungen auf das generative Verhalten der Franzosen und Französinnen. Wenn sich eine Bevölkerungszunahme in der zweiten Hälfte des 18. Jahrhunderts auch in Frankreich abzeichnete, so ergab sich diese mehr aus einer Zunahme der Geburten sowie einer längeren Lebenserwartung als aus einer Abnahme der Kindersterblichkeit. Denn immer noch war diese außerordentlich hoch; fast jedes zweite Kind erreichte nicht das 5. Lebensjahr. Da aber die Bauernhöfe dringend Arbeitskräfte benötigten, kostenlose zumal, machte die Zahl der Kinder in gewisser Weise auch den »Reichtum« der bäuerlichen Existenz aus. Wie dieses sich gerade auf die Bäuerinnen auswirkte, beschrieb Arthur Young in einer berühmten Passage (Dok. 1 i) am Beispiel einer 28jährigen Frau, die bereits sieben Kinder bekommen hatte und aussah wie 60 oder 70. Aber auch die Freude über den »Kindersegen« blieb nicht geschlechtsneutral; die Geburt eines Mädchens löste häufig Enttäuschung aus. Bei Erbansprüchen gingen Mädchen von vornherein leer aus. Allenfalls konnten sie darauf hoffen, eine kleine Mitgift im Falle der Verehelichung zu erhalten. Auf Auswahl des Ehemannes und die Heirat selbst hatten sie keinerlei Einfluß. Vielleicht war dies in der Realität in dem einen oder anderen Falle anders, aber rein rechtlich hatten sie keinerlei Ansprüche auf Mitsprache. Nur in den wenigsten Fällen erhielten Bauernmädchen irgendeine Art von Ausbildung. Insofern stellt der von A. Young dargestellte Fall einer derartigen Einrichtung eine ausgesprochene Ausnahme dar (Dok. 1 e).

Obwohl unsere Informationen über die Lebensbedingungen von Frauen in der Stadt etwas breiter sind, sind wir auch hier zumeist auf männliche Zeitgenossen angewiesen. Selbstzeugnisse von Frauen sind nicht nur aufgrund ihrer schriftsprachlichen Unkenntnisse und ihrer »Unbildung«, die sie auch von allen höheren Bildunseinrichtungen ausschloß, sondern auch der Veröffentlichungsschwierigkeiten wegen recht selten.

Zwar waren die Salons – gesellschaftliche Veranstaltungen von Damen der höheren Gesellschaftsschicht, die sich mit Fragen von Philosophie und Gesellschaft auseinandersetzten und im Geistesleben Frankreichs in der zweiten Hälfte des 18. Jahrhunderts recht großen Einfluß erlangten – insbesondere in großen hauptstädtischen Adels- und Bourgeoisfamilien verbreitet, aber diese Teilnahme an der Propagierung aufklärerischen Gedankenguts schlug sich nicht unmittelbar in schriftlicher Produktion zur Frauenthematik nieder.

Unser Kronzeuge ist hier – wie auch bei anderen Gelegenheiten – Louis Sébastien Mercier (1740–1814), der mit seinem mehrbändigen Tableau de Paris ein Bild vom vorrevolutionären Paris lieferte, in dem auch Frauen unterschiedlichster sozialer Kategorien breit berücksichtigt werden. Wenn man seine sehr ins Detail gehenden Berichte liest, erfährt man nicht nur mehr über den damaligen Alltag, die konkreten Schwierigkeiten und Sorgen, sondern auch über die gesellschaftlich unterschiedlichen Verhaltensweisen von Frauen und Männern.

Daß Mercier dabei dazu neigt, auch die Welt der Frauen in griffige Formeln zu kleiden (»Die jungen, ledigen Damen«, »Späte Mädchen« etc.), birgt die Gefahr pauschalisierender Verallgemeinerungen in sich. Aber seine Liebe zum Detail und seine Suche nach gesellschaftlichen Zusammenhängen sowie seine Kritik an den herrschenden Verhältnissen lassen sein »Bild von Paris« zu einer wahren Fundgrube werden. Wenn Mercier die Situation von Frauen vor der Heirat in mehreren Kapiteln abhandelt, reflektiert er damit insofern die gesellschaftlichen Zustände, als Frauen stets in Bezug auf Männer definiert wurden, sich ihr Status nach dem des Mannes richtete und der Heirat unter diesen Voraussetzungen eine ganz besondere Bedeutung zukam. So hatte der Vater das Sagen über Frau und Kinder; er allein durfte über das Vermögen entscheiden, während eine Frau im Falle des Ablebens ihres Mannes nicht einmal die Vormundschaft oder das Sorgerecht für ihre eigenen Kinder übernehmen konnte. Vieles, was die rechtliche und gesellschaftliche Position von Frauen im vorrevolutionären Frankreich charakterisierte, findet sich illustrativ in Merciers Bildern geschildert: Die Ehefrau unterlag der Allmacht des Ehemannes; sie nahm den Namen des Ehemannes an und folgte ihm in seine gesellschaftliche Stellung. Die Vormachtstellung des Ehemannes wurde auch noch in anderer Hinsicht bestätigt: Während der Ehebruch des Mannes kein straffähiges Delikt darstellte, waren die Strafen für die ehebrüchige Frau erheblich: mindestens zwei Jahre Kloster, danach konnte ihr Ehemann entscheiden, ob sie gänzlich dort bleiben sollte oder ob sie wieder in die Familie zurückkehren durfte.

Gegen Ende des Ancien Régime zeichneten sich gewisse Erleichterungen für Frauen ab: So wurde der Witwe zumindest die Rückerstattung ihrer Mitgift garantiert. Nunmehr konnte sich auch eine als Ehebrecherin ins Kloster gesteckte Frau nach dem Tode ihres Gatten aus der Klostergefangenschaft durch Wiederheirat befreien.

Mercier schildert, wie damals mit der Heirat von jungen, ledigen Damen (Dok. 2) und Kleinbürgerinnen (Dok. 3) Geschäfte gemacht wurden, wie sich unverheiratete Frauen bei ungewollten – verbotenen und unter schweren Strafen stehenden – Schwangerschaften verhielten, um gesellschaftliche Ächtung sowie Strafverfolgung zu vermeiden (Dok. 5). Auch interessiert ihn das Schicksal der vielen unehelichen Kinder, die häufig ausgesetzt wurden und deren Zahl so anwuchs, daß ganze Spitäler mit ihrer notdürftigsten Betreuung beschäftigt waren (Dok. 6).

Aus anderen Quellen stammen Beispiele von Frauen, die sich von ihrem Mann wegen Mißhandlungen, Grausamkeiten etc. trennen wollten. Scheidungen waren aufgrund des kirchlichen Monopols auf Trauungen nicht möglich. Aber gegen Ende des Ancien Régime gab es Formen von räumlicher sowie von Gütertrennung, über die auf Antrag Gerichtsbeamte im Einzelfall entscheiden konnten. Zwei solcher Anträge haben wir hier abgedruckt (Dok. 7, 8), um die Auswirkungen zu illustrieren, die die herausragende Rechtsposition des Gatten auf das Leben seiner Frau haben konnte, und dies aus der Sicht der betroffenen Frauen. Nur selten erreichten es Frauen, volljährig zu werden, ohne verheiratet zu sein. Allerdings scheint die Zahl zumindest in Paris zugenommen zu haben, wie Mercier nicht ohne Kritik feststellen zu können glaubte (Dok. 4). Diese Lebensweise scheint um so anziehender geworden zu sein, je drückender das »Joch der Ehe« vielen Frauen und Mädchen erschien.

1. Der ehemalige englische Landwirtschaftsminister und Agronom Arthur Young über seine Eindrücke von französischen Frauen:

a) 22. Mai 1787 in Amiens:

»Frauen bestellen das Feld, pflügen mit einem Gespann Pferden, um Gerste zu sähen. Der Unterschied zwischen den Sitten der zwei Nationen [England und Frankreich] ist auf keinem Gebiet auffallender als bei den Arbeiten von Frauen. In England tun sie auf den Feldern nichts, außer zu stoppeln und das Heu zu machen, teils auch um zu plündern, teils aus Vergnügen. In Frankreich [dagegen] bestellen sie das Feld und laden den Mist ab.«

b) Dazu auch ein Passus aus den Briefen des Dr. Riby, ebenfalls ein englischer Reisender aus dieser Zeit:

»Die Frauen [Frankreichs] sind robust und gut gebaut, und sie scheinen sich einer Vielzahl von Arbeiten hinzugeben, insbesondere auf dem Lande. Sie tragen große Lasten sowie Früchte aus Feld und Garten auf dem Rücken zum Markt.«

c) Arthur Young aus dem Pyrenäenvorland am 10. Juni 1787:

»In der ganzen Gegend tragen die Mädchen und Frauen weder Schuhe noch Strümpfe; die Bauern haben bei ihrer Arbeit weder Holzpantinen noch Socken an. Das ist ein Elend, das den nationalen Wohlstand von Grund auf beeinträchtigt . . .«

d) Arthur Young aus Bayonne am 15. August 1787:

»Die Frauen hier sind die schönsten, die ich in ganz Frankreich gesehen habe. Auf meiner Fahrt von Pau nach Bayonne sah ich, was in diesem Königreich sehr selten ist, junge Mädchen vom Lande sauber und hübsch. In der Mehrzahl der Provinzen zerstört die harte Arbeit sowohl ihre Figur als auch ihre Haut . . .«

e) Arthur Young aus Liancourt am 16. September 1787:

»Die Mädchen der Armen werden in einer Einrichtung aufgenommen, die sie zu einem nützlichen Handwerk ausbildet, ihnen eine religiöse Erziehung gibt oder sie das Lesen, Schreiben und das Baumwollspinnen lehrt. Man behält sie bis zu ihrer Hochzeit, bei welcher ein festgelegter Teil ihrer Löhne ihnen als Mitgift ausgehändigt wird.«

f) Arthur Young über Adlige aus Liancourt, 16. September 1787:

»Frauen der höchsten gesellschaftlichen Stellung sind mittlerweile beschämt, ihre Kinder nicht selbst zu nähren. Und man hat ganz allgemein die Sitte verboten, die armen Kinder in Bändern zu gürten. Während so vieler Generationen hatten sie [die Kinder] eine Tortur erlitten, wie sie heute noch in Spanien üblich ist.«

g) Über ein Diner beim Duc de Liancourt:

»Ein auffallenderes Ereignis war es, zwei Damen bei einem dieser Diners anwesend zu sehen unter 25 oder 26 Herren; ein Vorkommnis, das sich in England nicht ereignen würde. Zuzugeben, daß die französischen Gepflogenheiten in diesem Falle besser als die unsrigen sind, ist nur das Eingeständnis einer unbestreitbaren Wahrheit. Wenn die Damen nicht Zusammenkünften beiwohnen, wo das Gespräch die größten Möglichkeiten hat, von wichtigeren Gegenständen zu handeln als von den Frivolitäten einer gewöhnlichen Unterhaltung, muß das schöne Geschlecht entweder in Ignoranz verharren oder sich der Abgeschmacktheit einer gelehrten Erziehung widerwillig hingeben. Das Gespräch von Männern, die sich mit anderen Dingen als mit Seichtheiten beschäftigen, stellt die beste Schule für die Erziehung einer Frau dar. (sic!)«

h) 5. September 1788:

»In Montauban [Dép. Ille-et-Vilaine, H. Sée] scheinen die Armen wirklich arm zu sein. Die Kinder gehen in schrecklichen Lumpen, ja sind schlechter gekleidet, als hätten sie überhaupt nichts an. Schuhe und Strümpfe stellen einen Luxus dar. Ein schönes, kleines Mädchen von sechs bis sieben Jahren spielte mit einem Stock und lachte unter einem solchen Berg von Lumpen, daß mir der Anblick das Herz zusammenzog. Sie bettelten nicht. Und als ich ihnen etwas gab, schienen sie eher überrascht als dankbar.

So wie ich diese Provinz erlebte, scheinen ein Drittel vernachlässigt und fast alle [Bewohner] im Elend.«

i) In Richtung auf Metz am 12. Juli 1789:

»Als ich, um meine Stute zu schonen, einen Gutteil des Wegs zu Fuß erklomm, gesellte sich eine arme Frau zu mir, die über die Zeit und die Armut des Landes Klage führte. Ich fragte sie nach den Gründen, und sie sagte mir, daß ihr Mann nur einen kleinen Acker, eine Kuh und ein armes Pferd besäße und daß er trotz alledem dem Grundherrn eine Pacht von 42 Pfund Korn, drei Hühnern schulde und einem anderen 168 Pfund Hafer, ein Huhn und einen Sou, nicht eingerechnet die schweren Kopf- und anderen Steuern. Sie hatte sieben Kinder, und die Kuhmilch diente allein dazu, Suppe zu machen. ›Aber warum besitzt Ihr nicht anstelle des Pferdes eine zweite Kuh?‹ – ›Ach, mein Mann könnte ohne ein Pferd die Ernte nicht so gut einholen, und gewöhnlich nimmt man in dieser Gegend keine Esel. Man sagt, daß zur Zeit etwas von großen Persönlichkeiten für uns, die armen Leute, vorbereitet wird (aber sie wußte nicht durch wen und auf welche Weise); aber Gott möge uns zu Hilfe kommen, denn die Steuern und [Feudal-] Abgaben zermalmen uns.‹

Selbst wenn man diese Frau von nahem sah, hätte man sie auf 60 oder 70 Jahre geschätzt, so gebeugt ging sie und so zerfurcht und von der Arbeit gegerbt war ihr Gesicht. Sie sagte mir, sie sei nur 28 Jahre alt. Ein Engländer, der keine [Auslands-] Reise unternommen hat, kann sich das Aussehen der Mehrheit der französischen Bäuerinnen gar nicht vorstellen. Auf den ersten Blick resultiert dies aus einer schwereren Arbeit als derjenigen der Männer, verbunden mit dem noch größeren Schmerz, eine neue Generation von Sklaven zur Welt zu bringen. Das läßt sie alle Ebenmäßigkeit und Weiblichkeit verlieren.«

Arthur Young, Voyages en France 1787, 1788, 1789. Journal de voyages. Traduction, introduction et notes de Henri Sée, 3 Bde., Bd. 1, Paris 1931, (repr. 1976), S. 78, 102 f., 148, 173 f., 176 f., 231 f. und 329 f.

Heuernte im Prairial

2. Mercier: Die jungen, ledigen Damen

Hierzulande liebt man keine Adelsfräulein mir nichts, dir nichts; diese bleiben bis zum Tag der Hochzeit in den Klöstern eingeschlossen! Sich ihnen zu erklären ist unmöglich, schon die Moral verböte es. Außerdem trifft man sie nicht allein, und wider allen Anstand wäre ihnen gegenüber selbst die kleinste Geste der Verführung. Auch der Großbourgeois bringt seine Töchter schon beizeiten ins Kloster, und die vom zweiten Stockwerk hält die liebe Mama unterm Fittich. Mädchen aus gutem Hause haben somit vor der Ehe im allgemeinen weder die geringste Freiheit noch das Recht auf irgendeine Art vertrauten Umgangs.

Einzig den Töchtern der Kleinbürger, der einfachen Handwerker, der Leute aus dem Volk steht es frei, zu gehen und zu kommen, wie es ihnen paßt, und also auch zu lieben nach Belieben. Alle übrigen empfangen ihre Gatten aus der Hand der Eltern, und der dazugehörige Kontrakt ist weiter nichts als ein

Geschäft; ausgehandelt wird er ohne sie. Die andern Mädchen aber, die aus den Buden der Putzmacherinnen, der Weißnäherinnen und der Schneider, nennt man Grisetten. Nach ihrer Art zu leben, stehen sie etwa zwischen denen, die sich aushalten lassen, und den Mädchen von der Oper. Allerdings sind sie zurückhaltender, auch schicklicher als jene und oftmals echter Gefühle fähig. Ihre Ansprüche sind bescheiden, und wer mit ihnen geht, braucht keinerlei Skandale zu befürchten. Sie verlassen ihre Wohnung nur an Sonn- und Feiertagen und suchen sich dann einen Freund, der sie für die Woche voller Langeweile entschädigt, denn lang genug wird einem ja die Woche, wenn man von früh bis spät die Nadel führen muß. Die Klügeren unter ihnen sparen sich dabei eine Aussteuer zusammen oder heiraten eines Tages ihren Geliebten. Die anderen altern mit der Nadel in der Hand oder enden im Asyl.

Louis-Sébastien Mercier, Mein Bild von Paris. Leipzig 1979, S. 171–172.

3. Mercier: Kleinbürgerinnen

Eine Tochter auf bürgerliche Art zu lieben, das bedeutet, um ihre Hand anzuhalten. Eines Sonntags stellt sich nach dem Vesperläuten ein Bursche bei ihr zu Hause vor und bleibt auf ein Spielchen. Ohne zu murren, verliert er es und bittet schließlich um die Erlaubnis, wiederkommen zu dürfen, was ihm in Gegenwart der Schönen, welche dabei das Näschen rümpft, gewährt wird.

Wenn das Wetter nicht gar zu schlecht ist, lädt er sie am nächsten Sonntag zu einem Spaziergang ein. Zum Freier erklärt, steht ihm das Recht zu, sich mit seiner Zukünftigen in einem Umkreis von 50 Schritt, gemessen vom jeweiligen Standort ihrer Eltern, frei zu bewegen. Am Rande eines kleinen Wäldchens offenbart er sich der Schönen, was diese mitnichten überrascht.

Der Ehekandidat ist stets gut frisiert und charmanter Laune. Auch das Mädchen gibt sich große Mühe, ein bißchen verliebt zu sein. Zumal sie weiß, daß es für sie nur ein Tor zur Freiheit gibt: die Ehe. Ist der Bewerber in der Nähe, redet das ganze Haus mittlerweile nur noch von der makellosen Sittenstrenge, die seit unendlichen Zeiten in der Familie seiner Auswerwählten herrsche.

Doch da begibt sich ein kleines Ärgernis. Die Eltern des Jungen haben eine bessere Partie ausfindig gemacht; es kommt zum Bruch. Die Tochter ist pikiert, tröstet sich jedoch schnell. Zum dritten Male passiert ihr das nun schon. Sie beherzigt die Ratschläge ihrer Mutter und beschließt, den Treulosen mit Verachtung zu bestrafen.

Es stellen sich andere vor, aber stets scheitert die Sache am Kontrakt. Dabei geht das Mädchen auf die Einundzwanzig zu; viel Zeit ist nicht mehr zu verlieren, der Vater wird sich bald entscheiden müssen. Weiß er doch, daß Ware, die liegenbleibt, ihren Preis verliert, ganz abgesehen von all dem, was sonst noch passieren könnte.

Das Mädchen fängt an zu schmollen. Der erste, der mit ernsten Absichten kommt, wird gutgeheißen. Binnen drei Wochen ist das Geschäft perfekt. Das Mädchen hat die Genugtuung, sagen zu können, daß sich wenigstens fünf Bewerber um sie bemüht hätten. Daß sie von vieren sitzengelassen wurde, wird sie für sich behalten.

Nach etlichem Hin und Her einigen sich die Eltern darauf, daß die Schöne noch jung genug sei, ein ganzes Haus mit Sprößlingen zu füllen, und daß man zu tun haben werde, sie alle übers Taufbecken zu halten . . .

Im übrigen muß eine Kleinbürgerin schon einigen Mut und eine gute Portion Anstand im Leibe haben, um nicht die oder jene Kurtisane der Üppigkeit ihres glanzvollen Lebens wegen heimlich zu beneiden. Sich selbst als Kokotte aushalten zu lassen, wäre ihr zwar ein Greuel, aber manchmal entfährt ihr beim Gedanken an die Freiheit, mit der jene Frauen ihre Liebhaber auszuwählen und zu wechseln pflegen, doch ein Seufzer. Tugend will erkämpft sein. Die Kleinbürgerin, die diesen Kampf

Der friedliche Haushalt

wagt und gewinnt, verdient unsere Achtung. Allerdings ist sie
auch weit eifersüchtiger als die Frauen anderer Stände auf ihren
guten Ruf bedacht.

Louis-Sébastien Mercier, Mein Bild von Paris. Leipzig 1979, S. 20–23.

Dieser „Friedliche Haushalt" ist in mancherlei Hinsicht typisch für eine sansculottische Familie in Paris. Zumeist lebte sie in einem der höheren Stockwerke (3., 4. oder 5. Stock), weil dort die billigsten Zimmer waren. In der Regel wohnte sie zur Untermiete in nur einem Raum, der mit kaum mehr als einem Bett, einem Tisch, einer Bank oder Gestühl und vielleicht mit einem Schrank bzw. einer Kommode ausgestattet war. Es gab weder fließendes Wasser noch andere Beleuchtung als Tageslicht oder Kerzen. Vielleicht verfügte der Raum wie auf diesem Stich auch über eine Feuerstelle, an der man sich wärmen und auf der man kochen konnte. Häufig mußten die Frauen aber im Hof kochen. Mit Pfanne, Kochtopf, mehreren Wasserkrügen, Flaschen und Gläsern, mit Tellern ist diese Kammer schon relativ gut ausgestattet. Auch das äußere Erscheinungsbild, was Wände, Decke, Boden angeht, vermittelt ein durchaus realistisches Bild von der Wohnsituation einer Durchschnittsfamilie.

4. Mercier: Späte Mädchen

Unübersehbar ist die Zahl der Mädchen, die das Heiratsalter überschritten haben. Nichts Schwierigeres gibt es als die Ehe, was allerdings weniger an der Tatsache liegt, daß man durch sie für alle Ewigkeit gebunden wird, als daran, daß man eine Mitgift beim Notar zu hinterlegen hat. Da schon die hübschen Mädchen alle Mühe haben, unter die Haube zu kommen, bleiben vor allem die häßlichen sitzen. [. . .]

Fest steht, die Ehe ist zum drückenden Joch geworden, dem man sich mit allen seinen Kräften zu entziehen trachtet, und ebenso steht fest, daß seit einiger Zeit die Ansicht an Boden gewinnt, das Zölibat sei doch erheblich angenehmer und biete auch mehr Sicherheit und Ruhe. Im Mittelstand sind denn die Mädchen, die aus freiem Willen ledig blieben, heute schon gar nicht mehr so selten. Schwestern oder Freundinnen legen ihre Einkünfte zusammen, verdoppeln sie durch Eintausch gegen Leibesrenten und führen damit gemeinsamen Haushalt. Ist dieser freiwillige Verzicht auf jene Bindung, die den Frauen sonst so teuer ist, dieses System der offenen Ehefeindlichkeit nicht ein bemerkenswerter neuer Zug an unseren Sitten?

Sämtliche Salons sind überlaufen von alten Jungfern, die Ehe- und Mutterpflichten scheuten und auf der Suche nach Geselligkeit von einem Haus zum andern traben. Befreit von den

Leiden und Freuden des Ehestandes, versuchen sie dennoch, sich den Respekt, die Achtung zu erschleichen, die allein der kinderreichen Familienmutter zustehen. Sie versuchen es, obgleich sie doch in Wahrheit jenen unfruchtbaren Reben gleichen, die zwar in der Sonne stehen, unter deren Strahlen jedoch statt Trauben nur ein paar wenige gelbe Blätter sprießen lassen. Diese abgelebten späten Mädchen sind in der Regel viel boshafter und giftiger, viel zänkischer und in ihrem Geiz weit härter als Frauen, die Mann und Kinder hatten. Man sollte die alten Junggesellen und die alten Jungfern mit einer Extrasteuer belegen, dazu für beide Geschlechter das Heiratsalter heraufsetzen und die Ehelosigkeit der Soldaten abschaffen, denn mit an ihr liegt's, wenn so viele Mädchen ledig bleiben. Und nicht zuletzt sollte der Gesetzgeber, um die Schwierigkeiten der Eheschließung etwas zu verringern, die alten ›Linkshänderehen‹ wieder aufleben lassen. In früheren Zeiten galt eine Frau, die im Konkubinat lebte, nicht als unehrenhaft. Indem man die Freiheit des Mannes allzusehr einengen wollte, stürzte man ihn nur in eine andere Art von Aussschweifung, und mit gutem Grund ist hier zu wiederholen, daß oft erst das Gesetz die Sünde schafft!

Louis-Sébastien Mercier, Mein Bild von Paris. Leipzig 1979, S. 237–239.

5. Mercier: Ungewollte Schwangerschaften

Wenn ein junges Mädchen Mutter wird, behält es das trotz des von Heinrich II. erlassenen Edikts für sich. Und kurz bevor es in die Wochen kommt, hört man, daß ihm ein bißchen Landluft guttun würde, daß es verreisen werde. Um heimlich zu entbinden, braucht es indes weder die Stadt noch das Quartier zu verlassen, denn in jeder Straße findet sich eine Hebamme, die ledigen Müttern Unterschlupf gewährt, und zwar in einem Raum, der meist in vier gleich große Verschläge unterteilt ist, in einer Art von Zellen also, die so angelegt sind, daß die, welche während jeweils zwei bis drei Monaten in ihnen wohnen, wohl miteinander reden, einander jedoch niemals sehen und erkennen können.

Haussuchungen dürfen bei Hebammen ausdrücklich nur auf höheren Befehl stattfinden. Das heißt, daß unser Mädchen seiner Niederkunft in aller Ruhe entgegensehen kann, manchmal sechs Wochen lang, je nachdem, ob es gut oder schlecht gerechnet hat. Und nach weiteren 14 Tagen, wenn endlich alles überstanden ist, kehrt es wieder nach Hause in die Gesellschaft zurück und verbirgt, daß seine Landpartie nur bis zur nächsten Ecke führte. [. . .] Um alles weitere kümmert sich die Amme; sie bringt das Kind zur Taufe, gibt es in Pflege oder in ein Findelhaus, je nach der Vermögenslage des Erzeugers und den Befürchtungen der Mutter. [. . .]

Zahlreicher, als man denkt, sind die jungen Mädchen, die so geschickt waren, ihre Schwangerschaft bis zum letzten Augenblick zu verbergen, dazu so glücklich, ohne Komplikationen zu entbinden, und schließlich so unerschrocken, wieder nach Hause zurückzukommen, ohne den Verdacht von Vater, Mutter und Schwester zu erwecken. [. . .]

Die mittellosen Mädchen entbinden im Armenspital; man nimmt sie dort vom sechsten Monat an auf. Dieser Teil der Verwaltung funktioniert ausgezeichnet; die Frauen brauchen nichts von dem, was sie in Anbetracht ihres Zustandes benötigen, zu entbehren. Geschultes Personal wacht bis zum Tage ihrer völligen Genesung über ihr Wohlbefinden, und alles in allem scheint mir die Sache über jeden Tadel erhaben. [. . .]

Louis-Sébastien Mercier, Mein Bild von Paris. Leipzig 1979, S. 305–308.

6. Mercier: Findelkinder

Alljährlich nimmt das Pariser Findelheim sieben- bis achttausend legitime und illegitime Kinder auf, und ihre Zahl wird ständig größer. 7000 unselige Väter verzichten demnach auf das schönste aller Gefühle, die das Dasein einem Mann zu bieten hat. Doch so grausam und widernatürlich solche Gleichgültigkeit anmuten mag, zeigt doch gerade sie, wie groß die Not der breiten Massen ist. In Wahrheit nämlich rührt fast alles, was man gemeinhin als Unordnung zu bezeichnen und mit der Unkultur und Barbarei des Volkes zu erklären beliebt, vom Elend! Des Lebens Notdurft zu befriedigen fällt den unteren Schichten immer schwerer. So sehr sich die Leute abmühen, ehrlich durchzukommen und sich durch ihrer Hände Fleiß zu ernähren, es will ihnen immer weniger gelingen. Wie soll etwa eine Schwangere, die selbst schon hungert und die vom Kindbett aus nur kahle Wände sieht, wie soll so eine für den Unterhalt ihres Kindes aufkommen können? Bereits weiß ein Viertel der Bewohner von Paris des Abends nicht mehr, ob der nächste Tag soviel Arbeit bringen wird, daß der daraus entspringende Verdienst wenigstens für das Allernötigste reicht. Ist es da verwunderlich, wenn die, welche nichts anderes als des Leibes Nöte kennen, mit der Zeit auch moralisch vor die Hunde gehen?

Zu allen Stunden des Tages und der Nacht werden im Findelhaus Neugeborene abgegeben, und was da kommt, nimmt man ohne große Fragerei und ohne Formalitäten auf. Diese weise Regelung hat schon viele heimliche Verbrechen verhindert: so weitverbreitet früher der Kindesmord war, so selten ist er heute, was man als einen Beweis dafür nehmen darf, daß sich durch kluge Gesetzgebung die Sitten eines Volkes von Grund auf verändern lassen. [. . .]

Ich sprach von jährlich sechs- bis siebentausend Findelkindern, doch mit in diese Zahl eingeschlossen sind die vielen, die aus der Provinz stammen. Wenn dort ein Mädchen zur Mutter wird, getraut es sich oftmals nicht, ihr Kleines zu behalten, und gibt es, das sie sonst vergöttert hätte, heimlich weg. Das Kind – ein Opfer alter Vorurteile –, das somit als erstes die verliert, die ihm das Leben geschenkt hat, wird nun von fremden Händen aufgesammelt und zusammen mit solchen, die an anderen Orten ausgesetzt worden sind, nach Paris getragen. Doch wehe! Seine Überlebenschancen sind gering; schon unterwegs kann es der Kälte, der Mühsal des Transports oder – ich wage es, dies auszusprechen – dem Mangel an Nahrung erliegen, und wer weiß, ob nicht just mit ihm ein neuer Corneille, ein neuer Fontenelle, ein neuer Le Sueur zugrunde geht! Das Unglaublichste aber ist, daß dieser selbe Säugling, der die tausend Mühen und Gefahren einer Reise von der fernen Normandie bis nach Paris gerade glücklich überstanden hat, womöglich noch am Abend seiner Ankunft wieder dorthin zurückkehren muß, weil ihm das Schicksal einen Krippenplatz in der normannischen Provinz beschieden hat. Den Transport der Neugeborenen besorgt ein Mann mittels eines Kastens. Dieser wird auf dem Rücken getragen, ist inwendig gepolstert, mit Luftlöchern versehen und in drei Fächer aufgeteilt, in die man, geschnürt und aufrecht, je einen Säugling steckt. Der Mann unterbricht seinen Marsch nur, um gelegentlich in aller Hast etwas zu essen und seinen Passagieren ein bißchen Milch zu geben. Oft kommt es vor, daß, wenn er seine Kiste öffnet, ein Kind schon tot ist. Dann setzt er seine Reise mit den beiden andern fort und hat es doppelt eilig, sie im Findelhaus loszuwerden. Kaum aber sind sie dort abgeliefert, macht er sich wieder auf den Weg, die nächste Fuhre herzuschaffen, denn dies ist sein täglich Brot. [...]

Es wäre an der Zeit, das Übel abzustellen. Entweder höre man auf, die Mädchen zu verachten, die ehrlich und mutig genug sind, sich ihres vaterlosen Kindes selber anzunehmen und mit Mutterliebe ihren Fehltritt wettzumachen, oder man erspare den Säuglingen die Qualen eines Transports, dem jeder dritte zum Opfer fällt, dieweil ein weiteres Drittel aller Findelkinder noch vor dem fünften Lebensjahr stirbt!

In Preußen nähren alle ledigen Mütter ihre Kinder selber, und dies sogar ganz öffentlich. Bestraft wird dort, wer ihnen, nur weil sie ihrer hehren Bestimmung folgen, Übles nachsagt. Auch gewöhnt man sich nach und nach daran, in ihnen nichts anderes als Mütter zu sehen, und eben hier erweist es sich, was ein Philosophenkönig auf dem Thron alles vermag, hier zeigt es sich, wie die Gedanken eines Monarchen eine ganze Nation beeinflussen können!

Louis-Sébastien Mercier, Mein Bild von Paris. Leipzig 1979, S. 196–199.

7. Antrag auf Trennung von Tisch und Bett (6. November 1781)

[. . .] Es ist das Fräulein Louise Henriette Didier erschienen, in Gütertrennung lebende Ehefrau des Architekten Thomas Garnier, wohnhaft in der Straße de Montmorency, Paroisse Saint Nicolas des Champs. Die Auswüchse, Gewalttätigkeiten und das Fehlverhalten ihres Ehemannes haben ein derartiges Ausmaß angenommen, daß sie sich heute dazu gezwungen sieht, Klage zu erheben. Von nun an wird es ihr unmöglich sein, ohne Lebensgefahr weiter mit ihm zu leben. Im Alter von 17 Jahren geopfert mit einem Mann vereint zu sein, der damals fast sechzig Jahre alt war, hat sie geduldig die Auswirkungen seiner Eifersucht ertragen. Manchmal war sie mehrere Tage hintereinander in ihrer Wohnung eingesperrt, ohne die Freiheit zu erhalten, von dort wegzugehen oder jemanden zu sehen. Immer dazu gezwungen, an seiner Seite zu bleiben, ohne es wagen zu dürfen, einen Schritt ohne seine Erlaubnis zu tun; immer mit Härte behandelt, häufig mit Schlägen bedroht, hat sie seine Strafen schweigsam hingenommen, geschluckt, sie ertragen, ohne jemand zu unterrichten oder ihm den geringsten Anlaß der Unzufriedenheit zu geben. [. . .] Sie hatte sich dazu entschlossen, ihre Gütertrennung zu fordern, die durch das Urteil am 19. Dezember 1780 ausgesprochen und durch das Protokoll vom 19. Januar des folgenden Jahres rechtskräftig wurde.

So fand sich die Klageführerin, nachdem sie die 17 schönsten Jahre ihres Lebens in der Sklaverei und unter den Strafen eines mittlerweile 73jährigen Ehemannes verbracht hatte, ohne Rücklagen wieder [. . .]; sie, die gewissermaßen an das harte und strenge Joch, das er ihr in einem Alter auferlegte, als sie gerade der Kindheit entwachsen, gewöhnt war, dachte nicht daran, sich zu beklagen, als die schreckliche Szene, die sie erlitt, die grauenhafte Nacht, die er sie verbringen ließ, sie dazu zwang, um ihr Leben zu retten, in die Arme ihrer Eltern zu fliehen.
[Zu einer Hochzeit in ihrer Familie eingeladen, beging sie den Fehler, spät in der Nacht in die eheliche Wohnung zurückzukehren, was ihr Todesdrohungen einbrachte.]

Dialog zwischen Herrn Krawallmann und Frau Schreihals

Sie: Da bist du also, du Hund von einem Säufer! Seit drei Tagen bist du nun
weg. Und jetzt kommst du noch und willst Geld haben, um dich noch mal
besaufen zu gehen? Schämst du dich nicht, dich derart aufzuführen, während
ich zwei Kinder auf dem Arm habe ...

Er: Setz sie doch auf den Boden!

Sie: ... die Brot von mir verlangen ...

Er: Gib ihnen den Stock! Wenn ich besoffen bin, will ich, daß alle Welt zufrieden ist. Willst du mir nun Geld geben? Sonst schlag ich alles kaputt!

Sie: Bitte, fang nur schon an, ich mach' dann mit!

Plötzlich sprang der Herr Garnier aus seinem Bett und erschien wie ein von Wut funkelndes Gespenst, bezichtigte sie, ihre Gunst jenem gewährt zu haben, der sie heimgebracht hatte. Und er drohte ihr bis acht Uhr morgens, sie mit Feuerzangen zu töten.

Archives nationales y 11035. Auch in Arlette Farge (Hg.), Vivre dans la Rue à Paris au XVIIIe siècle, Paris 1979, S. 230 f.

8. Ein zweiter Fall von Trennung

3. Juli 1780. Es ist Marie Anne Elizabeth Blacque erschienen, Ehefrau von Jean-Baptiste Joseph Mahy de Savoniere, Edelmann, wohnhaft in der Straße Notre Dame de Nazareth, Paroisse St. Nicolas des Champs. Sie hat Klage gegen ihren Ehemann erhoben: Seit dem einen Jahr, das sie mit ihm verheiratet ist, hat er ihr nur Tage voll Bitternis und Schmerzen bereitet, sind von ihm nur üble Reden, Härte und Schrecklichkeiten gekommen, die er ihr täglich antut, um sie seine tiefste Verachtung und ausgeprägteste Feindschaft fühlen zu lassen. Und was diese schlechte Behandlung noch schmerzhafter macht, ist die Tatsache, daß sie nur von der besonderen Sorgfalt zu stammen scheint, mit der sie Haushalt und Wirtschaft führt. Ihr Ehemann bedroht sie neben seinen üblen Nachreden auch damit, sie in ein Kloster einzusperren, obwohl ihr Verhalten über jeden Tadel erhaben ist, wie er selbst zugeben muß. Acht Tage nach ihrer Hochzeit hat er sie das Gewicht seiner Autorität spüren lassen, ihr für immer das Wort verboten und ihr untersagt, in seinem Hause Befehle zu erteilen. Er hört nicht auf, sie als Bettlerin, Spitzbübin, Schurkin, Weibsbild, Unglückliche zu bezeichnen, und dieser Ausdruck ist wohl jener, der am besten zu ihr paßt; denn er droht, sie wegzuschicken, verbietet ihr auszugehen und jemand zu empfangen, schließt sie in all seinen Wohnungen nur mit ihrem Hemd ein, hielt sie einmal fünf bis sechs Tage ohne Lebensmittel eingesperrt. Und darüber informierte

sie den lieutenant civil. Er [ihr Ehemann] sagte wieder zu ihr, daß sie der Schrecken der Natur, der Abschaum der Menschheit und eine Hure sei, und daß er nicht wolle, daß sie auch nur einen Augenblick zu Ruhe komme.

Archives nationales y 11716. Auch in Arlette Farge (Hg.), Vivre dans la Rue à Paris au XVIIIᵉ siècle, Paris 1979, S. 232.

2. Kapitel
Erwerbsarbeit von Frauen vor und während der Revolution

Arbeit von Frauen erstreckte sich im vorrevolutionären Frankreich auf dem Lande wie in der Stadt auf Hauswirtschaft, Versorgung und Kinderbetreuung. All diese Tätigkeiten verrichteten sie allerdings unentgeltlich, weil sie zu ihren traditionellen Aufgaben und Pflichten als Ehefrau, Mutter oder Tochter gehörten. Darüber hinaus gab es aber auch im vorrevolutionären Frankreich Lohnarbeit von Frauen, die allerdings rein quantitativ weit hinter jener der Männer rangierte. Denn die gesellschaftliche Arbeitsteilung befand sich noch auf einem Niveau, das der weiblichen Arbeitskraft weniger bedurfte und deshalb ihre Verbreitung behinderte. Nur so wird es verständlich, daß fast alle Zünfte von Frauen, wie sie noch im 17. und zu Beginn des 18. Jahrhunderts bestanden hatten, verboten wurden. Wenn Frauen im ländlichen wie im städtischen Arbeitsprozeß, bei handwerklichen Tätigkeiten oder in Manufakturen dennoch beschäftigt wurden, so deshalb, weil ihnen (wie den Kindern auch) immer weniger Lohn gezahlt wurde als den Männern und weil es regional begrenzten Bedarf an Arbeitskräften gab. Daß Frauen trotz schlechter Behandlung und häuslicher Pflichten ständig nach Lohnarbeit suchten, insbesondere ledige, aber auch Hausfrauen und Mütter – und sei es auch nur ganz unregelmäßig, für einen Tag – so deshalb, weil ihr tägliches Überleben es erforderlich machte. Denn »Familienökonomie« hieß Arbeit aller Mitglieder, um als Ganzes bestehen zu können, sowohl auf dem Lande als auch in der Stadt. Besaß ein Bauer ausreichend Land, so hatte er auch genügend Arbeit für alle Familienangehörigen. War der Landbesitz zu klein oder der Boden zu schlecht, mußte nach anderen Erwerbsquellen gesucht werden, z. T. Heimarbeit von Frauen im Textilgewerbe als Spinnerinnen oder Spitzenklöpplerinnen.

Im Textil- und Bekleidungsgewerbe war Frauenarbeit traditionellerweise unerläßlich. In ganz Frankreich waren das Spinnen von Wolle, Leinen, Hanf oder Seide, das Klöppeln, Weben, Schneidern und das Sticken typisch weibliche Tätigkeiten. Bei Sedan gab es in vorrevolutionärer Zeit ca. 30 000 Spinnerinnen; ebenso in der Picardie und in Flandern. Im Gebiet um Maine und Anjou schätzte man ihre Zahl sogar auf 150 000. Insgesamt hat es den Anschein, daß Frauen im Textilgewerbe mindestens ebenso zahlreich wie Männer waren bzw. noch zahlreicher.

In den Städten basierte die Familienökonomie fast noch mehr als auf dem Lande auf der Erwerbstätigkeit aller ihrer Mitglieder. Denn nur in den seltensten Fällen reichte der Lohn des Familienvaters dazu aus, die Familie vollständig zu versorgen. Hinzu kam, daß eine städtische Familie ja nicht auf Produkte aus dem Eigenanbau zurückgreifen konnte, um wenigstens die Ernährung sicherzustellen. Selbst Brennmaterial, ja sogar Wasser mußten käuflich erworben werden.

Die Rolle der Frau und Mutter bestand in diesem Rahmen vor allem darin, überhaupt Einnahmequellen zu finden. Arbeiteten unverheiratete Frauen zumeist als Hausangestellte, die mit Unterkunft und Verpflegung entlohnt wurden, so war das Spinnen von Wolle und Baumwolle oder die Spitzenherstellung Sache der verheirateten Frauen (Dok. 10).

Der gesamte Handels- und Versorgungsbereich wäre ohne einen hohen Anteil weiblicher Arbeitskräfte nicht denkbar gewesen: Als Einkäuferinnen, Zwischenhändlerinnen, als Marktfrauen, die einen Stand betreuten, als Weiterverkäuferinnen, die Kunden mit Aufschlag direkt belieferten, agierten sie inmitten des städtischen Marktkomplexes, so auch in den Pariser Hallen. Viele Handwerksbetriebe waren auf die ständige Mitarbeit der Ehefrau unmittelbar angewiesen. Sie war es, die die Kasse bediente, die Bücher führte, den Ein- und Verkauf regelte, die Gesellen betreute und manchmal sogar in der Produktion direkt einsprang. Nur so ist es erklärlich, daß nach dem Tode des Mannes so viele Witwen das Geschäft aufrechterhalten und mit relativem Erfolg fortführen konnten, auch wenn ihr rechtlicher Status in diesem Falle von Absicherung und Gleichberechtigung weit entfernt war. Ähnliches galt wohl auch für jene Frauen, die, wie Arthur Young es auf seinen Reisen durch Frankreich erlebt hat, ganze Textilunternehmen seit Jahren erfolgreich leiteten oder einem Versuchshof vorstanden. Solche Frauen stammten zumeist aus dem gehobenen Bürgertum oder liberalen Adelsfamilien. Auch ihre Rechtsposition war überaus wakkelig, und repräsentiv waren diese Fälle beileibe nicht.

Öffentliche Bauarbeiten auf dem Marsfeld

Darüber hinaus waren Frauen aber auch in »Branchen« anzutreffen, die dem, was zeitgenössisches Bewußtsein ihrer körperlichen Konstitution zutraute, kaum angemessen waren: bei der Herstellung von Papier oder Glas, in Bergwerken, bei der Eisengewinnung oder in Paris als Lastträgerinnen (Dok. 9), beim Lumpensammeln oder auf dem Bau. Hier scheint akuter Bedarf geschlechtspezifische Vorurteile rasch hintangestellt zu haben.

Und reichten die Einkünfte aus den Erwerbstätigkeiten der Familienmutter nicht für den Lebensunterhalt aus, so ging sie wieder betteln, zumeist mit ihren Kindern, was noch größeren Eindruck hervorrief.

Die Bereitschaft von Frauen, überhaupt jede Art von Arbeit anzunehmen, stieg mit sinkendem »Lebensniveau«: Bei steigenden Lebenshaltungskosten fielen in den letzten Jahren des Ancien Régime die Reallöhne im ganzen Lande. Viele Handwerker verloren gar ihre Arbeit, weil ihre Betriebe nicht länger der billigeren englischen Konkurrenz, die seit dem Handelsvertrag mit England (1786) auf den französischen Markt strömte, standhalten konnten. Von dieser allgemeinen Verelendung waren Frauen in Stadt und Land nicht ausgenommen. Kirchliche Einrichtungen wie Klöster, Hospize oder Spitäler, die zumeist auf der unentgeltlichen Arbeit vieler Frauen basierten, waren überfordert, dieser Armut auch nur notdürftig Herr zu werden und die Verelendung abzuwenden. In den größeren Städten, insbesondere in Paris, breitete sich deshalb die Prostitution immer weiter aus. Und welche Misere dort herrschte, beschreibt Mercier in seinen »Paris-Bildern« wohl noch am realistischsten (Dok. 11), weitgehend frei von jenen romantisierenden, pseudomoralisierenden, vor allem aber voyeurhaften Schilderungen einer Vielzahl in- und ausländischer Parisbesucher. Wenn bei ca. 600 000 Einwohnern etwa 30 000 Frauen ihren Körper verkauften, um leben zu können, dann ist das ein sehr ernstzunehmendes Problem, gegen das nicht nur in den ersten Revolutionsjahren erfolglos vorgegangen werden sollte. Denn Prostitution wird ja nicht durch deren Verbot aus der Welt geschafft – auch Umerziehungsmaßnahmen helfen wenig –, sondern einzig und allein durch eine Beseitigung der wahren Ursache, die im Einzelfall zur Prostitution geführt hat – der Verelendung. Rétif de la Bretonnes (1734–1804) Schilderungen des Niedergangs einer Vielzahl von Mädchen vom Lande, die mit geringen Mitteln, guten Vorsätzen und vielen Illusionen in dieser riesigen Stadt schon nach kurzer Zeit »unter die Räder« kamen, zeigen trotz aller romanhaften Verklärung doch den Kern dieses Dramas.

Durch die Revolution veränderte sich die Lage für lohnabhängige Frauen in mancherlei Hinsicht. Die wenigen verbliebenen Frauenzünfte, wie jene der Schneidermeisterinnen oder der Moden-, Federn- und Blumenhändlerinnen, wurden 1791 mit allen anderen Zünften abgeschafft. An zünftigen Schranken sollte es von nun an nicht mehr liegen, wenn Frauen keine Arbeit bekamen. Aber andere Beschränkungen bestanden fort, weil es immer noch mehr Arbeitsmöglichkeiten für Männer als für Frauen gab und zumindest pro forma etliche Arbeiten den Männern vorbehalten waren. Da schon 1789 viele Hausangestellte auf den Pariser Arbeitsmarkt strömten, weil sich ihre Arbeitgeber, reiche Adlige, in den ersten Emigrationswellen ins Ausland abgesetzt hatten und die in Paris sehr arbeitskräfteintensive Luxusindustrie unter dieser Abnahme der Nachfrage so litt, daß sich viele Männer vergeblich nach neuer Arbeit umsehen mußten, nahmen Arbeitslosigkeit und Elend sofort zu. Soziale Absicherung und effektive karitative Hilfe gab es nicht.

Etliche Frauen versuchten ihre Möglichkeiten dadurch zu vergrößern, daß sie sich als Männer verkleideten, um leichter Arbeit zu finden. Dies war allerdings verboten und wurde bei Entdeckung mehr oder weniger schwer geahndet (Dok. 12). Die neuen Amtsträger, die auch in Paris aus den Wählerversammlungen und Wahlmännern im Vorfeld der Einberufung der Generalstände (Mai−Juni 1789) sich zusammengefunden und neue Positionen in der Verwaltung der Stadt Paris erobert hatten, konnten der Ausbreitung des Elends nicht tatenlos zusehen. Auch wurde in den 60 Amtsbezirken, die nach wie vor – illegalerweise – fortbestanden und in denen alle Bürger und Bürgerinnen eine Art Forum zur Verbreitung ihrer Klagen und Vorschläge finden konnten, über Möglichkeiten beraten, wie die Misere verringert werden könnte. Und die neue zensurfreie Presse – im Jahre 1789 waren allein 300 neue Zeitungen in Paris entstanden – tat ein übriges, die Probleme aufzugreifen und Alternativen zu erörtern.

Nach den ersten Aufständen, insbesondere nach dem Sturm auf die Bastille, dieses verhaßte Staatsgefängnis, am 14. Juli 1789 wurde es auch als ein Gebot der öffentlichen Sicherheit angesehen, so viele Arbeitsplätze wie möglich zu schaffen, um Wut und Empörung nicht auch gegen die neuen Amtsinhaber aufkommen zu lassen. So gab es viele neue öffentliche Arbeiten wie den Abbruch der Bastille, Arbeiten auf dem Marsfeld. Für Frauen, »denen es völlig an Brot fehlte, die wie Hunde auf Stroh schliefen« und als bedürftig anerkannt waren, wurden 1790 in ehemaligen Klöstern in Paris verschiedene Werkstätten eingerichtet: Über 9000 Spinnerinnen sollten hier Arbeit finden sowie Kinder und alte Leute. Werkzeuge und Arbeitsmaterial wurden gestellt bzw. in Anrechnung gebracht. Ihre Arbeitsprodukte, für die sie je nach Anzahl zumeist in Naturalien (Brot) bezahlt wurden, wanderten dann in ein städtisches Vorratslager, wo alles zugunsten der öffentlichen Kasse verkauft wurde. Über die Höhe der Entlohnung, insbesondere über Art und Umfang der Nahrungsmittel kam es häufig zu Konflikten mit den Werkstattleitungen: Hier wurde beklagt, daß die Arbeiterinnen nur menschenunwürdige Gemüsesuppe erhielten, dort wurde gegen die Verringerung der wöchentlichen Brotrationen gestritten. Auf jeden Fall zeichneten sich Frauen, die in diesen öffentlichen Einrichtungen arbeiteten, durch viel Engagement, Interessenbewußtsein und Konfliktfreude aus. Wenn ihre Klagen, Beschwerden, ihre Denkschriften, Drohungen oder Proteste nicht halfen, trafen sich die Frauen aus den verschiedenen Werkstätten, demonstrierten gemeinsam oder riefen zum Streik, um weiterer Verschlechterungen ihrer Arbeitsbedingungen oder Lohnzahlungen vorzubeugen. Und dies nicht ohne Erfolg: Hier wurde ein Direktor abgesetzt, da mußte sich eine Leiterin öffentlich rechtfertigen.

Obwohl sich die Lage am Pariser Arbeitsmarkt seit April 1792 und in den folgenden Monaten durch die Ausweitung des Krieges drastisch veränderte und Frauen nicht nur in einigen Männerberufen immer begehrter wurden, sondern auch in allen neugeschaffenen untersten Pariser Verwaltungseinheiten, den 48 Sektionen von Paris, Werkstätten eingerichtet werden sollten, um Kleidung für die Soldaten herzustellen, wurden die übergeordneten Spinnereien weiterhin aufrechterhalten.

In der Revolutionsphase, in der die Volksbewegung, zu der auch die Spinnerinnen zu rechnen waren, an Bedeutung gewann und sich immer mehr Rechte erstritt, d. h. von 1792 bis zum Herbst 1793, gaben die Spinnerinnen kaum Anlaß zur öffentlichen Sorge. Als aber die führenden Revolutionäre, die Bergpartei und die Männer des Großen Wohlfahrtsausschusses nach essentiellen Konzessionen an die Volksbewegung den Druck auf sie verstärkten und nach Etablierung der Revolutionsregierung am 10. Oktober 1793 massiv gegen bekannte Kräfte der äußersten Linken vorgingen, die dann der terreur, dem Schrecken, zum Opfer fielen, veränderte sich auch die Situation der aufmüpfigen Spinnerinnen. Besonders nach dem Verbot des Frauenklubs und der damit einhergehenden Rückbesinnung auf die traditionellen Aufgabenbereiche im Heim und am Herd und nach der »Schlacht« – die die Revolutionsregierung im März 1794 für sich entschied – gegen die letzten einflußreichen linken Vertreter im Pariser Stadtrat, die sich um den Substitut Hébert, den Herausgeber der populären Zeitung »Le Père Duchesne« gesammelt hatten und es von Zeit zu Zeit wagten, Entscheidungen der Revolutionsregierung zu kritisieren, wurden die Spinnerinnen einer genauen Kontrolle unterzogen. Denn sie standen in Geruch, mit Hébert zu sympathisieren und für ihn etwas zu unternehmen. Als Keimzelle einer neuen linken Organisation aber wirkten die Frauen dieser Werkstätten nun doch nicht (Dok. 13).

Von diesen Veränderungen des politischen Kräfteverhältnisses, wie es in Paris unmittelbar zu spüren und zu beeinflussen war, bekam die Bevölkerung auf dem Land allenfalls jene Auswirkungen mit, die sich in neuen Gesetzen und einschneidenden Veränderungen des sozialen, politischen und ökonomischen Systems niederschlugen. Und dies zumeist auch mit einer beachtlichen Verspätung. Das soll aber nicht heißen, daß es in den übrigen Städten nicht ebensolche politisch-sozialen Konflikte wie in Paris gegeben hätte, daß sich nicht auch hier die örtlichen Kräfteverhältnisse in der Aufstiegsphase der Revolution zugunsten der Masse der kleinbürgerlich-lohnabhängigen Teile der Bevölkerung verschoben hätten; im Gegenteil: Mit der Ausbreitung politischer Klubs in ganz Frankreich seit 1789 – der Jakobinerklub hatte als einflußreichster weit über 3000 Tochtergesellschaften, die in ständiger Korrenpondenz mit der Muttergesellschaft standen –, mit den Briefen der Abgeordneten an ihre Wähler und nicht zuletzt durch die wachsende Vielfalt einer in Entstehung begriffenen öffentlichen Meinung in Form von Zeitungen, Broschüren, Petitionen etc., die zumeist auf große Leser- bzw. Hörerschaft rechnen konnte, entstand hier so etwas wie eine nationale Öffentlichkeit, auf die überall Einfluß genommen wurde. Beauftragte des Innenministers, zum Teil sogar Abgeordnete der Nationalversammlungen, gingen in die Provinz, um für die Umsetzung neuer Beschlüsse Sorge zu tragen oder im Krisenfalle einzugreifen. Und das Innenministerium richtete im Jahre 1793 ein richtiges Büro ein, um mehr Informationen darüber zu erhalten, wie die Bevölkerung in ganz Frankreich die Revolution erlebte, wie sich ihr Alltag verändert hatte, wie die Stimmung der Menschen war und was aus der Sicht der Betroffenen zu den dringlichsten Aufgaben gehörte.

Auch auf dem Lande verschlechterten sich die Lebensbedingungen für die Frauen aufgrund des Krieges. Sie mußten jetzt noch mehr arbeiten als zuvor, weil sie die Männer und Söhne zu ersetzen hatten. Ob dies immer so freudig und problemlos geschah wie es hier dem Innenminister aus Carpentras in der Provence gemeldet wird, mag mit Fug und Recht bezweifelt werden (Dok. 14).

Aber die Veränderungen, die die Revolution für die Lohnarbeit von Frauen brachte, bestanden nicht nur aus Mehrarbeit oder einer vorübergehenden Übernahme männlicher Tätigkeiten, sondern betrafen auch den gesamten Komplex der Ausbildung. Projekte zur Ausbildung von Jungen und Mädchen, zu den Unterrichtsinhalten oder zur Einrichtung einer Typographieschule speziell für Frauen erreichten die Konstituante (1789–1791), die Legislative (1791–1792) und auch den Konvent (1792–1795) – mithin alle revolutionären Nationalversammlungen.

Frauen zeigten sich bei der Formulierung derartiger Anträge besonders engagiert, und dies nicht von ungefähr. Wenn Frauen im intellektuellen Bereich tätig waren, so vor allem als Lehrerinnen, wie die Witwe Laurent, die mit ihren langjährigen Erfahrungen für ihr neueingerichtetes Lyzeum warb (Dok. 15). Als gestandene Lehrkraft war sie gegen öffentliche Vorurteile und Anfeindungen sicherlich besser gewappnet als eine junge Lehrerin, die im Jahre 1794 nur knapp der Guillotine entging, weil man sie – zu Unrecht – beschuldigt hatte, konterrevolutionäre

Gesinnung zu propagieren. Einer ihrer Schüler, ein erst vierjähriges Kind, rettete sie in letzter Not (Dok. 16). Auch im künstlerischen Bereich, dem Theater oder in Bereichen der medizinischen Versorgung traf man immer wieder auf Frauen.

So erfuhr die Erwerbstätigkeit von Frauen durch die Revolution manch wichtige Impulse: Abschaffung der Zünfte, Anhebung und Verbreitung der Ausbildung von Frauen – die ökonomischen, sozialen und politischen Veränderungen eröffneten neue Möglichkeiten, die sich allerdings erst langfristig und nicht in den revolutionären Wirren selbst entfalten konnten. Kurzfristig veränderte vor allem der Krieg die Arbeitsmöglichkeiten für Frauen, auch der Aufschwung der Volksbewegung bis Herbst 1793 ließ sie kurzfristig in Bereiche vordringen, die ihnen später und für lange Zeit wieder weggenommen werden sollten.

9. Mercier: Pariser Lastträgerinnen

Schlimm dagegen ist der Anblick jener unglückseligen Frauen, die sich in aller Herrgottsfrühe, die schwere Hucke auf dem Buckel, durch den Schlamm der Gassen kämpfen müssen, rot im Gesicht, das Auge blutunterlaufen; mitunter knirscht auch Glatteis unter ihren Füßen und bringt ihr Leben in Gefahr. Wenn man sie so sieht, packt einen wahrlich das Mitleid, obschon sie kaum noch als weibliche Wesen erkennbar sind. Zwar ist bei ihnen, anders als beim Manne, die harte Arbeit ihrer Muskeln nicht zu sehen, doch um so leichter errät man sie an ihrem straff gespannten Hals wie auch am schweren Keuchen ihres Atems, und erst recht zu Herzen geht es Euch, wenn Ihr sie erschöpft und mit entstellter, heiserer Stimme fluchen hört. Man spürt, daß ihr Organ für diese groben Kraftausdrücke ebensowenig geschaffen ist wie ihr Leib für derlei ungeheure Lasten. Unter ihren schweren, rauhen, kotbespritzten Kleidern, unter ihrer schmutzigen, hart gewordenen Haut bewahren sie noch immer jene unverwechselbaren Formen, die auch beim Opernball eine Herzogin, welche sich als Domino verkleidet hat, als Weib erkennen lassen.

Wie kann es nur geschehen, daß man in unseren Tagen Frauen zu Arbeiten treibt, die in keinem Verhältnis zu den Kräften stehen, die ihnen die Natur gegeben hat? Welches Volk ist grausamer – dasjenige, das seine Frauen in Harems einsperrt, oder jenes, das sie unbarmherzig solch pausenloser Fron aussetzt?

Welch schreiender Gegensatz: Hier eine, die »Obacht! Obacht« schreit und unter ihrer doppelten Kürbisfracht, unter ihren Steinpilzen fast zusammenbricht, dort die andere, die an ihrer Weichlichkeit zugrundegeht, geschminkt und mit dem Fächer spielend, in ihrer flinken Equipage, die den überladenen Tragkorb streift! Ist es denn möglich, daß die beiden ein und demselben Geschlecht angehören? Wie Ihr seht, es ist möglich!

Mercier, Paris, S. 234 f.

10. Mercier: Modistinnen

Durchs Fenster ihres Ateliers seht Ihr sie an ihrem Arbeits-
platze sitzen, eine dicht neben der anderen. Sie, die Gebieterin-
nen über Quasten und Flitterkram und all den übrigen galanten
Tand, den die Mode hätschelt und gebiert. Den Blick, den Ihr
ihnen im Vorübergehen zuwerft, geben sie Euch frei und ungeniert zurück.

In allen Straßen stößt man auf ihre Buden voller Schleierchen,
Federn, Blumen aus Seide, Bänder, Damenhüte; und nicht einmal die engste Nachbarschaft zu Büchsenmachern, Helmschmie-
den und Degenhändlern vermag sie abzuschrecken.

Obschon sie ihr Nadelwerk wie mit Ketten am Tische fest-
hält, lassen sich diese Mädchen mit den flinken Augen dennoch
nichts von dem entgehen, was draußen los ist. Kein Passant,
den sie nicht sofort erspähten. [. . .] Mit ihren Körbchen voller
Zierrat wohnen manche dieser Mädchen tagtäglich der Toilette
irgendwelcher großer Damen bei. [. . .]

Mehr als einer dieser Kleinen ist [in einem solchen Augen-
blick] der Ausbruch aus dem Laden, der große Sprung gerade-
wegs ins Polster einer Equipage, schon gelungen. Einen Monat
später taucht sie dann wieder auf in ihrer alten Bude, diesmal,
wohlgemerkt, um einzukaufen; und um hoch erhobenen Haup-
tes und in vollen Zügen auszukosten, wie ihre einstige Herrin
und die lieben Freundinnen von früher vor Neid fast platzen.
Ihren Triumph genießt sie bis zur Neige. Sie hat's geschafft, hat
sich von den Ketten ihrer Fron befreit und schmeckt jetzt alle
Freuden ihrer Jugend. Sie schläft nicht länger mehr im sechsten
Stock in einem schlechten Bett ohne Gardinen und ist auch
nicht mehr auf den folgenlosen Schmachtblick eines mageren
Gerichtskanzlisten angewiesen [. . .] Und ihr jäher Aufstieg hat
zur Folge, daß einmal mehr die anderen Näherinnen nachdenk-
lich bald ihr tristes Bett und bald sich selbst im Spiegel prüfen
und hoffen, daß auch sie das Schicksal eines Tages erlösen werde
von der Sklaverei der Nadel.

Mercier, Paris, S. 393 f.

Modistinnen

11. Mercier: Straßendirnen

[. . .] Weit öfter unglückliche Opfer des Elends oder der Gewissenlosigkeit ihrer Erzeuger denn ihrer eigenen Hemmungslosigkeit, empfinden sie sich selber als Erniedrigte, nehmen sie Schmach und Beleidigungen hin, und da ihnen die Anmut der Schüchternheit längst abhanden gekommen ist, machen sie sich stark mit deren Gegenteil, der Niedertracht. [. . .]

Auf den Strich gehen in Paris 30 000 öffentliche Mädchen, dazu kommen rund 10 000 weitere, die demselben Gewerbe auf etwas diskretere Weise nachgehen, nämlich indem sie sich aushalten lassen und Jahr für Jahr mehrmals den Liebhaber wechseln. [. . .]

Etliche der armen Luder arbeiten für die Polizei. Deren Agenten tyrannisieren all diese Unglücklichen aufs brutalste und knöpfen ihnen – um das Maß der Erniedrigung voll zu machen – sogar Geld ab. Die Korruption, mit der dabei zu Werke gegangen wird, ist oftmals schrecklicher noch als selbst die der verrufensten Dirne, was dieser das Recht gibt, die, denen die Palme der Niedertracht gebührt, zu verachten. Jawohl, es gibt Menschen, die noch tiefer stehen als diese Frauen: gewisse Polizeibeamte!

Die Händler dürfen – so will es ein Polizeidekret – Kleider, Pelze, Kopftücher und anderes Toilettenzubehör weder für den Tag noch für die Woche an Dirnen vermieten. Was zum einen zeigt, wie grenzenlos ärmlich diese Frauen leben, zum anderen den scheußlichen Wucher aufdeckt, den die Krämer, ohne zu erröten, auf Kosten solcher Kreaturen betreiben. Letztere, die weder Tisch noch Bett, noch eigene Kleider besitzen, sind, wenn sie sich zu gutem Preis verkaufen wollen, gezwungen, möglichst fein daherzukommen, denn ein Pelz schindet nun einmal mehr Eindruck als ein einfacher Überrock.

Woche für Woche werden Dirnen verhaftet, und zwar vorwiegend nächtlicherweile und unter den nichtigsten Vorwänden, was den politisch denkenden Beobachter bei all seinen Vorbehalten gegenüber diesem Völklein bedenklich stimmen muß. Immerhin wird dabei von Amts wegen der nächtliche Hausfrieden verletzt, auch springt man mit den Opfern, wiewohl sie zum schwachen Geschlecht zählen, nicht eben glimpflich um; selbst wenn sie schwanger sind, was gelegentlich vorkommt, da Unzucht nicht in jedem Fall Unfruchtbarkeit zur Folge haben muß, bleibt ihnen nichts erspart. Man liefert sie vorerst in das Gefängnis an der Rue Saint-Martin ein, von wo aus sie am letzten Freitag eines jeden Monats dem Polizeirichter vorgeführt werden. Ihr Urteil – Einschließung in die Salpêtrière – müssen sie auf den Knien entgegennehmen, wobei sich weder Staatsanwälte, noch Advokaten, noch Verteidiger um sie kümmern. Wenn das keine Willkür ist [. . .] Am nächsten Morgen heißt man sie, einen länglichen, offenen Karren besteigen. Da stehen sie nun, eng aneinander gepreßt. Die eine weint, die andere stöhnt, die dritte versucht ihr Gesicht zu verbergen; nur die Abgebrühtesten halten den Blicken des johlenden Pöbels stand und zahlen diesem die Zoten, die er ihnen unterwegs nachbrüllt, mit scharfer Zunge heim. Die schändliche Fuhre durchquert die Stadt nämlich am hellichten Tage, und das, was sich dabei abspielt, ist nichts anderes als eine weitere krasse Verletzung des öffentlichen Anstands. Die Erlaubnis, im geschlossenen Wagen zu fahren, wird nur den vornehmen Huren und den Matronen erteilt – gegen entsprechende Bezahlung. Angekommen im Hospiz, untersucht man sie. Die, welche sich angesteckt haben, werden abgesondert und nach Bicêtre geschickt, wo sie entweder Heilung finden oder sterben. Auch darüber wäre etliches zu berichten, allein, noch steckt mir das Grauen vor dem, was ich dort sah, zu tief in den Knochen, noch sträubt sich meine Feder, es wiederzugeben.

Man schätzt die Summe, die alljährlich an öffentliche Dirnen jeder Art verschwendet wird, auf 50 Millionen. An Almosen dagegen bringt die ganze Stadt kaum drei Millionen auf, was allerdings zu denken gibt! Der Löwenanteil des Sündenlohnes fließt in die Taschen der Modehändler, der Juweliere, der Karossenvermieter, der Wirte, der Herbergen- und Stundenhotelbesitzer usw. Nicht auszudenken aber wäre, was geschähe, wenn es plötzlich keine Prostitution mehr gäbe. Zwanzigtausend Mädchen verkämen dann unweigerlich im Elend, außerstand, ihr

Brot durch eine ihrem Geschlecht gemäße ehrliche Arbeit zu verdienen. [...]

Mercier, Paris, S. 234 f.

Prostituierte im Palais-Royal

12. Berufstätige Frau in der Revolution in Männerkleidung (7. 8. 1793)

Man schickte uns vom Revolutionskomitee der Sektion Indivisibilité eine als Mann verkleidete Bürgerin. Diese wurde verhört. Sie sagte, daß sie Marie Lovier La Fueur heiße, 38 Jahre alt sei und in der alten Rue du Temple lebe, Witwe von Jean Grenet sei und zur Untermiete bei der Bürgerin Levoir wohne.

Sie erklärte uns, daß sie seit dem Tode ihres Mannes diese Verkleidung gewählt habe, um leichter den Beruf eines Schusters ausüben zu können, den sie von ihrem Mann gelernt habe.

Das Komitee hat beschlossen, daß die Bürgerin nach Hause zu schicken sei, nachdem die dort wohnhaften und in dieser Sektion bekannten Bürger die Wahrheit ihrer Aussagen und Antworten bestätigt hatten. Und es wurde diese Bürgerin ausdrücklich aufgefordert, Frauenkleider zu tragen, bei Strafe, die die Strenge des Gesetzes vorschriebe. [. . .]

Archives Nationales (MSS), Comité révolutionnaire, Section Droits de l'Homme, F7+ 2497, fol. 49 f.

13. Angelegenheit Sibilot, Millard, Perrenay, Ducastellier und andere. Zeugenvernehmung der Bürgerin Frau Benoit Trivel Jannisson

Protokoll über die Bürgerin Jannisson
Am 14. Prairial, sechs Uhr abends, Jahr II der einen und unteilbaren französischen Republik

wurde uns eine Bürgerin, die das Komitee durch einen seiner Kommissare holen ließ, vorgeführt. Wir haben sie nach Namen, Alter, Beruf und Wohnung gefragt.

Sie antwortete, sie sei Frau Benoit Trivel Jannisson. Sie arbeite seit dreieinhalb Jahren in der Hanfspinnerei im ehemaligen Jakobinerkloster St. Jakob,[1] wohne Rue Perdue Nr. 2 an der Place Maubert, gehöre der Sektion »Panthéon Français« an und sei 56 Jahre alt.

Sie wurde gefragt, ob sie sich über verschiedene Personen beschwert habe, die die Regierung in den Werkstätten des ehemaligen Jakobinerklosters St. Jakob beschäftigte.

Sie antwortete, daß sie nur gegen den Bürger Coquet und die Bürgerin Cauchois aus folgendem Grunde Klage geführt habe: Der Bürger Coquet sei in Begleitung der Bürgerin Cauchois am 3. Floréal neun Uhr morgens an ihren Arbeitsplatz gekommen. Nach der Frage, ob sie wirklich die Bürgerin Jannisson sei, habe er ihr mitgeteilt, daß die Abteilungsleiterin Cauchois sich bei ihm darüber beschwere, daß sie das Garn von ihr teurer bezahlt haben wolle, als sein wirklicher Wert sei. Darauf habe sie sich an die Bürgerin Cauchois gewandt und sie gefragt: »Habe ich Dich gezwungen und beim Kragen ergriffen, damit Du mir mein Garn teurer bezahlst, als es wert ist?« Der Direktor Bürger Coquet habe dann gesagt, daß er in der Zukunft nur noch sechs, und wenn das Garn nicht gut wäre, nur noch vier Pfund Werg liefern würde. Der Bürger Coquet habe dann sofort ein Bündel Garn geholt und erklärt, daß dies von ihr hergestellt worden sei. Er habe es mitten in die Werkstatt geworfen und alle Arbeiterinnen herbeigerufen, um ihnen zu zeigen, ob der Wert des Garnes dem hierfür gezahlten Preis entspräche. Er habe ihr gegenüber geäußert, daß zwei oder drei konterrevolutionäre Frauen in der Werkstatt seien.

Man fragte sie, ob sie einige Tage vor der Verhaftung Héberts, mit Beinamen Père Duchesne, geäußert habe, daß sie sicher wäre, daß ihre Angelegenheit gut verliefe, wenn Père Duchesne an der Spitze stände.

Sie antwortete, daß dies nicht der Wahrheit entspreche. Am 16. Ventôse aber habe sie Hébert, mit Beinamen Père Duchesne genannt, auf dem Boulevard du Temple getroffen. Sie habe mit ihm über Dinge gesprochen, die die Arbeiterinnen der Spinnerei der Jakobiner betrafen. Er habe ihr den Vorschlag gemacht, eine Petition an die Commune zu richten. Soweit es in seiner Macht stehe, wolle er sich für sie einsetzen. Einige Tage danach sei die Bürgerin Cathérine Larmet zu ihr gekommen und habe sie gefragt, wie es um die Angelegenheit bestellt sei. Die Sprecherin habe ihr erwidert: »Um unsere Sache steht es gut. Ich habe Père Duchesne getroffen. Auf dem Boulevard du Temple habe ich mit ihm darüber gesprochen. Er hat mich wissen lassen, daß er uns unterstützen wird.«

Man stellte ihr die Frage, ob sie am Tage der Hinrichtung Héberts, mit Beinamen Père Duchesne, oder am folgenden Tage gesagt habe, er wäre ein guter Patriot, ein guter Jakobiner, der der Republik schon viele Dienste erwiesen hätte und zum Dank dafür hingerichtet würde. Sie gab zur Antwort, daß sie das nicht gesagt habe und von all dem nichts wisse.

Sie wurde gefragt, ob und weshalb sie mit anderen Bürgerinnen der Werkstatt in der Sektion »Marat« gewesen sei.[2]

Sie erwiderte, daß sie einmal mit einer Bürgerin der Baumwollwerkstatt hingegangen wäre, um eine Petition zu überbringen, deren Inhalt ihr unbekannt gewesen sei, da sie diese weder gelesen noch unterzeichnet hätte. Man habe ihr aber gesagt, daß sie abgefaßt worden sei, um die zwei Pfund Brot zurückzufordern, die man ihnen abgezogen habe.

Ihr wurde die Frage gestellt, weshalb sie sich an die Sektion »Marat« gewandt hätten und nicht an die Sektion »Chalier«, in der sich die Werkstätten der Jakobiner befanden.

Sie gab zur Antwort, daß die sie begleitenden Baumwollarbeiterinnen ihr gesagt hatten, daß sie auch der Sektion »Chalier« eine Petition überreicht hätten.

Ihr wurde vorgehalten, daß sie nicht die Wahrheit gesagt habe, denn sie habe die Petition, die der Sektion »Marat« überreicht worden sei, unterschrieben.

Sie antwortete, daß sie sich nicht daran erinnere, daß sie diese unterschrieben habe; aber sie sei der Annahme, sie nicht unterschrieben zu haben; wenn sie sie sähe, würde sie wohl ihre Unterschrift erkennen.

Man fragte sie, ob sie nicht bei den Kommissaren der Sektion »Marat« gewesen sei, um sie in die Werkstätten der Jakobiner einzuladen.

Sie erwiderte, daß sie zu dritt dort gewesen seien, um sie nach ihre Meinung über die Werkstätten der Jakobiner zu befragen.

Die Sprecherin fügte hinzu, daß die Bürgerin Foucheret ihr mitgeteilt habe, die Pförtnerin habe ihr gesagt, daß fünf mit

Möbeln und sonstigen Gerätschaften beladene Wagen das Haus der ehemaligen Jakobinermönche verlassen hätten. Sie sollten der Bürgerin Marianne Fouchot gehört haben. Die Sprecherin hätte zwei oder drei Tage vorher zwei Pakete fortschaffen sehen. In diesen sollten die Sachen der besagten Marianne Fouchot, die umzog, enthalten gewesen sein. Sie fügt noch hinzu, daß besagte Marianne Fouchot bei der Bürgerin Cathérine Larmet gewesen sei, als anfangs die Bürgerinnen Kokarden trugen, und zu ihr gesagt habe: »Du trägst doch eine Kokarde?« Diese habe ihr geantwortet: »Ja! Und weshalb trägst du keine?« Die besagte Fouchot habe erwidert: »Ich will keine tragen.« Jene habe ihr erklärt: »Du setzt dich der Gefahr aus, verhaftet zu werden.« Die Bürgerin Fouchot hätte ihr folgende Antwort erteilt: »Dem ersten, der mich verhaften will, schlitze ich mit meinem Messer den Bauch auf.« Die Sprecherin fügt weiter hinzu, daß 1791 die besagte Fouchot in ihre (der Sprecherin) Arbeitsstätte gekommen sei und Silber habe kaufen wollen. Da sie keines erwerben konnte, sei sie ein zweites Mal gekommen und habe gefragt, ob ihr jemand Silber verkaufen wolle. Die Sprecherin habe ihr entgegnet, daß die Spinnerinnen nicht genügend verdienten, um Silber verkaufen zu können. Darauf habe die Bürgerin Fouchot gemeint, es brauchten nur Stücke im Werte von 12 oder 24 Sous zu sein. Dann habe die Sprecherin sie gefragt, wozu sie dieses Silber brauche, ob sie es den Emigranten schicken wolle. Die besagte Fouchot habe es lachend bejaht und sofort von zwei Bürgerinnen 49 Franken in Silber gekauft, das diese bei der Ernte verdient hatten. Sie habe jeder 50 Sous Draufgeld gegeben. Sie habe einen ähnlichen Kauf auch bei einer anderen Bürgerin getätigt. Der Sprecherin sei allerdings unbekannt, wieviel Draufgeld sie ihr dafür gegeben habe.

Die Sprecherin erklärt auch, daß an dem Tag, als durch die Explosion eines Pulverfäßchens die Tür des Wachthauses, das sich in der Rue de la Lingerie befand, aufsprang, die besagte Fouchot in die Werkstatt gekommen sei und verkündet habe, daß mit Kanonen auf Patrioten geschossen werde. Sie habe weiter geäußert: »Seht, welchen Dienst euch eure Nation erweist! Solange sie mir nicht mehr Gutes tut als bisher, kümmere ich mich um sie überhaupt nicht. Sie kann mir den Buckel herunterrutschen, ich scheiße auf sie.« Die Sprecherin teilt weiter mit, daß ihr die Bürgerin Bougrot mitgeteilt habe, daß die besagte Fouchot ihr gegenüber geäußert habe, daß sie, wenn sie eine Million besäße, sie für die Rettung des Lebens des Königs opfern würde. Am Todestag des ehemaligen Königs sei sie ganz verweint in die Werkstatt gekommen.

Die Sprecherin erklärt weiter, daß Cathérine Larmet ihr am vergangenen 9. Dezember mitgeteilt habe, daß der Bruder der Marianne Fouchot am Tage der Hinrichtung der Coutelet von seiner Schwester ein 50 Ellen großes Stück Leinwand, 12 Bettücher und einen mit Sechsfrankenstücken gefüllten Beutel mitgenommen habe. Seit diesem Tage habe sie von der Angelegenheit nichts mehr gehört, bis die besagte Larmet es einige Tage danach selbst in der Werkstatt offen erzählt habe. Am selben Tage habe die Larmet der Sprecherin auch mitgeteilt, daß sie beweisen könne, daß die Bürgerin Fouchot mit Silber Handel treibe, da sie ihr zweimal welches verkauft habe.

Betreffs der Aussagen der Bürgerin Valentine erklärt sie, daß sie am Tage der Hinrichtung der Neuvéglise weinend in die Werkstatt gekommen sei. Sie sei dann krank geworden und im Krankenhaus gewesen, von wo sie erst vor drei oder vier Tagen entlassen worden sei. Das ist alles, was die Sprecherin ausgesagt hat.

Die Fragen und die Antworten wurden ihr nochmals vorgelesen. Sie versicherte, daß sie der Wahrheit entsprächen und daß sie sie aufrechterhalte. Sie hat im Original mit Janison unterzeichnet.

1 Diese Manufaktur, die für den Heeresbedarf arbeitete, war in den ehemaligen Klosterräumen des Jakobinerordens in der Rue Saint-Jacques (nicht identisch mit dem berühmten Ex-Kloster in der Rue Saint-Honoré) untergebracht.

2 Man verdächtigt sie der Aufwiegelung. Die Textilarbeiterinnen hatten seit dem Ventôse Lohnerhöhungen gefordert; sie wurden darin von der Volksgesellschaft der Sektion »Marat« unterstützt, die als eine der Hochburgen des Hébertismus galt. So fiel es der Regierung leicht, den Lohnkampf der Arbeiterinnen als Parteinahme für den wegen Hochverrats hingerichteten Hébert hinzustellen. Die Führerinnen wurden dem Öffentlichen Ankläger bereits am 31. März 1794 (noch während des Prozesses gegen Hébert) denunziert (A. N., W 77, pl. 1 [drei Dokumente]; Tuetey, XI, n 60, 61, 62).

Markov/Soboul, Sansculotten, S. 399—405.

14. Agent Lefebvre an Innenminister Paré aus Carpentras über Bäuerinnen in der Provence (18. März 1794)

Ein anderer Punkt, der mich noch mehr bewegt, ist das Schauspiel, das ich vor Augen habe, ist jener des Müßiggangs einer Unzahl von Kindern. Die Felder sind in diesem Jahr gut beakkert, denn die Frauen, den Spaten unterm Fuß, ersetzen freudig ihre Kinder und Ehemänner, die an die Grenzen gerufen sind. Schon jetzt bekommt man den besten Eindruck von der nächsten Ernte. Aber die Kultur des Geistes und vor allem jene der Kinder ist weit davon entfernt, ebenso (frohe) Hoffnungen zu wecken. Und doch hängt es von dieser Sittenerziehung ab, ob die Liebe zur Republik ebenso wie die körperliche Erziehung Kraft geben kann, die Feinde zu bekämpfen [. . .].

Caron, Rapports, Bd. 2, S. 187 f.

15. Anzeigen aus dem Journal de Paris

Die Bürgerin, die Witwe Laurent, deren erzieherische Talente bekannt sind und die bereits mehrere Schüler hatte, eröffnete soeben ein Lyzeum für Mädchen. Dort wird Französisch sowie Englisch und Italienisch unterrichtet und Geographie. Auch stehen die besten Musikmeister, Zeichen- und Tanzkünstler zur Verfügung – [und dies alles] zu einem günstigen Preis.

Das Lyzeum wird täglich von acht Uhr morgens bis ein Uhr und von drei bis sieben Uhr nachmittags geöffnet sein. Um es jenen Personen, die sie mit ihrem Vertrauen beehren wollen, zu erleichtern, nimmt sie [auch] Halbpensionäre und sogar einige Vollpensionäre an.

Um Auskünfte wende man sich an das Lycée des Demoiselles, Rue des Prouvaires, n° 54.

Journal de Paris, n° 120 (30. April 1793), S. 2.

Getreideernte im Messidor/Thermidor

Die Bürgerin Guichard, die sich seit ihrer Jugend damit beschäftigt, die verschiedenen Grade der Verunreinigung des Urins herauszufinden, macht an dieser Stelle keine Aufstellung all jener scheinbar unheilbaren Krankheiten, die sie zu heilen imstande ist. Sie wird jeden Tag Sprechstunde abhalten, von acht Uhr morgens bis zum Mittag und von sechs Uhr nachmittags bis acht Uhr abends. Sie nimmt zehn Sous für die Beratung. Sie ist wohnhaft in Paris, Cour St.-Martin, im kleinen, neuen Gebäude Nr. 7.

Journal de Paris, n° 2 (2. Januar 1793), S. 8.

16. Polizeibeobachter Pourvoyeur über den Prozeß gegen eine Lehrerin (22. Januar 1794)

Eine Bürgerin war in ihrer Eigenschaft als Lehrerin angeklagt, die Prinzipien des Ancien Régime propagiert und gelehrt zu haben und den ihr anvertrauten Kindern die Liebe zu den Königen und der Religion eingeflüstert zu haben sowie Furcht vor allem, was die Vernunft gebietet, und Haß auf die Revolution. Ferner wurde sie beschuldigt, sie [die Kinder] kein Wort der republikanischen Verfassung lehren zu wollen. Ein einziger Zeuge beschuldigte diese Frau. Ein kleines Kind, das höchstens vier Jahre alt sein konnte und ihre Schule besuchte, wurde vor Gericht geführt. Man fragte es, ob es Republikaner sei. Es antwortete: »Ja.« Der Präsident fragte es, ob es wüßte, was die Menschenrechte seien. Es antwortete, daß es sie alle kenne, weil diese Bürgerin sie habe auswendig lernen lassen. Und es sagte sie auf, ohne einen Fehler zu machen. Der Präsident hatte dem Kind erlaubt, auf dem Schreibpult Platz zu nehmen, und am Ende konnte er sich nicht enthalten, dieses Kind zu umarmen. Und das Volk applaudierte gerührt, und man rief: »Gnade für die Angeklagte und Bestrafung des falschen Zeugen.« Diese Bürgerin wurde als vollkommen unschuldig anerkannt, und der falsche Zeuge nahm sofort ihren Platz (auf der Anklagebank) ein und wurde zur Zufriedenheit des Volkes verurteilt. In fast allen Gruppen sprach man über dieses Urteil und wie wichtig es sei, die falschen Zeugen zu bestrafen.

Caron, Paris, Bd. 3, S. 98.

3. Kapitel
Der Marsch der Pariserinnen nach Versailles am 5. und 6. Oktober 1789

Wenn die französische Bevölkerung sich ihrer Revolution erinnert, so feiert sie den 14. Juli 1789, den Tag, an dem die Bastille, Staatsgefängnis und Symbol absolutistischer Willkürherrschaft, von kaum mehr als notdürftig bewaffneten Pariser Volksmassen gestürmt wurde. Und mit Recht wird dieser Tag gefeiert, denn er stellt den Auftakt einer erfolgreichen Intervention der Volksmassen dar, einer Bewegung, die das ganze Land erfassen sollte.

Doch zeigte sich bald, daß der Juli-Aufstand die politische Lage nur vorübergehend geklärt hatte. Die Pariser hatten einen drohenden militärischen Coup des Königs gegen die aus den Generalständen eigenmächtig gebildete Nationalversammlung, mit der die alte Ständeordnung weggefegt worden war, verhindern wollen, und dies war ihnen auch gelungen. Der König hatte sich sogar die »patriotische« blau-weiß-rote Kokarde angesteckt und öffentlich künftiges Wohlverhalten versprochen. Doch gab es gute Gründe, an der Ernsthaftigkeit seines Versprechens zu zweifeln. Die Menschenrechtserklärung und die ersten in Feudalrechte eingreifenden »Augustdekrete« wollte er nicht unterschreiben. Seine Brüder hatten sich an der Spitze der ersten Welle adliger Emigranten ins Ausland abgesetzt und warteten dort auf baldige Rückkehr in ein »befriedetes« Ancien Régime. Wie lange würde es dauern, bis der König selbst sich zu ihnen gesellte, um gestützt auf österreichische Bajonette »sein« Land zurückzuerobern? Den König nach Paris, in die Mitte seiner wachsamen Bevölkerung zu holen – dieser Gedanke war schon im Juli aufgekommen, im Oktober nun wurde er in die Tat umgesetzt. Es war wieder eine Massenaktion dazu nötig, und diesmal waren es die Pariser Frauen, die die Sache in die Hand nahmen. Beim Sturm auf die Bastille waren sie noch im Hintergrund geblieben, wenn auch eine genaue Betrachtung der Augenzeugenberichte und der zeitgenössischen Gravouren zeigt, daß sie auch hierbei nicht völlig unbeteiligt waren. Der Marsch nach Versailles aber, der den König im Triumphzug nach Paris »heimführen« sollte, wurde zum »Tag der Weiber«.

Welches waren Anlaß und Ursache für tausende Pariser Frauen, sich auf einen solchen Gewaltmarsch einzulassen? Mitte September 1789 ließ der König Ludwig XVI. das tausend Mann starke Flandernregiment nach Versailles kommen, was Ängste über einen drohenden militärischen Angriff auf die Nationalversammlung oder gegen das »aufmüpfige« Paris verstärkte. Wieder geisterte das Gespenst eines Adelskomplotts durch die Köpfe der Menschen und veranlaßte ganze Pariser Stadtteile, Arbeiter der Militärschule und Teile der Pariser Nationalgarde, der neugegründeten Bürgermiliz sowie auch »patriotische« Abgeordnete der Nationalversammlung, Überlegungen über geeignete Abwehr anzustrengen, wobei immer häufiger ein Marsch nach Versailles erwogen wurde.

Die politischen Ängste erhielten zusätzliche Impulse durch Probleme sozialökonomischer Art, wie sie vor allem in Paris auftraten: Infolge von Emigration und Kapitalflucht kamen die Pariser Luxusindustrie sowie der Ex- und Import weitgehend zum Erliegen, was zu einer erheblichen Zunahme von Arbeitslosigkeit und Massenelend führte. Besonders weibliche Arbeitskräfte, die sich auch ihres Arbeitsplatzes als Hausangestellte beraubt sahen, waren von dieser Misere betroffen. Bei öffentlichen Arbeitsbeschaffungsmaßnahmen (beim Abbau der Bastille u. a.) kam es zu Unruhen, weil auch hier Kürzungspläne laut wurden, und seit Mitte August schon machten Handwerksgesellen verschiedener Sparten durch Lohnforderungen von sich reden. Die täglichen Existenzsorgen nahmen wieder zu. Das Brot war so knapp und teuer, daß eine fünfköpfige Durchschnittsfamilie über 80% des Familienbudgets allein dafür aufwenden mußte. Im September 1789 bildeten sich vor den Bäckerläden wieder Schlangen, immer ein beunruhigendes Zeichen für eine gefährliche Verschlechterung der Versorgungslage. Was die Frauen, die zumeist das Brot einkauften, dort gesagt, gemutmaßt, geschimpft oder gemurrt haben mögen, ist zwar nicht wortwörtlich bekannt, weil die Geheimpolizei noch nicht das spätere Niveau erreicht hatte oder mit anderen Dingen beschäftigt war, aber die Erfahrungen aus früheren wie späteren Jahren dürften nicht sehr davon abweichen (vgl. Kapitel 6). Auf jeden Fall kam es schon wieder zu Ausschreitungen gegen Bäcker, und jedes die Pariser Mehl- und Brotversorgung betreffende Gerücht wurde begierig aufgegriffen. Wiederbelebt wurde auch die Furcht vor einem Hungerkomplott, wobei alle Angaben, die Müller des Pariser Umlandes wären bestochen, um das Getreidemahlen einzustellen und die Mehlzufuhr nach Paris lahmzulegen, oder Hinweise auf Reexporte von Broten auf fruchtbaren Boden fielen und die Ängste gerade bei jenen Bevölkerungsgruppen verstärkten, die sich nur von einem Tag auf den anderen versorgten. Die Reicheren konnten sich einen gewissen Vorrat leisten, was zur Konsequenz hatte, daß das Tagesangebot wirklich knapper ausfiel und alle Befürchtungen eine immer realere Grundlage erhielten.

So stimulierten sich einmal mehr politische und ökonomische Krisenerscheinungen gegenseitig in ihren Wirkungen. Die Lage war also schon ziemlich angespannt, als am 3. Oktober 1789 in Paris bekannt wurde, daß es im Versailler Schloß zu antipatriotischen Ausfällen gekommen sei, dergestalt, daß die Nationalkokarde von Angehörigen des (verhaßten) Flandernregiments besudelt worden sei und nur die schwarze (des Hauses Österreich) oder die weiße (des Hauses Orleáns) geehrt worden seien. Da dies alles in Anwesenheit der königlichen Familie geschehen war, erhielt der Vorfall einen offiziellen Anstrich und wurde nicht zu unrecht als offizieller Affront gegen die Nationalversammlung gewertet. Daraufhin tagten die 60 Pariser Distrikte »in Permanenz«, der Pariser Stadtrat forderte den unverzüglichen Abzug des Flandernregiments und verbot jede andersfarbige Kokarde als jene in den Nationalfarben. Am nächsten Tag spitzte sich die Lage noch weiter zu: Im Palais Royal kam es zu aufgeregten Menschenansammlungen, vorwiegend von Frauen, und immer wieder wurde der Ruf laut: »Nach Versailles!« Denn dort, einige Kilometer von Paris entfernt, residierte ja der König, tagte die Nationalversammlung, stand das Flandernregiment – und nicht in der Hauptstadt selbst.

Am Montagmorgen strömten Frauen aus dem Arbeitervorort St. Antoine in Richtung Rathaus. Unterwegs schlossen sich viele Marktfrauen aus den Pariser Hallen an. Schon gegen acht Uhr erreichten sie das Rathaus und forderten Brot. Als weder Bürgermeister Bailly noch der Kommandant der National-garde, Lafayette, zu sprechen waren, drangen sie ins Rathaus und beschafften sich unter Androhung von Gewalt Waffen. Für den Gang nach Versailles, der einmütig als Losung ausgegeben wurde, überredeten einige Frauen einen der »Sieger der Ba-stille«, den Gerichtsboten Maillard, doch die Führung zu über-nehmen.

LE DÉPART DES HÉROÏNES PARISIENNE POUR VERSAILLE LE 4.º ͭ8ͬͤ 1789

Aufbruch nach Versailles am 5. Oktober 1789

Unterwegs vergrößerte sich der Zug noch erheblich. Viele Frauen stießen aus eigenem Antrieb dazu, etliche wurden auch zur Teilnahme gezwungen. Die Zusammensetzung war durch-aus gemischt: Neben Frauen aus sehr armen Verhältnissen, die

65

mehrheitlich dort vertreten waren, waren auch Frauen mit schöneren Hüten zu sehen, was auf bürgerliche Herkunft schließen ließ. Insgesamt wurden sie auf 8000 bis 10 000 – überwiegend Frauen – geschätzt, die sich mit Piken, Stielen, Waffen und sogar mit einigen Kanonen auf den langen Marsch begaben (Dok. 19). An Proviant hatte kaum jemand gedacht – ein Indiz für den überaus spontanen Charakter dieser Unternehmung. Der strömende Regen stellte eine zusätzliche Härte dar. Bei der Durchquerung von Sèvres wurden einige Kleinhändler dazu gezwungen, ihre Nahrungsmittel an die »Demonstranten« abzugeben, wofür sie teilweise auch bezahlt wurden. Erst gegen 17 Uhr kam der Frauenzug, völlig durchnäßt und ausgehungert, in Versailles an.

Derweil war es in Paris zu neuen Initiativen der Pariser Nationalgarde gekommen, den Frauenzug zu unterstützen: Kommandeur Lafayette wurde derart zugesetzt, daß er schließlich gegen 17 Uhr das Signal zum Marsch nach Versailles geben mußte: 20 000 bis 30 000 Männer, in erste Linie Nationalgardisten, machten sich in Richtung Versailles auf, wo dieser zweite Zug erst spätabends gegen 23 Uhr eintreffen sollte. Während die Pariser Nationalgardisten im Anmarsch waren, wurden die Frauen schon in der Nationalversammlung vorstellig. Eine Abordnung von 12 (15) Frauen wurde erst nach einigem Hin und Her – die Abgeordneten hatten die Bedeutung dieses Vorgangs augenscheinlich verkannt – vorgelassen. Als Sprecher verlas Maillard ihre Forderungen nach Brot und Abzug des Flandernregiments. Langsam wurde auch in der Nationalversammlung das ganze Ausmaß der Bewegung deutlich.

Die Angehörigen der Nationalversammlung signalisierten Wohlwollen und schickten dieselbe Abordnung mit ihrem Sitzungspräsidenten Mounier direkt zum König. Auch Frau Chéret (Dok. 17) gehörte dieser Gruppe an. Der Monarch, erst vor kurzem von der Jagd heimgekehrt, war gerade dabei, sich wegen der außergewöhnlichen Vorkommnisse mit seinen Ministern zu beraten, als die Frauenabordnung, begleitet von einem regelrechten Demonstrationszug, im Schloß eintraf. Während drinnen gesprochen wurde, verstärkten sich draußen Mißtrauen und Ungeduld. Als die Frauenabordnung wieder zum Vorschein kam und bekanntgab, daß der König ausreichende Mehllieferungen sowie Festpreise zugesagt habe, wollten die Wartenden etwas Schriftliches sehen, was allerdings nicht vorhanden war. Da wurden die Mitglieder der Abordnung derart bedrängt, daß sie neuerlich beim König vorstellig werden mußten, um das geforderte Schriftstück vorweisen zu können. Von dieser Kontroverse unter den Teilnehmerinnen des Pariser Demonstrationszugs liest man bei unserer Augenzeugin nichts, aber die anderen Berichte beharren auf der relativ gespannten Atmosphäre.

Ein Teil der Frauen kehrte nun wieder höchst zufrieden nach Paris zurück, diesmal im Wagen des Königs, auch Frau Chéret. Sie sollten die frohe Botschaft über die neuen Garantien für die hauptstädtische Brotversorgung wohl so schnell wie möglich unter die Leute bringen, um Schlimmeres zu verhindern.

Interessant ist, daß bis zu diesem Zeitpunkt noch nicht die Forderung laut geworden war, die königliche Familie möge nach Paris übersiedeln. Aber warum gingen die vielen tausend Frauen dann nicht auch mit zurück nach Paris?

Worauf warteten sie noch, wenn nicht auf die Erfüllung dieses Wunsches?

Die Nationalversammlung tagte weiter, allerdings unter ziemlich veränderten Rahmenbedingungen, wie der Genfer Dumont berichtete (Dok. 18). Auf die Nachricht des Anmarsches der Pariser Nationalgarde hin hielt der König mit dem Ministerrat eine neue Krisensitzung ab und übermittelte der Nationalversammlung gegen 22 Uhr die langersehnte Annahme der »August«-dekrete sowie der Menschenrechtserklärung – der zweite wichtige Erfolg der Pariser Frauen.

Obwohl das Zentrum von Versailles wegen der »Invasion« tausender unerwarteter »Besucherinnen« überquoll, die hungrig, durchnäßt und müde der Dinge harrten, die noch kommen sollten, kam es in der Stadt kaum zu Zwischenfällen. In der Nationalversammlung ging es zwar wesentlich turbulenter als sonst zu, und die Pariser Frauen breiteten sich dort, nachdem die Abgeordneten das erste Mal die Sitzung aufgelöst hatten, vollständig aus, diskutierten, unterhielten sich, ruhten oder aßen – aber es kam zu keinen Gewalttätigkeiten. Auch dann nicht, als die Nationalversammlung gegen 23 Uhr nach Ankunft des zweiten Pariszugs neuerlich zusammengerufen wurde und bis drei Uhr nachts tagte. Als letzte unerfüllte Forderung hatten die Vertreter der 60 Pariser Bezirke auf ihrem Zettel: Der König solle mit nach Paris kommen. Aber die Antwort ließ auf sich warten.

So kam es dann doch noch, am frühen Morgen des 6. Oktober 1789, zu gewaltsamen Ausschreitungen direkt im Schloß: Die aufgebrachten Massen drangen in den Schloßflügel der Königin ein, töteten zwei Leibwächter und versuchten der Königin habhaft zu werden; diese konnte aber noch rechtzeitig entfliehen. Viele tausend Pariserinnen und Pariser bauten sich drohend vor dem Schloß auf, und immer wieder erschallte der Ruf: »Nach Paris.« In dieser Zwangslage blieb dem König kaum noch eine Wahl. Und nachdem auch die Abgeordneten der Nationalversammlung zu verstehen gegeben hatten, daß sie dem König wohin auch immer folgen würden, willigte Ludwig XVI. ein. Gegen 13 Uhr marschierte ein buntgemischter, von vielen Zweigen und Broten geschmückter Zug im Triumph nach Paris zurück, zusammen mit »dem Bäcker, der Bäckerin und dem Bäckerburschen« (Ludwig XVI., Marie Antoinette und dem Dauphin) als Garanten der Pariser Brotversorgung sowie hundert Abgeordneten der Nationalversammlung, unbewaffneten Wachsoldaten und Angehörigen des Flandernregiments.

Obwohl es auch auf dem Rückmarsch regnete und schon dunkelte, als sie an der Stadtgrenze vom Pariser Bürgermeister Bailly in Empfang genommen wurden, gestaltete sich dieser Marsch zu einem Triumphzug. König und Nationalversammlung fortan inmitten der Pariser Bevölkerung – das war mehr als ein Ortswechsel: es eröffnete der direkten Einwirkung der Massen auf den weiteren Gang »ihrer« Revolution Tür und Tor.

Vieles an diesem historischen Ereignis wirkt in sich widersprüchlich. Warum kam es zu zwei Zügen nach Versailles? Warum machten sich die Frauen einen Mann, Maillard, zum Sprecher? Gab es Vorbereitungen oder Planungen irgendwelcher Art oder konnten tausende zwei Tage lang spontan unterwegs sein? Wieso forderten nicht auch die Frauen sogleich, daß die königliche Familie nach Paris übersiedeln sollte? Wieviele Frauen waren nur gezwungenermaßen mitmarschiert? Wie war die soziale Zusammensetzung dieser Massen?

Die Gewalttätigkeiten im Versailler Schloß selbst führten dann auch zu Verhaftungen und vielen Zeugenvernehmungen. Aber nur eine Frau, Louise Reine Audu, wurde ein Jahr später wegen des Angriffs auf die Staatsgewalt über ein Jahr unter fadenscheinigen Gründen festgehalten (vgl. Dok. 19).

In der Folgezeit wurden die Ereignisse des 5./6. Oktober 1789 in Ehren gehalten: Es entstanden nicht nur Lieder (Dok. 20), viele Frauen erhielten Auszeichnungen und öffentliche Belobigungen. Bei den später eingeführten republikanischen Festen bildeten die »Frauen vom 5./6. Oktober« hinter den »Freiwilligen der Bastille« als Heldinnen der Revolution eine eigene Abteilung.

Alle politisch denkenden Frauen erkannten in diesem Marsch einen besonders wichtigen, geradezu historischen Erfolg, weil er auf das Konto der Pariser Frauen ging. Sie pflegten die Erinnerung an diese Tat, ehrten die Tradition der »Frauen vom 5./6. Oktober« und beriefen sich bei (feministischen) Forderungen gerade auch auf sie (vgl. Kapitel 8). Der Ruhm der Frauen vom 5./6. Oktober sollte die direkten politischen Einwirkungsmöglichkeiten der Frauen überdauern; der Haß ihrer Gegner allerdings auch.

Die Vorhut des Frauenmarsches nach Versailles

17. Das Ereignis von Paris und Versailles, Oktober 1789, von einer der Damen, die die Ehre hatten, zur Abordnung in der Nationalversammlung gehört zu haben:

Gegen halb neun Uhr morgens wurden viele Frauen im Rathaus vorstellig: Die einen verlangten, mit Herrn Bailly[1] und Herrn La Fayette[2] zu sprechen, um von ihnen zu erfahren, warum es soviel Mühe mache, Brot zu bekommen, und weshalb es so teuer sei. Andere bestanden darauf, daß der König und die Königin nach Paris kommen und im Louvre bleiben sollten,[3] wo sie – wie sie sagten – vieles besser machen könnten als in Versailles. Wieder andere forderten schließlich, daß jene, die die schwarzen Kokarden[4] trügen, diese auf der Stelle entfernen, daß man das Flandernregiment und die Leibgarde zurückschicken[5] und Seine Majestät nurmehr die Soldaten der Pariser Nationalgarde als Wache haben sollte. Während dieser Zeit befanden sich die Herren von Gouvion, Generalmajor, Richard du Pin, zweiter Kommandant der Freiwilligen der Bastille, und Lefebvre, Vorsteher der Waffenkammer [des Rathauses] in größter

Gefahr. Denn die Menge war wütend, weil sie keine Waffen und Munition fand, und wollte sie aufhängen. Nur durch eine Art Wunder entkamen sie. Gegen Mittag oder um ein Uhr fand sich der Marquis de La Fayette, der nichts von einer Reise nach Versailles hielt, endlich bereit, den dringenden Wünschen der Bürger zu weichen. Etwa um diese Zeit verließ [auch] Marie Louise Lenoel, Frau Chéret, die in der Rue de Vaugirard wohnte und gerade in Passy mit dem Abschluß eines einträglichen Geschäfts beschäftigt war, Hals über Kopf ihre tugendhafte Mutter. Sie verzichtete auf den Gewinn, den sie hätte machen können, mischte sich unter die Damen Bürgerinnen, die nach Versailles zogen, und stürmte mit ihnen voran, angeführt von den Männern Hulin, Maillard und anderen Freiwilligen der Bastille.[6] Diese Helden, die ihren Lorbeeren vom 14. Juli auch noch die Ehre beifügen wollten, die Nationalversammlung mit der Ursache für das Elend des Volkes vertraut gemacht zu haben, [eines Volkes], ohne das die größten Könige absolut nichts darstellen.

Als sie den Point-du-Jour erreicht hatten, hielten die Bürgerinnen unserer Hauptstadt [Paris] an, um sich ordentlich aufzustellen: In Sèvres zwangen Männer die Händler dazu, ihnen Lebensmittel gegen Geld zu verkaufen, [dann] setzten sie ihren Weg nach Versailles fort. Unterwegs wurden zwei oder drei Individuen – einer von ihnen war vom König geschickt – verhaftet und dazu gezwungen, dem Zerreißen ihrer schwarzen Kokarde zuzusehen. Sie mußten sich am Ende [des Zuges] anschließen. Als sie gerade im Begriff waren, die Residenz ihrer Majestäten [das Versailler Schloß] zu erreichen, klatschten das Bürgertum von Versailles, das Flandernregiment und die Dragoner, ganz zu schweigen von den Offizieren [der Nationalgarde] in die Hände, zeigten ihre Zufriedenheit durch Beifall, beglückwünschten sie zu ihrer Ankunft und baten sie, sich für das Gemeinwohl einzusetzen.

Konnte man eine solche Bitte an Damen, an gebürtige Französinnen, richten, die an ihrer Spitze die Helden der Bastille hatten? Einige Minuten später – gegen vier Uhr – schlugen unsere Bürgerinnen, die von den Herren Hulin und Maillard angeführt wurden, den Weg zur Nationalversammlung ein, wo sie

A Versailles à Versailles le 5 Octobre 1789.

Nach Versailles, nach Versailles

nur unter Mühe Einlaß erhielten. Welch beeindruckendes Schauspiel bot sich ihnen dort!

[. . .] Trotz der Furcht, die unsere guten Freundinnen unter den Hosenmätzen gesät hatten, – mehrere von ihnen verließen gar die Versammlung –, glaubten die ehrenhaften Mitglieder der Nationalversammlung zu erkennen, daß sie [die Bürgerinnen] abolut entschlossen seien, solange nicht auseinanderzugehen, wie noch etwas endgültig festgelegt werden müsse. Sie gestanden unseren 12 Abgesandten zu: 1. ein neuerliches Getreideausfuhrverbot; 2. das Versprechen, daß der Getreidepreis auf 24 Livres festgesetzt würde; ein ehrlicher Preis, bei dem das Brot günstig und selbst für die Ärmsten erschwinglich sei; 3. daß das Fleisch nur acht Sous das Pfund kosten solle. Unterdessen haben die Leibgarde und die Nationalgarde die Zeit damit verbracht, wie man sagt, mit den Gewehren zu schießen. Ungewiß, ob dabei die ersteren geglänzt haben. Aber das Gerücht besagt, daß wir nur wenig Leute verloren haben und daß der

König den 5. Oktober unterstützt habe und mehr denn je jenes Attribut verdiente, das man ihm am 17. Juli [1789] zubilligte, »Erneuerer der französischen Nation« zu sein. Wir Bürgerinnen wurden, geschmückt mit Ruhm, auf Kosten Seiner Majestät im Wagen zum Pariser Rathaus zurückgebracht, wo wir wie die Befreierinnen der Hauptstadt empfangen wurden. Dieses Ereignis muß die Pläne der heutigen und künftigen Aristokraten zunichte machen.

Frau Chéret

1 Pariser Bürgermeister (1789–1791)

2 Chef der Pariser Nationalgarde (1789–1791), der neuen Bürgermiliz, an der sich all jene beteiligen konnten, die sich selbst mit Waffe und Uniform ausstatteten.

3 Ludwig XVI. und Marie Antoinette residierten im Schloß zu Versailles, wo auch die Nationalversammlung tagte.

4 Ausdruck royalistischer, ja österreich-freundlicher Gesinnung (die Königin war selbst Habsburgerin); Anspielung auf die Gerüchte, daß Angehörige des Flandernregiments bei einem festlichen Bankett sich mit der revolutionsfeindlichen schwarzen Kokarde geschmückt und die trikolorefarbige Kokarde, das Symbol der Revolution, in den Dreck geworfen hatten.

5 Die Pariser Bevölkerung war der Meinung, daß die Berufung des flandrischen Regiments nach Versailles eine zusätzliche Bedrohung der Souveränität der Nationalversammlung darstellte.

6 Die Männer, die sich am 14. Juli 1789 bei der Erstürmung des Pariser Staatsgefängnisses, der Bastille, ausgezeichnet und hervorgetan hatten, erhielten besondere Ehrungen und wurden fortan als Freiwillige der Bastille in quasi militärischen Formationen in die weiteren polizeilichen wie militärischen Aktivitäten miteinbezogen, bzw. bestimmten selbst über ihr Eingreifen.

Cahiers de Doléances des Femmes en 1789 et autres textes. Préface de Paule-Marie Duhet, Paris 1981, S. 79–82.

In der Nationalversammlung

18. Der Schweizer Besucher Dumont:

Müde vom Umherstreifen kam ich gegen acht Uhr abends in die Nationalversammlung. Sie bot ein merkwürdiges Schauspiel. Das Pariser Volk war dort eingedrungen, sogar die Umgänge waren besetzt. Die Galerien waren besetzt mit Weibern und Männern, die mit Hellebarden, Stöcken und Piken bewaffnet waren. Die Sitzung war unterbrochen worden; der Präsident wurde jedoch im Namen des Königs gebeten, eine Deputation ins Schloß zu schicken und die Versammlung unbegrenzt tagen zu lassen. Ich suchte Mirabeau auf, der, obgleich es noch nicht elf Uhr war, schon zu Bett gegangen war. Als wir dann schließlich in die Versammlung kamen, wo der Präsident sich vergeblich abmühte, Ruhe zu schaffen, erhob Mirabeau seine alles übertönende Stimme und forderte den Präsidenten auf, der Versammlung Respekt zu verschaffen und alle Fremden aufzufordern, sich zu entfernen. Bei seiner Volkstümlichkeit hatte er Erfolg mit seinen Worten. Nach und nach zog sich die Menge zurück, und die Deputierten berieten ruhig über einige Punkte des Strafgesetzbuches. Ich stand auf einer Galerie, wo ein Fischweib sich mit einer überlegenen Autoriät betätigte und ungefähr hundert Weiber, vor allem junge Personen, dirigierte, die ihre Befehle erwarteten, um zu schreien oder zu schweigen. Sie rief ungeniert die Deputierten an und fragte: »Wer redet denn da hinten? Laßt den Schwätzer den Mund halten! Darum handelt es sich gar nicht, es handelt sich darum, Brot zu bekommen. Man soll unser Mütterchen Mirabeau sprechen lassen, wir wollen ihn hören. . .« Ihre ganze Gesellschaft schrie: »Unser Mütterchen Mirabeau!« [Das war damals bei den Leuten jener Klasse ein Kosewort für Mirabeau.] Aber Mirabeau war nicht der Mann, der bei solchen Gelegenheiten seine Kräfte verschwendete, und seine Beliebtheit beim Volk war, wie er sagte, nicht Beliebtheit beim Pöbel.

Augenzeugenberichte aus der Französischen Revolution, S. 65 f.

19. Aus der Rechtfertigung von Reine Louise Audu (1791)

Obwohl es in der Nacht zum 6. Oktober in Versailles zu erheblichen Zwischenfällen kam und zwei Leibgardisten der Königin getötet wurden, wurde nur eine Frau, Reine Louise Audu, eine Pariserin, die für ihre kranke Mutter zu sorgen hatte, verhaftet und wegen Hochverrats angeklagt. Noch 1791 wartete sie auf ihren Prozeß, der infolge revolutionärer Umbrüche immer unter neuen Vorzeichen geführt werden sollte. Schließlich profitierte auch sie von der allgemeinen Amnestie. In der Erhebung vom 10. August 1792 tat sie sich neuerlich hervor und wurde verwundet. In diesem Falle bemühte sich aber ihre Sektion und auch der Jakobinerklub intensiv um sie.

Im September 1791 richtete sie eine Rechtfertigungsschrift an den Justizminister, in der sie sich mit den sie scheinbar belastenden Zeugenaussagen auseinandersetzte und über ihre Teilnahme am Marsch nach Versailles berichtete. Sowohl die breite Referierung der Zeugenaussagen, als auch ihre Stellungnahme liefern uns interessante Hintergrundinformationen über Teilnehmer, wobei sich auch Reine Louise Audu in gewisse Widersprüche verwickelt, indem sie einerseits behauptete, mehr oder weniger zur Teilnahme gezwungen worden zu sein, und später Maillard, den Anführer der vielen tausend Frauen als Kronzeugen aufbieten wollte, weil sie sich ständig in seiner Nähe aufgehalten habe...

Zeuge 1 sagte aus, »daß er selbst die Tatsachen nicht kennte, da er nicht nach Versailles gegangen sei; alles, was er wüßte, habe er nur in aller Öffentlichkeit gehört; aber er habe zu besagter Zeit einen Cour de roi genannten Soldaten, der zur Zeit im Gefängnis von St. Denis sich befinde, beherbergt sowie eine junge Frau, die noch dort wohne und Louise Reine LeDue heiße und der eine wie die andere seien am 5. Oktober auf nach Versailles.«

Zeuge 2: Der Herr Lefebre sprach in seiner Aussage von einer großen Frau »von ungefähr 36 Jahren, die am Sonntag, dem 4. Oktober im Palais Royal viele Leute aufgewiegelt habe, um sie nach Versailles zu begleiten, um vom König und seiner Familie Brot zu fordern.« »Er gab an, daß er dieselbe Frau am folgenden Dienstag (6. Oktober) rittlings auf einer Kanone bei der Rückkehr der Pariser Armee (Nationalgarde) wiedergesehen habe.« Aber, als er mit Reine Audu konfrontiert wurde, erklärte er, daß sie es nicht gewesen sei, von der gesprochen worden war.

Zeugin 3, Frau Lavarenne: »Als sie von der Szene sprach, die den Schweizern [königlichen Wachsoldaten] bei den Toren der Tuilerien [Königssitz in Paris] passierte, fügte sie hinzu, daß eine ziemlich schlecht angezogene Frau, *die es den Richtern Audu zu nennen gefällt, obwohl sich viele dieser Art gefunden hätten* (Hervorhebung von Audu), die in der Hand eine Schwertklinge getragen habe (allerdings stumpf wie ohne eine Klinge) und diesem Schweizer einen Schlag habe versetzen wollen, woraufhin sie [die Zeugin] sich mit anderen Frauen dem widersetzt hätte, und bei diesem Handgemenge sei sie, die Zeugin, an der Hand verletzt worden; alle [Frauen] seien dann

Le Retour triomphant des Heroines Francaises de Versailles a Paris le 6.ͤ Octobre 1789.

Die triumphale Rückkehr der Heldinnen Frankreichs aus Versailles am 6. Oktober 1789

durch die Tuilerien gezogen und hätten ihren Weg nach Versailles mit anderen Frauen fortgesetzt, die sich ihnen am Platz Ludwig XV. angeschlossen hätten.

Sie fügte noch hinzu, daß sie in Sèvres zwei Herren getroffen habe, die zu ihnen gesprochen hätten. Nachdem sie über ein ziemlich friedlich verlaufenes Gespräch zu berichten wußten, hätten sie dann aber erfahren, daß eine der Zeugin unbekannte Frau, die aber mit dem Schwert bewaffnet gewesen [wie es von den Richtern Audu vorgeworfen wurde], gesagt haben sollte: »Ja, ja, wir gehen nach Versailles, wir werden den Kopf der Königin auf einer Schwertspitze mitbringen.« Aber die anderen Frauen hätten sie zum Schweigen gebracht.

[4. Zeugin, Frau Gaillard, berichtete ebenfalls über die Vorfälle in Sèvres, bezeichnete besagte Frau darüber hinaus als eine Dirne, die bei einem Limonadenhändler in der Rue Bailleux wohnen würde.]

[Reine Louise Audu verwies im einzelnen auf die Schwäche dieser Zeugenaussagen, ihre Ungenauigkeit, geringe Spezifik, die Verallgemeinerbarkeit der Schuldzuweisungen und die Widersprüchlichkeiten. Und dann gibt sie an, was sie wirklich gemacht habe:]

»Aus meinem Viertel in Gegenwart all meiner Nachbarn von einer Horde Frauen fortgerissen, die von sich sagten, daß sie nach Versailles gehen wollten, um vom König Gnade und einige Erleichterungen der Übel des Volkes zu erhalten, ging ich am 5. Oktober ohne Plan, ohne Absicht los und trug nicht mehr als drei Sous und sechs Deniers bei mir. Ich ging vor den Augen all meiner Nachbarn fort und durch all die Ermutigungen, die sie mir zusprachen, im reinsten Gefühl von Patriotismus.

Weit davon entfernt, nicht das Unglück zu beklagen, mit dem der Tag des 6. Oktober zuende ging [doppeldeutig: entweder Anspielung auf die toten Königswächter oder auf ihr eigenes Schicksal], so wird doch dieser ausgesprochen berühmte Tag in die Geschichte weniger durch das Unglück eingehen, das er brachte, als vielmehr seiner besonderen Bedeutung für den Erfolg der Revolution wegen.«

[Es folgen Reflexionen zu einer möglichen Rezeption dieses historischen Tages durch die künftigen Generationen; Audu unterstreicht darüber hinaus, daß all die Vorwürfe noch lange keine Rechtfertigung für ihre Verhaftung darstellten; sie habe an keinerlei Verschwörung teilgenommen, die Zeugenaussagen entbehrten jeder Grundlage; dann referiert sie all die Schritte, die sie bislang zu ihrer Freilassung unternommen hatte.]

»Ich beweise im Gegenteil und werde – wenn die Zeit gekommen – den Herrn Maillard [Sprecher und Anführer des Frauenzugs nach Versailles] zu Gehör bringen, der den Zeitraum angeben wird, in dem ich mit ihm zusammen war, der bestätigen wird, daß ich niemals ein Schwert in der Hand gehabt habe, sondern einen Besenstiel, wie ich immer einen dabei habe; der bezeugen wird, daß ich mich immer mit Klugheit und Bravour verhalten habe bei diesem für manche so schrecklichen Marsch, die dessen Motive mißverstanden oder diesen verleumdeten.

Ich werde durch alle Nachbarn beweisen, daß ich gegen meinen Willen mit fortgeschleppt wurde und mit einem Besenstiel ausgerüstet war.

Ich werde beweisen, wo ich vom 5. zum 6. Oktober die Nacht verbracht habe, bis zu dem Zeitpunkt, als ich mich gegen neun Uhr morgens [die Vorfälle im Versailler Schloß ereigneten sich von drei Uhr morgens an] wieder zur Pariser Armee [Pariser Nationalgarde] gesellt habe – und dann wird es überdeutlich, daß ich unschuldig verfolgt worden bin.«

Unveröffentliches Manuskript aus den Archives Nationales, BB¹⁶701 – Justizministerium –
6. September 1791.

Der Rückmarsch

20. Lied vom »Aufbruch der Fischweiber« von Paris nach Versailles, Ende 1789

Weise: Hier ist das gute Öl, jetzt die Zwiebel dran

Auf Versailles wollen wir machen,
Unsern guten König zu sehn,
Es müssen, was kosten die Sachen,
Drei-, viertausend mit mir gehn,
Dazu führn wir Kanonen und Pulver heran,
Hier ist das gute Öl, jetzt die Zwiebel dran.

Ludwig den Sechzehnten zu besuchen,
Werden Krieger unsere Fraun,
Therese, Kati, Luluchen,
Als Kanoniere sich traun,
Unser Herz hält um den Bourbonen an,
Hier ist das gute Öl, jetzt die Zwiebel dran.

Schöne Dam', die uns gewahrte
Als Amazone ziehn,
Schnell, hier ist die Kokarde,
Begleiten Sie uns hin,
Schnell, geben Sie Hüte und Plunder daran,
Hier ist das gute Öl, jetzt die Zwiebel dran.

Nun sei'n Sie nur nicht bänglich
Und zärteln Sie sich nicht!
Ihr Glück reicht lebenslänglich,
Bei uns reicht's leider nicht;
Also los, bewegen Sie die Hacken voran,
Hier ist das gute Öl, jetzt die Zwiebel dran.

Und wie ich ankommen werde
Und rede dem König zu
Und da zurückgestoßen werde,
Hab ich mich geschlagen, du,
Jede Frau nimmt hier das Herz eines Löwen an,
Hier ist das gute Öl, jetzt die Zwiebel dran.

Damit unser Papa, König der Franzen,
Nach Paris komme gleich,
Da muß man schnell antanzen

Und führen so einen Streich,
Wir holen in ihm unser Glück heran,
Hier ist das gute Öl, jetzt die Zwiebel dran.

Wir wissen und sind keine Lecker,
Was uns wird nötig sein,
Wir brauchen Fleisch, Brot vom Bäcker
Und auch unsre Pinte Wein,
Was uns Magen und Herz begütigen kann,
Hier ist das gute Öl, jetzt die Zwiebel dran.

Voll Lorbeer in der Folge
Werd ich kommen mit Papa,
Die Familie in seinem Gefolge,
Was für Augen macht man da!
Eine jede unterm Arm unsern Butzemann,
Hier ist das gute Öl, jetzt die Zwiebel dran.

Die Bürger unsrer Stadt, die guten,
Kommen, national das Herz,
Über zwanzigtausend, will ich vermuten,
In kriegerischem Erz,
Leiten den König mit großer Lieb sodann,
Hier ist das gute Öl, jetzt die Zwiebel dran.

Markov, Revolution im Zeugenstand, Bd. 2, S. 119–120.

4. Kapitel
Auf dem steinigen Weg zur Gleichheit

Nach dem erfolgreichen Eingreifen Tausender von Pariser Frauen, durch das die königliche Familie nach Paris geholt wurde, waren auch die Menschenrechte eine beschlossene Sache.

Aber für wen galten sie eigentlich? Wirklich für jeden Menschen oder nur für jeden Mann? Die französische Sprache läßt beide Interpretationen zu, aber die konkrete Ausgestaltung offenbarte doch eindeutig, daß die »droits de l'homme« durchaus den Mann meinten. Dies erkannt und bloßgestellt zu haben, bleibt das große Verdienst von Olympe de Gouges. Ihre berühmte »Erklärung der Rechte der Frau und Bürgerin«, die 1791 veröffentlicht wurde und über deren Verbreitung und zeitgenössischen Bekanntheitsgrad wir noch wenig wissen, modifizierte die Menschenrechtserklärung von 1789 Artikel für Artikel im Sinne einer Gleichberechtigung der Frauen (Dok. 21). So formulierte sie eine Menschenrechtserklärung für ihr Geschlecht und lieferte der Nachwelt ein Dokument, das heutzutage zu den klassischen Texten der Frauenrechtsbewegung zählt.

Über die Verfasserin selbst ist wenig bekannt. Sie wurde 1755 in Montauban geboren, heiratete recht früh, wurde bald schon Witwe und siedelte dann nach Paris über, wo sie zahlreiche Theaterstücke und Romane veröffentlichte, die 1788 in einer dreibändigen Werksausgabe zusammengefaßt erschienen. Während der Revolution publizierte sie dann zu aktuellen tagespolitischen Ereignissen verschiedene kürzere Arbeiten und bemühte sich vergeblich um die Gründung eines Frauenklubs. Sie politisch einzuordnen erscheint schwierig. Ihre Verteidigung des Königs brachte sie in den Geruch, eine Royalistin zu sein, und diente später auch als Begründung, sie im November 1793 guillotinieren zu lassen. Wie weit dies nur vorgeschoben war und in Wirklichkeit mehr ihr feministisches Engagement und ihre publizistische Tätigkeit die führenden Revolutionäre im Herbst 1793 störten, ist kaum zu ermitteln. Auf jeden Fall nutzte die offizielle Presse ihren Prozeß und ihre Verurteilung als zusätzliches Argument gegen jede Art von politischer Aktivität von Frauen (vgl. Kapitel 10).

Aber richtig ist auch, daß Olympe de Gouges nie einen Hehl daraus machte, ein besonderes Verhältnis zur königlichen Familie zu haben. Nicht von ungefähr wandte sie sich mit ihrer Erklärung der Rechte der Frau und Bürgerin im September 1791 direkt an die in der Bevölkerung rechtschaffen verhaßte Königin Marie Antoinette und warb um ihre Unterstützung; und das, nachdem die königliche Familie gerade im Juni 1791 jenen gescheiterten Fluchtversuch unternommen hatte, der sie den letzten politischen Kredit kostete. Diese politische Instinktlosigkeit trug dazu bei, ihre Ideen zur Gleichberechtigung bei der Masse der Frauen, die sie doch erreichen wollte, von vornherein in Mißkredit zu bringen.

Die in der Erklärung angesprochenen Rechte der Frauen lesen sich wie Desiderate einer auf allen Ebenen politischer, ökonomischer, sozialer, zivil- und strafrechtlicher Art einzuleitenden Gleichbehandlung; eine Vision, deren Verwirklichung auch Olympe de Gouges selbst nicht von heut auf morgen für realisierbar hielt. Allerdings wollte sie die Revolution insgesamt an den auf dem Gebiet der Frauenemanzipation verzeichneten Erfolgen messen. Demgegenüber hielten bekanntlich die einflußreichsten Enzyklopädisten und Aufklärer bei der Entwicklung ihrer Gesellschaftsutopien an der untergeordneten Rolle der Frau fest. Einer jener Philosophen allerdings, Jean-Antoine de Condorcet (1743—1794), gehörte zu einer Minorität, die die Benachteiligung von Frauen prinzipiell verwarfen und für eine vollständige Gleichbehandlung plädierten. Condorcet setzte sich daher sowohl für eine gute Ausbildung aller Mädchen und Frauen ein, als auch für Gewährung gleicher Rechte für sie unter Einschluß der politischen (Dok. 22). Mit seiner 1789 veröffentlichten Schrift »Über die Zulassung der Frauen zum Bürgerrecht« setzte er sich kritisch mit Positionen auseinander, die zum Teil noch heute gegen politisch engagierte Frauen vorgebracht werden.

In Petitionen, Zeitungen und Manifesten fand die »feministische« Strömung, vor allem in den größeren Städten, eine Resonanz wie noch nie. Allerdings handelte es sich zumeist um gebildete Frauen aus bürgerlichem Milieu und nicht so sehr um die breite Masse des weiblichen Geschlechts. Da die zensitäre Verfassung von 1791 schon die Männer nicht gleich behandelte, stand eine derartige politische Forderung wohl außerhalb des Erreichbaren für die Masse der Frauen, die mit anderen Dingen, den täglichen Lebensunterhalt betreffend, ausreichend beschäftigt war und kaum Zeit, Ideen oder Energien übrig hatte, um sich hier so konsequent wie bei anderen Gelegenheiten zu engagieren (vgl. Kapitel 6).

In der Französischen Revolution waren es nicht viele Frauen, die sich der Emanzipation ihres Geschlechts verschrieben hatten. Aber allein stand Olympe de Gouges nicht; auch war sie nicht die erste, die ein derartiges Programm entfaltet hätte. Im 17. Jahrhundert war es insbesondere Poulain de la Barre gewesen, der mit großer Eloquenz und Weitsichtigkeit für die Gleichberechtigung der Frauen eingetreten war, aber diesen Positionen war größere Resonanz und Wirkung nicht beschieden. Vor der Revolution, als sich die philosophischen und gesellschaftlichen Zirkel unter dem wachsenden Einfluß der Aufklärung ausbreiteten, entstanden auch sog. Salons von Damen der liberalen Bourgeoisie oder Adelsfamilien, in denen Themen der Zeit erörtert wurden. Hier wurden teilweise auch Poulain de la Barres Auffassungen wieder aufgegriffen und die Diskriminierung von Frauen kritisiert.

Unter den Frauenrechtlerinnen in der Revolutionszeit waren Vertreterinnen zu finden, die kaum eine journée ausließen und sich stets bravourös schlugen. Insbesondere Théroigne de Méricourt tat sich sowohl beim Marsch nach Versailles als auch bei der antiroyalistischen Erhebung am 10. August 1792 hervor. Später endete sie, diese strahlende, mitreißende und mutige Persönlichkeit, allein und verfolgt im Irrenhaus. Etta Palm engagierte sich vor und in den Nationalversammlungen. Es hat den

Anschein, daß diese herausragenden Gestalten trotz ähnlicher Programmatik nicht zu einer gemeinsamen Aktion und längerfristigen Politik zusammenfanden, was der Verbreitung und Verwirklichung ihrer Ziele sehr abträglich war. Hinzu kam, daß ihre Sprache, ihre kulturelle und soziale Herkunft sie so weit von der Mehrheit der Frauen entfremdete, daß sie deren tägliche Sorgen und Probleme nicht in ihrer politischen Tragweite ermessen konnten und sich von ihnen isolierten.

Auch wenn es in den nachfolgenden Nationalversammlungen, der Legislative (1791–1792) ebenso wie im Konvent (1792–1795) einzelne Vertreter gab, die sich öffentlich für eine Gleichbehandlung und Gleichberechtigung der Frauen einsetzten, auch wenn sich die Aktivitäten von anderen Frauen und Frauenklubs ausweiteten und immer mehr Frauen Bastionen des öffentlichen Lebens für sich zu nutzen verstanden (vgl. Kapitel 7) kam man – soweit es die gesetzliche Seite anbelangte – in all den Jahren nicht vom Fleck.

Einige Mißstände waren allerdings so eklatant und mit den Erfordernissen der neuen Ordnung so wenig vereinbar, daß selbst die bürgerlichen Revolutionäre es als dringend erforderlich erachteten, für rasche Abhilfe zu sorgen. Dabei handelte es sich zumeist um Bereiche, die die Freiheit des Individuums absichern sollten.

Nach der Unterdrückung des Klerus und der Abschaffung standesrechtlicher Privilegien drängte sich eine Neuordnung des Eherechts geradezu auf: So verankerte schon die Verfassung von 1791 die Heirat als zivilen Akt, und im September 1792 ordnete die Legislative die Scheidung neu. Auch wenn dieses Gesetz in seinen Bestimmungen über die Vermögensverteilung im Falle der Trennung bzw. bei der unterschiedlichen Bewertung der Trennungsgründe von einer gleichberechtigten Partnerschaft der Ehegatten noch weit entfernt war, wurde es von vielen Frauen als Ende ihrer Sklaverei, als Befreiung von der Tyrannei eines ungeliebten und ungewollten Ehemannes begrüßt (Dok. 23). Durch Nationalisierung des Kirchenbesitzes und Auflösung der Orden öffneten sich auch die Tore für viele der von Vätern oder Ehemännern in Klöstern eingesperrten

Heirat

Frauen, denen die Revolution durch diesen Akt wirklich erst die persönliche Freiheit brachte. Einen weiteren wichtigen Schritt im Sinne der Frauen tat die Legislative, als sie die Volljährigkeit neu regelte und Frauen wie Männer ab 21 Jahre für volljährig erklärte. Zu diesem Zeitpunkt sollte nunmehr die Verfügungsgewalt des Vaters über die Volljährige enden. Der Konvent weitete Anfang 1793 diese Volljährigkeit noch dahingehend aus, daß sie sich auf die Wahrnehmung aller zivilen Rechte, auf private Verfügungen etc. erstreckte; Kompetenzen, die zuvor dem Vater (bis zum 25. Lebensjahr) zugestanden waren.

Einschneidende Veränderungen traten auch beim Erbrecht ein; hier wurde die Situation der Frauen durch die revolutionären Gesetzgeber deutlich verbessert: Schon die Verfassunggebende Versammlung verabschiedete das Gesetz über die absolute Gleichheit der Erbteile unter Männern wie Frauen, Töchtern wie Söhnen; eine Bestimmung, die der Konvent im Dezember 1793 neuerlich bestätigte und dahingehend ausweitete, daß das Erstgeborenenrecht gänzlich aufgehoben wurde. Allerdings bereitete die Umsetzung dieser Gesetze erhebliche Schwierigkeiten. Der Bericht eines Beauftragen des Innenministers zeigte (Dok. 24), wie auf alle nur erdenkliche Weise versucht wurde, die Mädchen um das ihnen rechtmäßig zustehende Erbe zu bringen. Und welche Schwierigkeiten es erst einmal bereitete, die Gesetzgebung des Ancien Régime im Einzelfall abzuschaffen und die neuen geltenden Bestimmungen konkret umzusetzen, zeigte sich besonders im Detail. In unserem Fall handelt es sich um eine ehemalige Adlige, die einen Sansculotten heiratete, ein Kind von ihm erwartete und daraufhin von ihrer Familie vollständig enterbt wurde (Dok. 25).

Scheidung, ein Schritt in Richtung Freiheit

Auch wenn es bei der Durchführung der neuen rechtlichen Bestimmungen erhebliche Schwierigkeiten gab und diverse Möglichkeiten ersonnen und praktiziert wurden, um eine Umsetzung zu vermeiden, so scheinen doch die neuen Rechtsbestimmungen auch dazu beigetragen zu haben, den Frauen ein neues Selbstbewußtsein zu geben. Davon jedenfalls zeugen viele Petitionen, die den verschiedenen revolutionären Versammlungen von Frauen unterbreitet wurden.

In einem Bereich wollte der Konvent Frauen vollständig gleich behandelt wissen, und das war bei der Zuteilung der Gemeindeländereien (Juni 1793). Diese sollten nämlich nach Anzahl der Köpfe auf die Dorfbevölkerung aufgeteilt werden. Berücksichtigt man dann noch die angestrebte Neuordnung des Schulsystems, die auch für Mädchen einen obligatorischen Schulbesuch (Gesetze aus dem Jahre 1795/1796) vom 5. bis zum 12. Lebensjahr vorsah, wenn auch die Lehrinhalte für Mädchen nicht denen der Jungen vollkommen gleich waren und auch die Lehrerinnen schlechter bezahlt wurden, so wies die Bilanz der Veränderungen für Frauen im sozialen wie juristischen Bereich wichtige Verbesserungen auf, für die sich viele Anhänger der Gleichberechtigung und Frauenrechtlerinnen schon seit langem stark gemacht hatten. Auch wenn das politische Mitspracherecht den Frauen de jure vollständig versagt blieb, profitierte doch jede einzelne Frau von der Neuordnung des Familien- und Scheidungsrechts, von den größeren ökonomischen Möglichkeiten und neuen zivilen Rechten sowie von der allgemeinen Schulausbildung.

21. Olympe de Gouges: Die Rechte der Frau

Mann, bist du fähig, gerecht zu sein? Eine Frau stellt dir diese Frage. Dieses Recht wirst du ihr zumindest nicht nehmen können. Sag mir, wer hat dir die selbstherrliche Macht verliehen, mein Geschlecht zu unterdrücken? Deine Kraft? Deine Talente? Betrachte den Schöpfer in seiner Weisheit. Durchlaufe die Natur in all ihrer Majestät, die Natur, der du dich nähern zu wollen scheinst, und leite daraus, wenn du es wagst, ein Beispiel für diese tyrannische Herrschaft ab. Geh zu den Tieren, befrage die Elemente, studiere die Pflanzen, ja wirf einen Blick auf den Kreislauf der Natur und füge dich dem Beweis, wenn ich dir die Mittel dazu in die Hand gebe. Suche, untersuche und unterscheide, wenn du es kannst, die Geschlechter in der Ordnung der Natur. Überall findest du sie ohne Unterschied zusammen, überall arbeiten sie in einer harmonischen Gemeinschaft an diesem unsterblichen Meisterwerk.

Nur der Mann hat sich aus der Ausnahme ein Prinzip zurechtgeschnidert. Extravagant, blind, von den Wissenschaften aufgeblasen und degeneriert, will er diesem Jahrhundert der Aufklärung und Scharfsichtigkeit, doch in krassester Unwissenheit, despotisch über ein Geschlecht befehlen, das alle intellektuellen Fähigkeiten besitzt. Er möchte von der Revolution profitieren, er verlangt sein Anrecht auf Gleichheit, um nicht noch mehr zu sagen.

Erklärung der Rechte der Frau und Bürgerin
Von der Nationalversammlung am Ende dieser oder bei der nächsten Legislaturperiode zu verabschieden.

PRÄAMBEL

Wir, Mütter, Töchter, Schwestern, Vertreterinnen der Nation, verlangen, in die Nationalversammlung aufgenommen zu werden. In Anbetracht dessen, daß Unwissenheit, Vergeßlichkeit oder Mißachtung der Rechte der Frauen die alleinigen Ursachen öffentlichen Elends und der Korruptheit der Regierungen sind, haben wir uns entschlossen, in einer feierlichen Erklärung die natürlichen, unveräußerlichen und heiligen Rechte der Frau darzulegen, auf daß diese Erklärung allen Mitgliedern der bürgerlichen Gesellschaft ständig vor Augen, sie unablässig an ihre Rechte und Pflichten erinnert; auf daß die Machtausübung von Frauen ebenso wie jene von Männern jederzeit am Zweck der politischen Einrichtungen gemessen und somit auch mehr geachtet werden kann; auf daß die Beschwerden von Bürgerinnen, nunmehr gestützt auf einfache und unangreifbare Grundsätze, sich immer zur Erhaltung der Verfassung, der guten Sitten, und zum Wohl aller auswirken mögen.

Das an Schönheit wie Mut im Ertragen der Mutterschaft überlegene Geschlecht anerkennt und erklärt somit, in Gegenwart und mit dem Beistand des Allmächtigen, die folgenden Rechte der Frau und Bürgerin:

ARTIKEL I

Die Frau ist frei geboren und bleibt dem Manne gleich in allen Rechten. Die sozialen Unterschiede können nur im allgemeinen Nutzen begründet sein.

ARTIKEL II

Ziel und Zweck jedes politischen Zusammenschlusses ist der Schutz der natürlichen und unveräußerlichen Rechte sowohl der Frau als auch des Mannes. Diese Rechte sind: Freiheit, Sicherheit, das Recht auf Eigentum und besonders das Recht auf Widerstand gegen Unterdrückung.

ARTIKEL III

Die Legitimität jeder Herrschaft ruht wesentlich in der Nation, die nichts anderes darstellt als eine Vereinigung von Frauen und Männern. Keine Körperschaft und keine einzelne Person kann Macht ausüben, die nicht ausdrücklich daraus hervorgeht.

ARTIKEL IV

Freiheit und Gerechtigkeit bestehen darin, den anderen zurückzugeben, was ihnen gehört. So wird die Frau an der Ausübung ihrer natürlichen Rechte nur durch die fortdauernde Tyrannei, die der Mann ihr entgegensetzt, gehindert. Diese Schranken müssen durch Gesetze der Natur und Vernunft revidiert werden.

ARTIKEL V

Die Gesetze der Natur und Vernunft wehren alle Handlungen von der Gesellschaft ab, die ihr schaden könnten. Alles, was durch diese weisen und göttlichen Gesetze nicht verboten ist, darf nicht behindert werden, und niemand darf gezwungen werden, etwas zu tun, was diese Gesetze nicht ausdrücklich vorschreiben.

ARTIKEL VI

Recht und Gesetz sollten Ausdruck des Gemeinwillens sein. Alle Bürgerinnen und Bürger sollen persönlich oder durch ihre Vertreter an ihrer Gestaltung mitwirken. Es muß für alle das gleiche sein. Alle Bürgerinnen und Bürger, die gleich sind vor den Augen des Gesetzes, müssen gleichermaßen nach ihren Fähigkeiten, ohne andere Unterschiede als die ihrer Tugenden und Talente, zu allen Würden, Ämtern und Stellungen im öffentlichen Leben zugelassen werden.

ARTIKEL VII

Für Frauen gibt es keine Sonderrechte; sie werden verklagt, in Haft genommen und gehalten, wo immer es das Gesetz vorsieht. Frauen unterstehen wie Männer den gleichen Strafgesetzen.

ARTIKEL VIII

Das Gesetz soll nur Strafen verhängen, die unumgänglich und offensichtlich notwendig sind, und niemand darf bestraft werden, es sei denn kraft eines rechtsgültigen Gesetzes, das bereits vor dem Delikt in Kraft war, und das legal auf Frauen angewandt wird.

ARTIKEL IX

Die gesetzliche Strenge muß gegenüber jeder Frau walten, die für schuldig befunden wurde.

ARTIKEL X

Wegen seiner Meinung, auch wenn sie grundsätzlicher Art ist, darf niemand verfolgt werden. Die Frau hat das Recht, das Schafott zu besteigen. Sie muß gleichermaßen das Recht haben, die Tribüne zu besteigen, vorausgesetzt, daß ihre Handlungen und Äußerungen die vom Gesetz gewahrte öffentliche Ordnung nicht stören.

ARTIKEL XI

Die freie Gedanken- und Meinungsäußerung ist eines der kostbarsten Rechte der Frau, denn diese Freiheit garantiert die Vaterschaft der Väter an ihren Kindern. Jede Bürgerin kann folglich in aller Freiheit sagen: »Ich bin die Mutter eines Kindes, das du gezeugt hast«, ohne daß ein barbarisches Vorurteil sie zwingt, die Wahrheit zu verschleiern. Dadurch soll ihr nicht die Verantwortung für den Mißbrauch dieser Freiheit in den Fällen, die das Gesetz bestimmt, abgenommen werden.

ARTIKEL XII

Die Garantie der Rechte der Frau und Bürgerin soll dem allgemeinen Nutzen dienen. Diese Garantie soll zum Vorteil aller, und nicht zum persönlichen Vorteil derjenigen, denen sie anvertraut ist, sein.

ARTIKEL XIII

Für den Unterhalt der Polizei und für die Verwaltungskosten werden von der Frau wie vom Manne gleiche Beträge gefordert. Hat die Frau teil an allen Pflichten und Lasten, dann muß sie ebenso teilhaben an der Verteilung der Posten und Arbeiten in niederen und hohen Ämtern und im Gewerbe.

ARTIKEL XIV

Die Bürgerinnen und Bürger haben das Recht, selbst oder durch ihre Repräsentanten über die jeweilige Notwendigkeit der öffentlichen Beiträge zu befinden. Die Bürgerinnen können dem Prinzip, Steuern in gleicher Höhe aus ihrem Vermögen zu zahlen, nur dann beipflichten, wenn sie an der öffentlichen Verwaltung teilhaben und die Steuern, ihre Verwendung, ihre Einbeziehung und Zeitdauer mit festsetzen.

ARTIKEL XV

Die weibliche Bevölkerung, die gleich der männlichen Beiträge leistet, hat das Recht, von jeder öffentlichen Instanz einen Rechenschaftsbericht zu verlangen.

ARTIKEL XVI

Eine Gesellschaft, in der die Garantie der Rechte nicht gesichert und die Trennung der Gewalten nicht festgelegt ist, hat keine Verfassung. Es besteht keine Verfassung, wenn die Mehrheit der Individuen, die das Volk darstellt, an ihrem Zustandekommen nicht mitgewirkt hat.

ARTIKEL XVII

Das Eigentum gehört beiden Geschlechtern vereint oder einzeln. Jede Person hat darauf ein unverletzliches und heiliges Anrecht. Niemandem darf es als eigentliches Erbteil vorenthalten werden, es sei denn, eine öffentliche Notwendigkeit, die rechtmäßig ausgewiesen wurde, mache es erforderlich, natürlich unter der Voraussetzung einer gerechten und vorher festgesetzten Entschädigung.

NACHWORT

Frauen, wacht auf! Die Stimme der Vernunft läßt sich auf der ganzen Welt vernehmen! Erkennt eure Rechte! Das gewaltige Reich der Natur ist nicht mehr umstellt von Vorurteilen, Fanatismus, Aberglauben und Lügen. Die Fackel der Wahrheit hat alle Wolken der Dummheit und Gewalttätigkeit vertrieben. Der versklavte Mann hat seine Kräfte verdoppelt. Er hat eurer Kräfte bedurft, um seine Ketten zu zerbrechen. In Freiheit versetzt, ist er nun selbst ungerecht geworden gegen seine Gefährtin. O Frauen! Frauen, wann hört ihr auf, blind zu sein? Welches sind die Vorteile, die ihr aus der Revolution gezogen habt? Ihr werdet noch mehr verachtet, noch schärfer verhöhnt. In den Jahrhunderten der Korruption habt ihr nur über die Schwächen der Männer geherrscht. Euer Reich ist zerstört! Was bleibt euch denn? Die Überzeugung von der Ungerechtigkeit des Mannes, die Forderung nach eurem Erbe, die ihr aus den weisen Gesetzen der Natur ableitet. Was habt ihr zu befürchten bei einem so hoffnungsvollen Unternehmen? Den Verweis des Herrn bei der Hochzeit von Kanaan? Habt ihr Angst, daß unsere französischen Gesetzgeber – Verfechter jener Moral, die sich lange Zeit in allen Zweigen der Politik eingenistet hatte, heute aber darin keinen Platz mehr hat – euch ebenfalls sagen könnten: »Frauen, was gibt es Gemeinsames zwischen euch und uns?« »Alles!« würdet ihr darauf antworten. Wenn sie beharrlich fortfahren, durch diese Unvernunft, aus einem Gefühl der Schwäche heraus, mit ihren eigenen Prinzipien in Widerstreit zu geraten, dann stellt tapfer die Macht der Vernunft den eitlen Überlegenheitsanprüchen entgegen. Vereinigt euch unter dem Banner der Philosophie, entfaltet alle eure charakterlichen Kräfte, und ihr werdet bald diese stolzen, nicht untertänigen Verehrer zu euren Füßen haben, jetzt jedoch stolz darüber, mit euch die Schätze des Allmächtigen teilen. Was auch immer die Hürden sein werden, die man euch entgegenstellt, es liegt in eurer Macht, sie zu überwinden. Ihr müßt es nur wollen.

Kommen wir nun zu dem schrecklichen Bild des Zustandes, in dem euch die Gesellschaft gehalten hat. Und da im Augenblick von einem öffentlichen Bildungswesen die Rede ist, wollen wir sehen, ob unsere weisen Gesetzgeber in vernünftiger Weise an die Bildung der Frauen denken werden.

Die Frauen haben mehr Schaden angerichet als Gutes getan. Auferlegte Zwänge und Heimlichkeiten waren ihnen eigen. Was ihnen durch Gewalt entrissen worden ist, haben sie durch Hinterlistigkeit zurückgewonnen. Sie haben alle Möglichkeiten ihres Charmes ausgeschöpft, und der ehrenhafteste Mann konnte ihnen nicht widerstehen. Das Gift, die Waffe, alles stand ihnen zu Diensten. Das Verbrechen wie die Tugend waren in ihrer Gewalt. Jahrhundertelang stand besonders die französische Regierung in der Abhängigkeit von Frauen, die nachts Politik betrieben. Das Kabinett war vor ihren Indiskretionen nicht sicher. Ebensowenig die Botschaft, die Heerführung, das Ministerium, die Präsidentschaft, das Bischofs- und Kardinalamt. Ja alles, war die Dummheit der Männer ausmacht, ob im säkularen oder im religiösen Bereich, alles war der Habgier und der

Ambition dieses Geschlechts unterworfen, ein Geschlecht, das früher verachtenswert war, doch geehrt wurde, und seit der Revolution ehrenwert ist, doch verachtet wird.

Wieviele Bemerkungen wollte ich doch zu dieser Art von Antithese machen! Mir reicht nur zu wenigen die Zeit, doch dieses Wenige wird die Aufmerksamkeit der Nachwelt bis in die weiteste Ferne auf sich ziehen. Unter dem Ancien Régime war alles lasterhaft, alles schuldig. Doch konnte man denn nicht eine Verbesserung der Dinge im Kern des Lasters selbst erkennen? Eine Frau brauchte nur schön oder lieblich zu sein. Besaß sie diese beiden Vorteile, dann sah sie hundert Reichtümer zu ihren Füßen liegen. Wenn sie davon nicht profitierte, dann hatte sie einen eigenartigen Charakter, oder eine seltene philosophische Haltung, die sie Schätze verachten hieß. Sie wurde dann nur noch für verrückt gehalten. Die Schamloseste verschaffte sich ihr Ansehen mit Gold. Der Frauenhandel war eine Art Unternehmen, das in die oberste Schicht Eingang fand; doch wird er fortan keinen Kredit mehr genießen. Wenn dem nicht so wäre, dann hätte die Revolution für uns ihren Sinn verloren, und wir würden unter neuen Vorzeichen weiterhin der Verderbtheit ausgeliefert sein. Doch müssen wir nicht zugeben, daß in einer Gesellschaft, wo der Mann die Frau gleich einem Sklaven von der afrikanischen Küste kauft, ihr jeder andere Weg, Wohlstand zu erwerben, verwehrt ist? Natürlich ist der Unterschied groß. Die Frau als Sklavin befiehlt dem Herrn. Doch wenn der Herr sie ohne Abfindung freiläßt, in einem Alter, wo die »Sklavin« alle ihre Reize verloren hat, was wird dann aus dieser Unglücklichen? Ein Gegenstand der Verachtung. Selbst die Türen karitativer Fürsorge sind ihr verschlossen. Sie ist arm und alt, wird man sagen, warum hat sie nicht vorgesorgt? Ich kann noch traurigere Beispiele anführen. Ein unerfahrenes Mädchen wird von einem Mann, den sie liebt, verführt, verläßt ihre Eltern, um ihm zu folgen. Der Skrupellose verläßt sie nach einigen Jahren. Seine Treulosigkeit wird um so unmenschlicher, je mehr Jahre sie bei ihm verbracht hat. Hat sie Kinder, verläßt er sie trotzdem. Ist er reich, sieht er sich nicht genötigt, sein Vermögen mit seinen edlen Opfern zu teilen. Hat er durch ein Versprechen seine Verpflichtungen besiegelt, dann wird er sein Wort brechen und sich auf die Gesetze verlassen. Ist er verheiratet, dann verliert jedes eingegangene Versprechen an Rechtskraft. Welche Gesetze müssen gemacht werden, um das Laster an seiner Wurzel zu packen? Solche, die der Aufteilung des Vermögens zwischen Männern und Frauen und ihrer öffentlichen Handhabung dienen. Es ist leicht zu erkennen, daß sich für diejenige, die einer reichen Familie entstammt, eine gleiche Aufteilung des Vermögens vorteilhaft auswirken wird. Doch welches Los trifft die verdienst- und tugendreiche Tochter einer armen Familie? Armut und Schmach. Denn hat sie sich nicht in der Musik und Malerei ausgezeichnet, dann wird ihr jede öffentliche Betätigung verweigert, auch wenn sie dazu alle nötigen Fähigkeiten besitzt. Ich will hier nur einen kurzen Überblick über die Lage der Dinge geben. In der neuen Auflage meiner gesamten politischen Schriften, die ich, mit Anmerkungen versehen, dem Publikum in wenigen Tagen darzubieten hoffe, werde ich die Situation eingehender beschreiben.

Kommen wir auf die Problematik der Sitten zurück. Die Ehe ist das Grab des Vertrauens und der Liebe. Eine verheiratete Frau kann ungestraft ihrem Gatten Kinder gebären, die von einem andern Mann gezeugt wurden, und ihnen dadurch ein Vermögen sichern, das ihnen nicht zusteht. Die unverheiratete Frau ist rechtlich in einer schwachen Position: Die alten und unmenschlichen Gesetze verweigern ihr für ihre Kinder an Anspruch auf den Namen und das Gut ihres leiblichen Vaters, und man hat in dieser Sache keine neuen Gesetze erlassen. Wenn geglaubt wird, daß mein Versuch, meinem Geschlecht eine ehrenhafte und gerechte Lebensgrundlage zu geben, zur Zeit nicht die Zustimmung der Allgemeinheit finde, oder ich damit ein Ding der Unmöglichkeit versuche, dann lasse ich den Männern der kommenden Generation die Ehre, diese Sache zu behandeln. Doch mittlerweile kann man sie durch die staatliche Erziehung, die Erneuerung der Sitten und durch Regelung des ehelichen Verhältnisses vorbereiten.

Schröder, Die Frau ist frei geboren, Bd. 1, S. 35—43.

22. Über die Zulassung der Frauen zum Bürgerrecht von Jean Antoine de Condorcet, 1789

Die Menschen können sich an die Verletzung ihrer naturgegebenen Rechte so gewöhnen, daß unter denen, die sie verloren haben, keiner daran denkt, sie zurückzufordern, und nicht glaubt, ein Unrecht erlitten zu haben.

Einige dieser Verletzungen sind sogar den Philosophen und Gesetzgebern entgangen, als sie sich mit dem größten Eifer damit befaßten, die Grundrechte der einzelnen Glieder des Menschengeschlechts zu etablieren, die sie zur alleinigen Grundlage ihrer politischen Institutionen machten.

Haben sie z. B. nicht alle das Gleichheitsprinzip der Rechte verletzt, indem sie ganz einfach die Hälfte des Menschengeschlechts des Rechts beraubten, an der Gesetzgebung teilzunehmen, indem sie die Frauen vom Bürgerrecht ausschlossen?

Gibt es einen stärkeren Beweis für die Macht der Gewohnheit selbst über aufgeklärte Menschen, als denjenigen, daß man sich auf das Gleichheitsprinzip der Rechte da beruft, wo drei- oder vierhundert Männer durch ein absurdes Vorurteil dessen beraubt werden, dort jedoch schweigt, wo es sich um zwölf Millionen Frauen handelt! Um zu widerlegen, daß dieser Ausschluß ein Akt der Tyrannei ist, müßte man entweder beweisen, daß die natürlichen Rechte der Frauen nicht unbedingt die gleichen sind wie die der Männer, oder daß diese nicht fähig sind, sie auszuüben.

Die Menschenrechte leiten ihre Berechtigung jedoch allein daraus ab, daß Menschen sinnliche Wesen sind, sich moralische Ideen aneignen und mit diesen Ideen umgehen können.

Da nun die Frauen die gleichen Fähigkeiten aufweisen, haben sie notwendigerweise auch die gleichen Rechte. Entweder hat kein Glied des Menschengeschlechts wirkliche Rechte, oder sie alle haben die gleichen, und derjenige, der gegen das Recht eines anderen stimmt, mag er auch einer anderen Religion, einer anderen Hautfarbe oder dem anderen Geschlecht angehören, hat damit seine Recht verwirkt. Es dürfte schwer sein zu beweisen, daß Frauen unfähig sind, das Bürgerrecht auszuüben.

Warum sollte eine Gruppe von Menschen, weil sie schwanger werden kann und sich vorübergehend unwohl fühlt, nicht Rechte ausüben, die man denjenigen niemals vorenthalten würde, die jeden Winter unter Gicht leiden und sich leicht erkälten?

Angenommen, Männer weisen eine geistige Überlegenheit auf, die nicht notwendige Folge eines Unterschieds in der Erziehung ist (was noch lange nicht bewiesen ist und was bewiesen werden müßte, um nicht die Frauen ungerechterweise eines Naturrechts zu berauben), so kann diese Überlegenheit nur in zwei Punkten bestehen: man sagt, daß keine Frau eine wichtige Entdeckung in den Wissenschaften gemacht und sich als Genie in den Künsten, in der Literatur etc. ausgewiesen habe, aber zweifellos würde man niemals vorgeben, das Bürgerrecht nur den Genies zuzugestehen. – Man sagt außerdem, daß keine Frau das gleiche Spektrum von Kenntnissen hat und die gleiche Kraft des Verstandes wie manche Männer. Aber was folgt daraus anderes, als daß mit Ausnahme einer wenig zahlreichen Gruppe von sehr begabten Männern völlige Gleichheit herrscht zwischen den Frauen und dem Rest der Männer. Und wenn man diese kleine Gruppe beiseite läßt, teilen sich Unterlegenheit und Überlegenheit gleichmäßig auf beide Geschlechter auf.

Da es nun völlig absurd wäre, das Bürgerrecht und die Fähigkeit, öffentliche Ämter zu bekleiden auf diese überlegene Klasse zu beschränken, warum sollte man nicht eher diejenigen unter den Männern, die einer großen Anzahl von Frauen unterlegen sind, statt der Frauen davon ausschließen?

Könnte man schließlich sagen, daß der weibliche Geist und das weibliche Herz Züge aufweisen, die sie vom Genuß ihrer natürlichen Rechte aussperren? [. . .]

Frauen sind den Männern in den sanften und häuslichen Tugenden überlegen. Sie wissen wie die Männer die Freiheit zu lieben, obwohl sie nicht all ihre Vorteile genießen können. Und in Republiken hat man häufig gesehen, wie sie sich für sie geopfert haben: sie haben die Bürgertugenden immer bewiesen, wenn der Zufall oder politische Wirren sie auf den Schauplatz geführt haben, von dem sie der Hochmut und die Tyrannei der Männer bei allen Völkern sonst ferngehalten haben.

Es wird gesagt, daß Frauen trotz viel Geist, Scharfsinn und ihrer Argumentierfähigkeit, die in gleichem Maße entwickelt ist wie bei subtilen Dialektikern, sich doch nie durch das leiten ließen, was man die Vernunft nennt.

Diese Beobachtung ist falsch: sie folgen zwar nicht der Vernunft der Männer, lassen sich aber durch ihre eigene leiten.

Da ihre Interessen nicht die gleichen sind, und da die gleichen Dinge für sie nicht die gleiche Bedeutung haben wie für uns, woran die Gesetze schuld sind, können sie, ohne daß es ihnen an Vernunft fehlt, sich von anderen Prinzipien leiten lassen und einem anderen Ziel zuneigen.

Es ist ebenso angemessen für eine Frau, sich um ihre äußere Erscheinung zu kümmern, wie es für Demosthenes vernünftig war, seine Stimme und seine Bewegungen zu pflegen.

Es wird gesagt, daß Frauen zwar besser als die Männer, sanfter, sensibler und weniger den Lastern unterworfen seien, die auf Egoismus und Hartherzigkeit zurückzuführen sind, daß sie aber kein richtiges Gerechtigkeitsgefühl hätten, daß sie eher ihrem Gefühl als ihrem Gewissen gehorchten. Diese Beobachtung ist schon richtiger, aber sie beweist nichts: nicht die Natur, sondern die Erziehung, die soziale Existenz, verursachen diesen Unterschied. Weder die eine noch die andere haben den Frauen beigebracht, was recht und gerecht ist, sondern nur, was sich schickt, geziemt. Ferngehalten von den großen Geschäften, von allem, was sich nach einer rigorosen Rechtsprechung, nach positiven Gesetzen entscheidet, sind die Dinge, mit denen sie sich befassen, auf die sie Einfluß nehmen, genau die, die sich durch natürlichen Anstand und durch das Gefühl regeln lassen. Es ist also ungerecht, den Frauen weiterhin den Genuß ihrer natürlichen Rechte zu verweigern und dafür Gründe anzuführen, die nur deshalb eine gewisse Berechtigung haben, weil sie diese Rechte nicht genießen.

Wenn man gegen die Frauen derartige Begründungen zuließe, müßte man auch den Teil des Volkes des Bürgerrechts berauben, der sich weder Kenntnisse erwerben noch seinen Verstand betätigen kann, weil er pausenlos seiner Arbeit nachgehen muß. Und bald würde man, nach und nach, nur noch die Männer als

Bürger anerkennen, die eine Ausbildung in öffentlichem Recht durchgemacht haben. Wenn man solche Prinzipien zuläßt, muß man als notwendige Folge auf jede freie Verfassung verzichten. Die verschiedenen Aristokraten haben ganz ähnliche Vorwände als Begründung oder Entschuldigung gehabt. Schon die Etymologie dieses Wortes beweist das.

Man kann nicht als Grund die Abhängigkeit anbringen, in der sich die Frauen gegenüber ihren Ehemännern befinden, denn es wäre gleichzeitig möglich, diese Tyrannei des Zivilrechts abzuschaffen. Und nie kann eine Ungerechtigkeit dazu dienen, eine andere zu begehen.

Es stehen also nur noch zwei Einwände zur Debatte. In Wirklichkeit stellen sie der Zulassung der Frauen zum Bürgerrecht keine anderen Gründe entgegen als die der Nützlichkeit, Gründe, die ein wirkliches Recht nicht aufwiegen können. Der entgegengesetzte Grundsatz, das Argument der Schädlichkeit, hat zu oft Tyrannen als Vorwand und Entschuldigung gedient. Im Namen der Nützlichkeit stöhnen Handel und Industrie unter Ketten, bleibt der Afrikaner in der Sklaverei gebannt. Im Namen des öffentlichen Nutzens hat man die Bastille gefüllt, hat man Zensoren eingesetzt, den Geheimprozeß aufrecht erhalten und die Folter verhängt. [. . .]

Was für eine Verfassung man auch immer verabschiedet, sicher ist, daß im gegenwärtigen Zustand der europäischen Zivilisation es immer nur eine sehr kleine Anzahl von Bürgern geben wird, die sich den öffentlichen Aufgaben widmen können. Man würde Frauen ebensowenig aus ihrem Haushalt holen, wie man Bauern von ihren Pflügen und Handwerker von ihren Werkstätten entfernt. In den reicheren Klassen sehen wir nirgends, daß die Frauen sich den häuslichen Aufgaben so andauernd hingeben, daß man fürchten muß, sie davon wegzuziehen, und eine ernsthafte Beschäftigung entfernte sie davon viel weniger als die oberflächlichen Vergnügungen, zu denen sie Langeweile und schlechte Erziehung verdammen. Der Hauptgrund dieser Furcht ist die Vorstellung, daß jeder Mensch, dem es erlaubt ist, die Bürgerrechte wahrzunehmen, an nichts anderes denkt als ans Regieren. Was zu einem gewissen Grad wahr sein kann zum Zeitpunkt, da eine Verfassung sich etabliert. Aber diese Bewegung wird nicht von Dauer sein. Also muß man nicht glauben, daß Frauen, weil sie Mitglieder der Nationalversammlung werden können, gleich Kinder, Haushalt und Nadel aufgeben. Sie wären dadurch eher besser geeignet, ihre Kinder zu erziehen, Menschen zu bilden.

Natürlich stillt die Frau ihre Kinder, versorgt sie in ihren ersten Lebensjahren. Durch diese Aufgaben ans Haus gebunden, schwächer als der Mann, ist es auch natürlich, daß sie ein zurückgezogeneres, häuslicheres Leben führt. Frauen derselben Schicht wie die Männer wären also durch ihre Situation gezwungen, einige Stunden der Pflege zu opfern.

Das kann ein Grund sein, sie bei Wahlen nicht zu bevorzugen, aber das kann nicht die Begründung für einen gesetzlichen Ausschluß sein.

Der Galanterie würde diese Veränderung Abbruch tun, doch die häuslichen Sitten würden durch diese Gleichheit, wie durch jede andere, gewinnen.

Bis heute haben alle bekannten Völker entweder wilde oder korrupte Sitten gehabt. Ich kenne keine Ausnahme als die der Amerikaner der Vereinigten Staaten, die in kleiner Zahl über ein großes Territorium verstreut sind. Bisher hat bei allen Völkern die gesetzliche Ungleichheit zwischen Männern und Frauen bestanden. Und es wäre nicht schwer zu beweisen, daß bei diesen beiden Erscheinungen, der gesetzlichen Ungleichheit und den korrupten Sitten, die gleich stark verbreitet sind, das zweite eine der Hauptursachen für das erstere ist. Denn die Ungleichheit führt notwendig zur Korruption und ist deren häufigste Ursache, wenn nicht sogar die einzige. [. . .]

Ich bitte nur darum, daß man diese Gründe in anderem als dem spöttischen und deklamatorischen Ton zu widerlegen wagt; daß man mir vor allem einen natürlichen Unterschied zwischen Männern und Frauen aufzeigt, der den Ausschluß vom Recht legitimieren könnte.

Über die Gleichheit der Rechte aller Männer in unserer neuen Verfassung hat es erhabene Reden und unendlich viele Witzeleien gegeben; aber bis heute hat noch niemand einen einzigen Grund dagegen vorbringen können. Und das liegt sicher weder an mangelndem Talent noch an mangelndem Eifer. Ich möchte glauben, daß es mit der Gleichheit der Rechte zwischen den beiden Geschlechtern genau so sein wird. Es ist eigenartig genug, daß man in vielen Ländern Frauen für unfähig gehalten hat, ein öffentliches Amt zu bekleiden, nicht aber, den Königsthron zu besteigen; daß in Frankreich eine Frau Regentin, aber bis 1776 in Paris nicht Modehändlerin sein konnte.[1]

1 Vor der Auflösung der Zünfte 1776 konnten Frauen nicht das Meisterrecht als Modehändlerinnen und in einigen anderen Berufen, die sie ausübten, erwerben, wenn sie nicht verheiratet waren, oder wenn ihnen nicht ein Mann seinen Namen lieh oder verkaufte, um dieses Privileg zu erlangen. Siehe Vorwort zum Erlaß von 1776.

Schröder, Die Frau ist frei geboren, Bd. 1, S. 55–63.

23. Konventssitzung vom 10. Brumaire II (31. Oktober 1973); die Bürgerin Gavot an den Nationalkonvent

Gesetzgeber,
Die Bürgerin Gavot, femme libre (eine ledige Frau), möchte in feierlicher Weise dem heiligen Scheidungsgesetz ihre Ehre erweisen. Gestern noch, als sie unter der Herrschaft eines despotischen Mannes stöhnte, war Freiheit nichts als ein leeres Wort für sie. Heute, nachdem sie die Würde einer unabhängigen Frau wiedererlangt hat, bewundert sie dieses wohltuende Gesetz, das die schlecht verknüpften Knoten zerreißt, das die Herzen ihnen selbst, der Natur, ja der göttlichen Freiheit wiedergibt.

»Ich opfere für mein Vaterland ein Ecu von sechs Franken für die Kriegsausgaben. Ich füge dem noch den Ehering bei, der bis heute das Symbol meiner Versklavung darstellte. Empfangt, Gesetzgeber, diesen Ehering oder vielmehr diese Ketten, die mir so bittere Tage beschert haben. Der Tag ist viel reiner. Ich genieße die Freiheit ohne Furcht. Ich werde mein Leben darauf verwenden, mich würdig zu erweisen, um die Liste der Republikanerinnen zu vergrößern, die sich aus ihrer Erneuerung eine Ehre machen und deren Kult überschrieben ist: Sitten, Gleichheit, universelle und unteilbare Republik.«

Der Konvent gewährt der Bittstellerin die Sitzungsehren, akzeptiert ihre Angebote und dekretiert den ehrenvollen Vermerk in seinem Protokoll sowie den Abdruck ihrer Petition im Bulletin.

Archives parlementaires, Bd. 78, S. 80.

24. Schwierigkeiten bei der Umsetzung des gleichberechtigten Erbrechts. Perrin de Sainte-Emmelie an Innenminister Paré am 2. Nivôse II (22. Dezember 1793)

Rouen und Umgebung
Die Väter und Mütter unternehmen hier alles, was sie können, um das Gesetz über die direkte Erbfolge zu umgehen. Sie verkaufen einen Teil ihrer Güter und geben die Summe ihren Jungen. Die Brüder, die seit drei Jahren etwas geerbt haben, verkaufen alles und sagen zu ihren Schwestern: »Wir haben nichts mehr. Macht, was ihr wollt.« All diese Unglücklichen sehen sich auf diese Weise um die Wohltat des Gesetzes gebracht.

Caron, Rapports, Bd. 2, S. 345 f.

25. Petition für Philiberte-Catherine Thérèse Durand-Dauxy, Frau des Bürgers Pierre-Francois Poncel, Grenadier der Nationalgarde von Chalon-sur-Saône, an den Nationalkonvent (Konventssitzung vom 9. September 1793)

Bürger Gesetzgeber!
Die Bürgerin Frau Poncel, die seit fast zwanzig Jahren in einem Kloster begraben war, ist – wie so viele andere Opfer väterlicher Autorität – durch die Freiheit wiedererwacht. Aber als sie diese erste Existenz wiederaufnahm, hat sie das väterliche Erbe, das ihr gierige Eltern weggenommen, nicht wieder zurückerlangt.

Als Ehefrau und künftige Mutter machen ihr Herz und ihr Inneres es ihr zum Gesetz, im Namen ihrer Nachkommenschaft, mit der sie schwanger geht, die Rückerstattung ihres Vermögens zu verlangen. An Eure Philosophie, an Eure Gerechtigkeit richtet sie diese Bitte in der Hoffnung, damit die Existenz ihrer Nachkommenschaft zu unterhalten, die sehr zahlreich werden kann, da sie erst 33 Jahre alt ist.

Die Bürgerin Frau Poncel verlor ihren Vater im Jahre 1771. Zwei Jahre später, erst 15jährig, fiel sie unter den herrschsüchtigen Willen ihrer Mutter. Sie stammelte Wünsche und unterzeichnete ein Testament zugunsten ihres Bruders, der beauftragt wurde, seinem Opfer eine Pension zu zahlen, was er niemals tat.

Als die Revolution die Klöster öffnete, verließ die Bittstellerin das ihre, um die Freiheit zu genießen und zu preisen. Bald schon folgten den Ketten, von denen sie das Gesetz befreite, liebevolle: Sie verheiratete sich und wählte als Gatten den Bürger Poncel, einen wahren Sansculotten, der niemals eine schönere Würde als jene eines gemeinen Mannes besaß; eine Würde, die sie dem lächerlichen Titel eines Adligen vorzog, mit dem geboren zu sein sie das Unglück hatte.

Das also sind die Schandtaten im Sinne der Eltern der Antragstellerin: Bruch des Klostergelübdes, Mißheirat. [. . .] Auch bestrafte man sie mit der ganzen Härte der Rache: Man verweigerte ihr Hab und Gut, man zahlte ihr sogar nicht ihre Pension, man hielt ihr ihre religiösen Verpflichtungen und ihr Testament entgegen. Mit einem Wort, man argumentierte mit einem schuldigen Ehrgeiz, der ihre Unschuld und ihre Jugend sich zunutze gemacht hatte. Vergeblich versuchte sie seit ihrer Heirat etwas von ihrer Mutter zu erhalten. Sie bekommt täglich nur Drohungen und Erniedrigungen zu hören. Sie und ihr Ehemann hatten in einem Haus, das zu den Gütern ihres verstorbenen Vaters gehörte, Zuflucht gesucht; sie wurden erbarmungslos von dort vertrieben.

[Da die Justiz Klosterangehörige von Erbansprüchen ausschließt, besteht ihr Bruder darauf, der einzig legitime Erbe zu sein. Demgegenüber bestand in Ancien Régime ein Gesetz, das es verbot, von einer Person unter 25 testamentarische Verfügungen im Empfang zu nehmen, sie war aber bekanntlich erst 15 Jahre alt. S. P.]

Wenn man noch sagen wird, daß sie niemals gegen ihre seinerzeitigen Erklärungen oder gegen ihr Testament Einspruch erhoben habe, und daß ihr Schweigen ihre beste Bestätigung gewesen sei, so hat sie diesem schwachen Argument eine sehr starke Antwort entgegenzusetzen. Als sie es konnte, hat sie mehr gemacht, als Einspruch zu erheben: Sie hat alle Fäden, die sie mit ihrem Stand verbanden, zerrissen. Indem sie sich verheiratete, ist sie ihrer wirklichen Berufung gefolgt. Sie vervielfacht sich in der Natur, indem sie Mutter wird. Sie dient der Gesellschaft, indem sie ihr einen Bürger schenkt. Und angesichts so vieler heiliger Titel, welches mag noch das religiöse Vorurteil sein, das seine Irrtümer noch verbreiten kann, um die Rechte und Pflichten einer Mutter zu verdammen? Gab es jemals eine Bulle oder einen Brief des Papstes, die einer Person ihren Willen absprachen, die sowohl die Heirat als auch die Mutterschaft als gleichwertig behandelte? Nein, würde sogar das Höchste Wesen selbst antworten. . .

[. . .]

[Dekretprojekt am Ende; unklar ist, wie der Konvent sich entschieden hat, wahrscheinlich überwiesen. S. P.]

Archives parlementaires, Bd. 73, S. 560—561.

5. Kapitel

Die Frauen und der Krieg (1792—1795)

Seit dem April 1792 veränderten sich die Lebensbedingungen weiter Teile der französischen Bevölkerung ein weiteres Mal auf einschneidende Weise: Frankreich erklärte den Krieg, die Gegner hatten sich schon längs der französischen Ostgrenze aufgebaut, um die alten Verhältnisse wiederherzustellen. Der Kampf für oder gegen die Revolution hatte damit die Grenzen des Nationalstaats überschritten.

Das alte Berufsheer befand sich in Auflösung. An seine Stelle traten Freiwillige aus den in ganz Frankreich gebildeten Bürgermilizen, den Nationalgarden. Der Patriotismus war so groß, daß es zunächst keinerlei Schwierigkeiten bereitete, die ersten Armeen aufzustellen. Die legislative Versammlung hatte bereits im März 1792 eine Petition von 304 Frauen erreicht (unter ihnen auch die spätere Präsidentin der revolutionären Republikanerinnen, vgl. Kapitel 8), in der sie begehrten, im Kriegsfalle auch mit der Waffe in der Hand die Sache der Revolution verteidigen zu dürfen. Die Versammlung lehnte dankend ab; eine direkte Teilnahme am Krieg sollte den Frauen während der Revolution verboten bleiben. Darüber setzten sich etliche Frauen hinweg, indem sie sich als Männer verkleideten. Solange dies unbekannt blieb, konnten sie akzeptiert in den Reihen der Soldaten mitkämpfen, und häufig genug zeichneten sie sich dabei auch aus, wie im Aufsehen erregenden Fall der erst 17jährigen Reine Chapuy, die nach Entdeckung wieder in der Kavallerie ihren Dienst tun wollte (Dok. 26). Aber der Krieg war kein Spaziergang, und je länger er andauerte, je mehr Aushebungen er erforderlich machte, je mehr Männer er den Familien entzog, je mehr er die Nationalökonomie belastete und neue Arbeiten in der Produktion für den Krieg erforderlich machte, je weniger ein Ende abzusehen war, desto mehr wurde er für den weiteren Verlauf der Revolution zu einem Problem. Und der Krieg sollte lange an-

Amazone

dauern: Nach den ersten Erfolgen und Eroberungen in Belgien
und im Rheinischen kam der französische Vormarsch zum Still-
stand, die Armeen Österreichs und Preußens hatten sich inzwischen formiert und versuchten den Gegenschlag. Im Frühjahr
1793 weitete sich der Krieg dann auch noch durch die Kriegser-
klärungen an England und Spanien erheblich aus, hinzu traten
neue Unruheherde im Lande selbst, Aufstände in der Vendée,
die ein militärisches Eingreifen erforderlich machten. Kurzum:
Im Lande selbst wuchsen Schwierigkeiten und Belastungen für
die Daheimgebliebenen dauerhaft an.

Manche ledigen Frauen entzogen sich all dem, indem sie
ihrem Freund oder Ehemann zur Armee folgten, ohne sich direkt an den militärischen Aktionen zu beteiligen. Sicherlich hat-

ten diese Frauen zumeist keine Kinder, waren relativ ungebunden, konnten ihr Leben weder zu Hause noch anderswo besonders gut führen. Da sie auch keinerlei Unterstützung im Falle der Trennung zu erwarten hatten, sie keine feste Anstellung band, zogen es viele vor, dann wenigstens in der Nähe des Geliebten zu bleiben. Eine von ihnen war die Näherin Rousseau, die mit der Uniformherstellung schließlich so viel Geld verdiente, daß es ihr besser ging als vorher und sie ihren bald schon verwundeten Freund mitversorgen konnte (Dok. 27, 28).

Diese beiden Spielarten der Beteiligung von Frauen am Krieg sahen die offiziellen Stellen nicht gern. Wiederholte Verbote zeugen allerdings davon, daß sie sich in diesen Fällen nicht recht durchsetzen konnten. Dabei hatten die Gesetzgeber durchaus Vorstellungen davon, auf welche Weise auch Frauen dazu beitragen könnten, den Krieg siegreich zu überstehen: Frauen sollten zur Versorgung mit Kleidung, Schuhwerk, bei der Waffenproduktion mitwirken, die Moral hochhalten, indem sie die Männer bestärkten und ihre Kinder die republikanischen Tugenden verehren lehrten, Spendensammlungen organisierten oder mittrugen, sich an der Suche nach Salpeter zur Waffenpulverproduktion beteiligten und nicht zuletzt überall dort Männer ersetzten, wo ihre Arbeitskraft unentbehrlich war. Und viele Frauen engagierten sich in großem Umfange. Kaum verging ein Tag, da nicht im Konventsprotokoll diverse Spenden vermerkt wurden. Immer wieder wurden Schreiben wie jenes der »Französischen Republikanerin« (Dok. 29) veröffentlicht als nachahmenswerte Beispiele vorzüglicher patriotischer Gesinnung und Opferbereitschaft.

Aber nicht bei allen Frauen war die Stimmung so gut. Die ohnehin schon großen finanziellen Schwierigkeiten, mit denen viele Frauen und Mütter zu kämpfen hatten, wuchsen durch die Beteiligung ihrer Männer und Söhne am Krieg häufig ins Unerträgliche: Preissteigerungen, galoppierende Inflation, Mangel, keine Einkünfte mehr von Mann und Sohn bei gleichbleibenden und zum Teil steigenden Kosten für die Sicherung des Lebensnotwendigen – das strapazierte die Geduld so mancher Frau der zeitweilig eine Million Soldaten. Zwar wurden die verheirateten Männer in der allgemeinen Aushebung zunächst für die Versorgungs- und Kriegsproduktion vorgesehen und weitgehend von den unmittelbaren Kämpfen ferngehalten, aber bei wachsendem Bedarf an Soldaten wurden auch diese Vergünstigungen beiseite geschoben. Was nützte es auch all jenen Pariserinnen, deren Männer sich ohnehin schon als Freiwillige gemeldet hatten und die derartige Privilegien gar nicht für sich in Anspruch nehmen wollten. Gerade in Paris sahen sich viele allein mit den Sorgen konfrontiert, wie sie ihre zahlreiche Familie am nächsten Tag versorgen sollten. Zwar sollte das bloße Überleben durch Unterstützungen gewährleistet werden, die ein Gesetz den Soldatenfrauen versprach, sowie durch neue Arbeitsplätze in der Kriegsproduktion, die in jeder Pariser Sektion entstehen sollten, aber auf beiden Gebieten gab es immer wieder Schwierigkeiten: Mal verzögerten sich die Zahlungen, gab es Streit über die Höhe der auszuzahlenden Gelder, mal sorgten Unterschiede in der Bezahlung des Soldatenzeugs für Mißhelligkeiten. Gerade in den Wintermonaten 1793/94, wo dann auch noch Brennmaterial gekauft werden mußte, nahmen Tränen, Empörung, Verdächtigungen, Eingaben und Drohungen unter den Frauen zu, wie aus den Berichten der »Erforscher der Öffentlichen Meinung« hervorgeht (Dok. 30, 31). Auch wenn der Konvent den Familien von »Vaterlandsverteidigern« zehn Millionen Livres zukommen lassen wollte, so belastete der Krieg in Wechselwirkung mit den revolutionsbedingten Schwierigkeiten viele Frauen derart, daß sie ihre Haltung zur Revolution prinzipiell zu überdenken schienen; manch eine persönliche Bilanz fiel nach viereinhalb Jahren Revolution und zwei Kriegsjahren nicht eben positiv aus. Diese ablehnenden Tendenzen erhielten zusätzliche Nahrung auch dadurch, daß die Sansculottenbewegung, nachdem der Volksbewegung im Sommer 1793 wichtige Konzessionen gemacht worden waren, immer mehr ins Hintertreffen geriet und an ihren linken Rändern immer mehr Freunde und Freundinnen verlor, die einer um Konsolidierung kämpfenden Revolutionsregierung im Wege zu stehen schienen.

Frauen in der Armee, darunter eine Sansculottin mit Jakobinermütze und Kokarde

26. »Der Arm einer Frau«, im Konvent am 30. Nivôse II (19. Januar 1794)

Einer der Sekretäre [des Konvents] verliest die folgende Petition: Die Bürgerin Reine Chappuy, die als Kavallerist in das 24. (ehemals 25.) Regiment am 25. Februar (alter Stil) eingetreten und mit einem Urlaubsschein vom 3. Nivôse von dort weggegangen ist, an den Bürger[1] Präsident des Nationalkonvents:

Paris, den 10. Nivôse des Jahres II[2] der einen, unteilbaren und unbezwingbaren französischen Republik.

Vom heiligen Feuer der Freiheit entflammt, ermutigt durch das wertvolle Beispiel von fünf Brüdern, von denen drei seit Kriegsbeginn bei der Nordarmee und zwei in der Vendée [kämpfen], hätte ich dem großmütigen Blut, das in meinen Adern und in denen meiner ganzen Familie fließt, abschwören müssen, wenn ich nicht die Ängste, die gewöhnlich mein Geschlecht bestimmen, überwunden hätte zugunsten des brennenden Verlangens, mein Vaterland zu rächen, die Tyrannen zu bekämpfen und den Ruhm zu teilen, sie zerschmettert zu haben.

Der Lärm der Kanonen, das Pfeifen der Gewehr- und Haubitzenkugeln haben, weit davon entfernt, mich einzuschüchtern, meinen Mut nur verdoppelt. Mit verschiedenen Truppenteilen bin ich losgezogen, um mich dem Feuer auszusetzen. Ich habe mich dort mit meinen unerschrockenen Waffenbrüdern, den Kavalleristen des 24. Regiments, präsentiert, und ich habe, wie sie, widerstanden. Anders als viele Frauen, die vielleicht eine große Liebe dazu bewegte, den Feldlagern zu folgen,[3] [leitete mich] einzig die Vaterlandsliebe, die schmeichelhafte Hoffnung, durch meine Verkleidung republikanische Lorbeeren zu ernten, die so süße Vorstellung, den Verrätern und Rebellen den letzten Schlag zu versetzen – das waren meine Führer, das sind jene, die ich dir zu meiner Verteidigung anbiete. Sie werden meine Sache zweifellos sehr redegewandt vertreten, zusammen mit den unverdächtigen Zeugnissen, die das Regiment, zu dem ich gehörte, mir mit wahrer Freude gewährte, nachdem mein Geschlecht entdeckt worden war.

Soll ich mit 17 1/2 Jahren, in der Blüte meines Alters, mich darauf beschränkt sehen, den väterlichen Herd zu hüten, während Bellona [die Kriegsgöttin] mich in ihren Räumen erwartet und mir meine Untätigkeit vorwürfe? Oh, meine Brüder, ihr, die ihr das Glück habt, zu kämpfen, wenn ihr zurückkehrtet ruhmbedeckt, wie würdet ihr eure unglückliche Schwester empfangen, mit welchen Augen betrachtetet ihr sie? Es ist also vergeblich, daß ich nach eurem Beispiel den Eid leistete, für die Republik zu sterben!

Unempfindlich gegenüber einer oberflächlichen Hoffnung auf Entschädigung, sind es nicht die Wohltaten, die ich anführe? Der wahre Republikaner, wird er nicht genug durch die Freude bezahlt und durch den Ruhm sich zu schlagen entschädigt? Mein einziger Ehrgeiz besteht darin, daß meine Dienste positiv vom Konvent aufgenommen werden und daß ich von ihm die Zustimmung erhalte, diese beim 24. Kavallerieregiment fortsetzen zu dürfen, das ich mit einem unausdrückbaren Bedauern verlassen habe.

Möge mir meine Bitte gewährt werden. Ich fliege an meinen Posten zurück. Ich werde, wenn es möglich ist, Mut und Einsatz noch verdoppeln. Und ich werde der Republik beweisen, daß der Arm einer Frau genauso viel wert ist wie jener eines Mannes,[4] sobald seine Schläge durch die Ehre, den Drang nach Ruhm und die Gewißheit geleitet sind, die Großen auszuschalten.

[Applaus]

Der Konvent verweist diese Petition an das Kriegskomitee.
Die Bittstellerin erhält die Ehrungen der Sitzung.

1 Diese Anrede des Konventspräsident sowie das im Bittgesuch durchgehaltene Duzen waren keine »Ausrutscher«, sondern Stilmittel von Sansculotten, um die Gleichheit aller Bürger auch sprachlich zu unterstreichen und darüber hinaus auch die Abgeordneten nur als Bürger anzusprechen, die die Befehle ihrer Wähler entgegenzunehmen hätten.

2 Die Revolutionsregierung führte einen neuen Kalender, den Revolutionskalender, ein. Der Schneemonat Nivôse reichte vom 21. Dezember bis zum 19. Januar. Auch die Jahreszählung wurde verändert und auf das Datum der Republikgründung (21. September 1792) als Orientierungs- und Ausgangspunkt bezogen.

3 Vgl. a. die folgenden zwei Dokumente.

4 Gerade diese feministische Passage ihrer Petition fand großen Anklang und wurde immer wieder kolportiert, wie die Polizeibeobachter berichteten. Manche Frauen übertrafen sie noch, indem sie die Männer überhaupt als die Lascheren, Feigeren oder Schwächeren bezeichneten (vgl. Caron, Paris, Bd. 3, S. 56).

Moniteur, Nr. 121 (1 Pluviôse II, 20. Januar 1794), S. 249.

Frauenbataillon

Maurin und Rouvière, Studenten aus Montpellier, schreiben, nachdem sie sich im Juni 1792 zur Armee begeben haben, an ihren in Montpellier zurückgebliebenen Freund Desalles. Fräulein Rousseau ist Rouvières Geliebte, die ihm gefolgt ist.

27. Fräulein Rousseau an Desalles

Charleville, November 1792

Bürger,

die hohe Meinung, die Sie von mir haben, schmeichelt mir außerordentlich, und wenn ich meinem kleinen Stolz Glauben schenke, hielte ich mich gewiß für einen Phönix des weiblichen Geschlechts. Hören Sie also auf mit Ihren Schmeicheleien, Sie könnten in mir eine Art Eitelkeit erzeugen, die mir in keiner Weise zukommt. Sehen Sie in mir nur eine sehr gewöhnliche Frauensperson, die ihre Pflicht erfüllt hat, ihrem Geliebten zu folgen.

Sie reden von dem, was ich für ihn getan habe; bedenken Sie nur, daß das, was ich für ihn tat, damit für mich war; sagen Sie selbst, der Sie den Wert der Liebe kennen wie ich: kennt man Leiden, wenn man bei dem Gegenstand seiner Liebe ist? — Nein, alles ist angenehm, und die Liebe läßt uns die Freuden auf Dornen wachsen.

Ja, Freund meines Geliebten, nur Sie fehlen, um unser Quartett voll zu machen. Könnten Sie sehen, in welcher Art wir zusammen leben, Sie würden uns um unser Glück beneiden. Es bleibt uns nichts mehr zu wünschen übrig; wir genügen uns selbst im moralischen Sinn; was das Physische angeht, darüber haben Jacques und ich zu befinden.

So verfließt ein süßes und ruhiges Leben. Ich halte inne, denn diese friedlichen Tage können nur noch bis zum Frühjahr währen. Ach! wenn Sie den schwarzen Kummer mit mir empfinden könnten, der meine Seele beschleicht, wenn ich an diese Trennung denke, welchen Anteil nähmen Sie an meinen Schmerzen, und Sie würden mir nicht mehr schmeicheln! Aber die erfinderische Liebe findet überall Auswege, und ich sage Ihnen in Wahrheit, daß es, wenn er zur Armee geht, wahrscheinlich ist, daß das Ersatzbataillon nicht hierbleibt. Es wird immer in der Nähe der Kriegsformation sein.

Nun wohl! Ich gestehe Ihnen aufrichtig, daß ich, wenn ich seinen Oberst sprechen kann, versuchen werde, ein Pferd zu bekommen. – Ich bin sicher, er wird es mir nicht verweigern; überdies hat er mir das Versprechen abgenommen, ihn, wenn er mir nützlich sein könnte, nicht zu schonen; so werde ich mich seiner bedienen, wie er es mir angeboten hat. Ich werde mir eine Jägeruniform machen lassen und werde meinem Geliebten folgen, wenn er fürs Vaterland kämpft. Die Todesgefahr darf mich nicht schrecken. Sein Schwur, der Nation zu dienen, ist heilig; der meinige, ihm zu folgen, ist unverbrüchlich. Ich werde niemals meineidig sein. Entweder werden wir siegreich heimkehren, oder wir werden alle beide in den Schlachten sterben; denn es wäre mir unmöglich, den Verlust meines Geliebten zu überleben.

Leben Sie wohl, Bürger; die Rousseau wird sich immer Ihrer Achtung und der ihres Freundes würdig erweisen.

Rousseau

Gustav Landauer, Briefe aus der Französischen Revolution, Bd. 2, Berlin 1985, S. 220–221.

28. Freiwilliger Maurin an Desalles
Arras, 5. Januar 1793, zweites Jahr der Republik

...Ich glaube, ich habe Dir gesagt, daß mein Freund mit dem Geld, das sein Vater ihm geschickt hatte, um zu den Kosten, die die Heilung seines Fußes in Charleville erforderte, beizutragen, nicht reichen konnte, da er in Anbetracht dessen, daß er das Zimmer der Rousseau hatte und von ihr besser gepflegt wurde, nicht ins Spital gegangen war.

Er hat mir die Verlegenheit, in der er gewesen war, erzählt und auch, wie er durch die fleißige Geschicklichkeit seiner Geliebten herauskam. Ich will Dich teilnehmen lassen, muß aber etwas weiter zurückgreifen.

Als sie in Charleville ankam, hatte sie sehr wenig Geld, da sie unterwegs viel gebraucht hatte: sie mußte in der Herberge bleiben, bis sie ein Zimmer gefunden hatte (was den Rest verschlang), und nun galt es, an die Zukunft zu denken. Sie wollte in ihrem Beruf arbeiten, mußte aber sehen, daß es in diesem Städtchen nicht genug Luxus gab, und so beschloß sie, zu unserem Militärschneider zu gehen, um Arbeit zu bekommen: man gab ihr ungarische Reithosen zu nähen; sie machte sie und schickte sie dem Schneider.

Sowie er die Nähte sah, erklärte er, das sei eine viel zu gute Arbeit, und gab ihr sofort Offiziershosen in Arbeit; und schließlich, kurz gesagt, machte er sie zu seiner ersten Schneiderin. Sie verdiente dabei täglich zwei Livres, und das war kaum genug, um fünfzehn Livres Miete im Monat und ihre übrigen Ausgaben zu decken. Alles ging indessen nach Wunsch, aber kurz darauf kommt der Befehl zum Aufbruch: Rouvière verstaucht sich den Fuß; er wäre doch mit fort, aber er brauchte Geld, und die Rousseau ebenfalls, um einen Wagen zu nehmen, da die Wege ungangbar waren, und zu alledem: der Schneider ging mit uns fort. Keine Arbeit mehr!

Rouvière entschloß sich, zu bleiben und an seine Eltern zu schreiben, um Geld zu bekommen; der Schneider, der mit der Rousseau sehr zufrieden war, ließ ihr, als er abfuhr, einige Arbeit zurück, Sachen, die er für die Offiziere der Ardennenhusaren nicht hatte fertigmachen können: diese Sachen waren noch nicht zugeschnitten; er gab ihr ein Modell seiner Firma und unterwies sie schnell, damit sie sie selbst zuschneiden konnte, wobei er ihr sagte, wenn sie es zustande brächte, könnte sie an den Offizieren, die ihre Uniformen noch nicht bekommen hätten viel Geld verdienen.

Lieber Freund, sie versucht es, und es gelingt; alle Offiziere kommen angelaufen und bringen ihr Tuch, da ihr Schneider nicht den rechten Schnitt für diese bortenbesetzten Reithosen hat. Kurz, binnen einem Monat sind alle ihre Ausgaben bezahlt, und sie hat hundert Livres Gewinn. Sie hätte noch mehr verdient, wenn sie geblieben wäre; aber Rouvière wollte fort, sowie sie Geld genug hatten, um sich auf den Weg zu machen.

So kamen sie an, sie mietete ein Zimmer; sie arbeitet wieder für den Schneider, bis sie Offizierarbeit findet, wenn sie welche bekommen kann.

So ist Rouvière der Verlegenheit entronnen, denn seine Eltern hatten ihm nur zehn Livres geschickt; Du kannst Dir denken, wie lange man damit in dieser Zeit reicht! Ich habe Dir diese Einzelheiten lang und breit erzählt, weil sie der Geliebten meines Freundes, die vielleicht schon der Verleumdung ausgesetzt ist, zuviel Ehre machen, um sie Dir zu verschweigen. So gehen unsre kleinen Festgelage mit Kartoffeln immer weiter. . .

Gustav Landauer, Briefe aus der Französischen Revolution, Bd. 2, Berlin 1985, S. 221–223.

29. »Die französische Republikanerin«

Vesency, den 25. August, 2. Jahr der Republik.

Bürger Abgeordnete [des Konvents]!

Innerhalb von zwei Jahren, in denen ich die Ausgaben meines kleinen Haushalts auf das absolut Notwendige einschränkte, gelang es mir, die Summe von 100 Livres zu sparen. Diese wollte ich ebenso wie zwei Goldringe und eine Silberkette, die ich von meinen Vätern erbte, für die dringenden Bedürfnisse des Vaterlandes spenden. Doch die Liebe zu den Söhnen bewegte mich dazu, diese Summe in Form von Hemden, Hosen, Wämsen, Strümpfen, Gamaschen oder Stiefeln für unsere Kinder Freiwilligen anzulegen, die ich fast gänzlich ohne Bekleidung wußte.

Ich sende Euch zehn Livres, die ich seitdem gespart habe. Das ist wenig, fürwahr. Ich wünschte, ich könnte mehr geben. Aber das ist alles, was ich im Augenblick erübrigen kann. Was meine Ringe angeht, so bin ich davon überzeugt, daß es für diesen frivolen Schmuck keine bessere Verwendung als die Festigung der Freiheit gibt. Ich warte nur auf eine günstige Gelegenheit, sie [die Ringe] Euch in Sicherheit zukommen zu lassen.

Da ich es als Aufgabe eines Bürgers [sic!] ansehe, seinen Überfluß jenen zu schenken, die ihn nötig haben, werde ich

Patriotische Spende

Euch bis zum Kriegsende immer den meinen schicken, damit er [der Überfluß] zu den großen Ausgaben beiträgt, die das Wohl des Vaterlandes erfordert. Ich bin eine Mutter von fünf Kindern. Während ich daran arbeite, aus den anderen Männer zu machen, verteidigt der Älteste von 17 Jahren die [Menschen-] Rechte.

Gerade habt Ihr Euch als Vertreter des französischen Volkes würdig erwiesen; die Verfassung,[1] in der das Glück des Universums verankert ist, ist soeben Euren Händen entwichen. Und dann wagt man zu sagen, daß ihr Männer des Blutes wärt.

Oh! Kann ich nicht selbst alle diese Monster, die durch ihre Gegenwart die heilige Erde der Freiheit beschmutzen, vernichten. Tatkraft, Abgeordnete, immer neue Tatkraft, und ihre kraftlosen Anstrengungen werden an unseren vereinigten Kräften zerbrechen! Duldet es nicht, daß die Brissotins[2] Eure Nachfolger werden, bleibt auf Euren Posten bis zur Befestigung der Freiheit. Jene, die die Verfassung angenommen haben, werden sehr wohl fähig sein, Euch bei ihrem Erhalt behilflich zu sein. Lassen wir endlich die großartigen Kräfte aufmarschieren. Es ist an der Zeit, daß unsere Feinde vernichtet werden und die Freiheit aufatmet.

Indem ich Euch grüße, bleibe ich die französische Republikanerin,

Unterschrift: Ducemetière.

1 Die neue republikanische Verfassung ging Anfang Juli den Wählerversammlungen zu; häufig stimmten auch Frauen mit ab. Am 10. August wurde sie feierlich proklamiert. Ihr Inkrafttreten wurde allerdings bis auf den Friedensvertrag verschoben.

2 Brissotins meint die Anhänger Brissots, der zu den nach der Erhebung im Mai/Juni 1793 verfolgten (»girondistischen«) Abgeordneten gehörte; Anspielung auf die von ihnen inspirierten Aufstandsbewegungen in Nord-, West- und Südfrankreich.

Archives parlementaires, Bd. 73, S. 552 f.

30. Polizeibeobachter Pourvoyeur berichtet am 27. Januar 1794:

Es gibt viele Frauen von Freiwilligen, die die Unterstützung fordern, die das Gesetz ihnen zugesteht. Besonders eine Schwangere befand sich heute in einer Gruppe und sagte, daß sie um selbige Hilfe gebeten hätte, da sie Zertifikate besäße, daß ihr Ehemann für die Verteidigung der Freiheit verwundet worden wäre und sie sich selbst im Zustand größter Bedürftigkeit befände – ohne Arbeit und kurz vor der Entbindung. Das Komitee ihrer Sektion habe ihre Bitte ständig abgelehnt. »Einige gute Republikaner«, sagt sie, »haben sich der Aufgabe angenommen, einige Individuen dieses Komitees dem Jakobinerklub anzuzeigen, dies um so mehr, als die Unmenschlichkeit nicht ihr einziges Verbrechen darstellte, sondern sie auch noch in Betrügereien bei der Kleiderversorgung für die Armee verstrickt seien.«

Caron, Paris, Bd. 3, S. 183.

31. Polizeibeobachter Bacon am 30. Januar 1794:

Die Frauen, deren Ehemänner in der Vendée sind und die sich

in der Sektion Droits de l'Homme eingetragen haben, meckern und schimpfen gegen diese Sektion, die ihnen nicht einmal das zahlt, was ihnen zusteht. Sie [die Sektionsverantwortlichen] schulden es ihnen mindestens für zwei Monate. Ich [Bacon] habe im Hof des Palastes acht bis zehn [Frauen] gesehen, die Tränen vergossen haben und die sich wegen dieser Sache an den Konvent wenden müssen. Mehrere von ihnen sagten: »Wenn man uns auf solche Weise Schwierigkeiten bereitet, darf man uns nicht unserer Ehemänner berauben, die uns beim Leben helfen. Wenn sie uns schreiben, ist es ihnen wichtig zu erfahren, ob wir auch gut versorgt sind.«

Caron, Paris, Bd. 3, S. 225 f.

6. Kapitel
Frauen und die Versorgung der Familie

Die Funktion der Frau und Mutter war für die Familienökonomie entscheidend: Nicht nur daß ihr Tod oder ihre Erwerbsunfähigkeit eine Familie von der Schwelle der Armut ins Elend stürzen konnte, sie war auch für den Zusammenhalt der Familien ausschlaggebend.

In Versorgungskrisen wuchs die Bedeutung der Mutter noch mehr. Denn sie war es, die hartnäckig bis störrisch nach etwas Eßbarem suchte, wobei sie Erfahrungen mit Händlern und Produzenten sammelte, die sie kritischer, aber auch listiger im Umgang mit ihnen machten. Sie war es auch – und nicht der Mann –, die im Falle von echten Hungersnöten und zusammen mit anderen Müttern schon im Ancien Régime für das Brot ihrer Kinder straffrei Unrecht begehen konnte. So stellten Brotunruhen, überhaupt alle Arten von Versorgungskrisen, traditionellerweise ein Gebiet besonderer weiblicher Aktivitäten dar. Und das galt auch für die Zeit der Revolution.

Die Versorgung aller Familienangehörigen sicherzustellen, hieß auch zur Zeit der Französischen Revolution vor allem Brot, ein wenig Fleisch für gute Tage und vielleicht noch etwas Gemüse zu beschaffen. Der Brotbedarf von Erwachsenen wurde auf 1 1/2 Pfund täglich veranschlagt, was bei einer durchschnittlichen (fünfköpfigen) Familie einen Tagesbedarf von etwa sechs Pfund ausmachte.

Brotversorgung und -preis waren schon im Ancien Régime stets als ein Politikum begriffen worden und hatten diverse Reglementierungen, Vorsorgemaßnahmen und Stützungen herausgefordert, um ausreichende und relativ preisgünstige Mengen zu garantieren. Daran änderte sich im Prinzip auch während der Revolution nicht viel: Zwar wurde seit 1791 die Gewerbefreiheit eingeführt, aber in Paris nahm die Zahl der Bäcker nicht so erheblich zu, daß es zu einem Überangebot an Brot gekommen wäre. Jeder der 638 Bäcker produzierte 1792/93 zumeist mit nur einem Backofen täglich etwa 300 Vierpfundbrote. Das reichte für die 600 000 Pariser und Pariserinnen nur, wenn es weder an Mehl noch an Heizmaterial mangelte, kein Brot gehortet wurde oder wieder die Stadt verließ. Auf der anderen Seite gab es häufig genug Bestrebungen der neuen bürgerlichen

Im Haushalt

Amtsinhaber und Volksvertreter – besonders bis 1793 –, die Pariser Brotversorgung von den überkommenen Fesseln zu befreien, den Getreide- wie den Mehlhandel zu liberalisieren und auch den Brotpreis dem freien Spiel von Angebot und Nachfrage zu überlassen. Derartige Initiativen scheiterten allerdings regelmäßig am massiven Protest der Betroffenen. Denn während der Revolution war der Brotpreis noch so hoch, daß über die Hälfte des sansculottischen Familienbudgets dafür verwandt wurde. Die Brotversorgung litt zusätzlich darunter, daß die Bäckereien nicht gleichmäßig auf Paris verteilt waren. Dadurch wurde der Einkauf erschwert und ein Erfolg unsicherer gemacht. Da damals die Brote wesentlich größer als heute waren (vier, sechs, acht Pfund und mehr pro Stück!) wurde die Anzahl möglicher Kunden noch geringer (denn ein Bäcker konnte täglich kaum mehr als drei Schübe à 100 Vierpfundbrote backen).

Unter diesen Umständen überrascht es wenig, daß sich die meisten Frauen schon im Morgengrauen, nachdem der Mann zur Arbeit gegangen, die kleine Unterkunft aufgeräumt und die Kinder vielleicht zur Nachbarin gebracht worden waren, zu »ihrem« Bäcker begaben. Dort reihten sie sich in die Schlange ein, beachteten genauestens die Reihenfolge und warteten oft stundenlang, bis sich die Türen öffneten. Solange das Brot noch nicht rationiert war (bis 1794), konnten die Frauen auch mehrere Brote einkaufen, und es bestanden keine Auflagen, zu bestimmten Bäckern zu gehen, was häufig zur Folge hatte, daß die weiter hinten Stehenden vom ersten Backschub nichts mehr abbekamen. Dann mußten sie ihr Glück beim nächsten versuchen und immer so weiter, oft stundenlang, bis sie Erfolg hatten. Besonders hatten sich all jene Frauen zu beklagen, die arbeiten mußten, um leben zu können; häufig brauchten sie drei bis vier Stunden, um ein Vierpfundbrot zu ergattern.

Begierig griffen Frauen bei ihrer Suche nach Brot und anderen Nahrungsmitteln Gerüchte und Tips von bekannten wie unbekannten Leidensgenossinnen auf, denn bei aller Konkurrenz in der konkreten Kaufsituation förderte das lange, gemeinsame Warten auch den Zusammenhalt der Käuferinnen gegenüber allen wirklichen oder vermeintlichen Schuldigen. Und die witterten die Frauen überall: Hier war es der Bäcker, der verdorbenes Mehl verwendete, dort betrog er sie im Gewicht; hier waren es die »Reichen«, die Brot in großen Mengen kauften und horteten, dort waren es »Konterrevolutionäre«, die Brot vernichteten oder aus Paris brächten. Und auch die politisch Verantwortlichen, insbesondere die Lebensmittelverwalter, wurden mit höchstem Argwohn bedacht. Aber es war nicht nur dieses gemeinsame Feindbild, das die Frauen einte, sondern auch die lange Erfahrung, daß sie Erfolge nur dann erringen konnten, wenn sie sich nicht gegenseitig in Rivalität und Konkurrenz schwächten.

Mißtrauen und Schuldzuweisungen grassierten unter den wartenden Frauen vor allem deshalb, weil ihre Geduld, ihre Leidensfähigkeit durch das unumstößliche Gebot begrenzt waren, jeden Tag genug Brot nach Hause zu bringen, damit die Familie nicht hungern mußte. Die Situation der Frauen und Mütter wurde schwieriger noch durch den Krieg (vgl. a. Kapitel 5). Vielleicht waren die Männer und Söhne an der Front oder kämpften in der Vendée gegen die Aufständischen, waren verwundet oder tot. Zumeist ließen die Entschädigungszahlungen auf sich warten, während die täglichen Ausgaben für Ernährung, Holz, Kerzen, Wasser, Kleidung oder Miete fortbestanden oder sich aufgrund der Teuerung sogar noch erhöhten. Der Schritt in die Bedürftigkeit war zwar ein schwerer, aber groß war er für viele nicht. Verelendung aber bedeutete nicht etwa eine Zunahme an politischem Engagement, sie förderte eher Resignation und Hoffnungslosigkeit (Dok. 32) und war mithin einer breiten Mobilisierung für die Sache der Revolution eher abträglich. Überall dort, wo Frauen noch murrten, sich lautstark empörten, meckerten (Dok. 33), zeigten sie immerhin noch Aktivität und Widerstandsgeist, sehr zum Leidwesen der schon bald an den neuralgischen Punkten der Pariser Versorgung postierten Ordnungskräfte. Diese bezeichneten ihr Verhalten dann häufig als »kreischend« oder »starrköpfig«. Dabei offenbarten sowohl die Berichte der »Beobachter der öffentlichen Meinung« als auch die Verhöre von Frauen, die vor Bäckereien verhaftet wurden (Dok. 34), daß das Auftreten der Frauen nicht nur aufmerksam registriert und als Indiz für eine Verschlechterung der Versorgungslage sehr ernst genommen wurde, sondern auch, daß sich Frauen in derart kritischen Situationen in höchstem Maße geschickt verhielten: Sie stritten Beschuldigungen einfach ab, schilderten mit einer entwaffnenden Ehrlichkeit die Vorgeschichte, all ihre Bemühungen um Lebensmittel, oder sie logen bzw. stellten sich unwissend. Da ihr Leumund zumeist gut und ihnen darüber hinaus nichts vorzuwerfen war, kamen sie oft mit einer Verwarnung davon. Die Behandlung von Frauen in Zeiten von Versorgungskrisen mag wirklich mit ihrer Position innerhalb der Familienökonomie und dem gesellschaftlichen Konsens zu tun gehabt haben, der Frauen unangreifbar werden ließ, wie die englische Sozialhistorikerin O. Hufton es vor allem für die vorrevolutionäre Zeit unterstreicht. Auch die Polizeikommissare und »Beobachter der öffentlichen Meinung« strengten Überlegungen an, wieso Frauen sich beim Kaufmann oder Bäcker mutiger zeigten als Männer (vgl. Dok. 49). Ihre Erklärung lautete: Männer seien einfach zu »schafsköpfig« und sich ihrer »Rechte und Interessen« nicht so bewußt, Frauen könnten mehr Mut und Entschlossenheit als Männer bei Auseinandersetzungen mit Kleinhändlern an den Tag legen, weil ihnen »die Schwäche ihres Geschlechts« häufig Straffreiheit zusichere.

Allerdings erwies es sich in den beiden großen Ladenstürmen, die Paris 1792 und 1793 erlebte, daß es für die »Milde« der Staatsgewalt auch andere Gründe gab. Sicher waren es in der Mehrzahl Frauen, die in die Läden gingen, bestimmte Waren zu volkstümlichen Preisen verlangten und die, wenn der Kaufmann sich weigerte, auf die Provokationen der Kundinnen einzugehen, Krach schlugen, Passanten und andere Frauen anlockten und die Waren zu ihren Preisen verkauften. So geschah es jedenfalls bei Kolonialwarenhändlern in 30 von 48 Pariser Sektionen am 25. Februar 1793. Mit viel Lärm und Geschrei drangen dann »viele Personen«, »eine große Menge«, »Frauenkohorten« – oder wie sonst die unbestimmten und geschlechtsunspezifischen Charakterisierungen der sektionellen Polizeikommissare lauteten – in den Laden, eroberten Tresen und

Kasse und begannen mit dem Verkauf des Vorrats (Dok. 35). Wenn alles soweit verkauft worden war, suchten die Beteiligten nach weiteren Vorräten, weil sie der festen Überzeugung waren, daß Kolonialwarenhändler per se auch Hamsterer und Wucherer wären, die durch Horten Mangel und Teuerung künstlich provozierten. Wenn dabei so wenige Leute verhaftet wurden, lag das nun vor allem daran, daß die Nationalgarde nur unwillig, d. h. spät zusammentrat und im Trubel des Geschehens allenfalls noch als Ordnungskraft beim Zwangsverkauf fungieren konnte. Damit zeigte sie sowohl Sympathie und Verständnis für das Verhalten so vieler Bürger(innen) – zumal die Miliz mit vielen der Preisfestsetzer auch persönlich bekannt war –, zum anderen trug sie dem Kräfteverhältnis Rechnung. Ein anderes militärisch-repressives Eingreifen wäre politisch nicht durchsetzbar gewesen bzw. hätte eine vollkommene Entfremdung der sansculottischen Massen von der Revolution bedeuten können. Auf der anderen Seite geht aus den Berichten der Polizeikommissare sowie den Verhören hervor, wie selbstbewußt und selbstsicher Frauen und Männer selbst dann noch auftraten, wenn Polizeikräfte ihnen in größerer Zahl entgegentraten. Wahrscheinlich zogen sie einen Teil ihrer Sicherheit aus der numerischen Überlegenheit, der andere, noch wichtigere Teil ging wohl auf die Überzeugung zurück, im Recht zu sein; so war es schon im Ancien Régime gewesen: Das Recht auf Existenz, dessen absolute Priorität die Sansculotten immer wieder politisch einklagten, setzten Sansculottinnen bei solchen Gelegenheiten in die Praxis um, wenn sie ihre Existenz und die ihrer Familie in Frage gestellt sahen.

Wie im Ancien Régime auch bewirkten Verschlechterungen der Versorgung, daß sich Frauen ziemlich pauschal gegen die Herrschenden, die letztlich Verantwortlichen richteten. In der Revolution hieß es dann bei den Polizeibeobachtern, daß sie »wenig patriotische« Äußerungen machten (Dok. 36, 37) bzw. Konterrevolutionären auf den Leim gegangen wären. Die politische Tragweite einer derartigen Reaktion bei eher unpolitischen Frauen unterschätzten weder die Verwalter noch die Volksvertreter, weil sie langfristig die Massenbasis der Revolution gefährdete. Wenn eine Frau fragte: »Was soll aus uns werden? Will man uns in die Hoffnungslosigkeit stürzen? Oder sollen wir selbst für Ordnung sorgen?« (Dok. 38), so markierte sie den schmalen Pfad zwischen Hoffnungslosigkeit auf der einen und illegalen Aktionen auf der anderen Seite. Nach vier Jahren Revolution und zwei Jahren Krieg waren Stimmen, die Vertrauen in die Revolutionäre äußerten oder Beschränkung und Enthaltsamkeit predigten, als Mittel zur Verringerung der Sorgen immer seltener zu registrieren (Dok. 39, 40).

Angesichts der relativ geringen Verbesserungen bei anhaltenden Versorgungsschwierigkeiten, deren Ende immer weniger abzusehen war, wurde auf sie kaum noch gehört. Das Andauern der Probleme ließ Geduld wie Vertrauen schwinden und machte auch Frauen aus dem Volke immer anfälliger für Zwistigkeiten untereinander, besonders deutlich seit Februar 1794 zu beobachten. Hierbei spielten sicherlich auch die härteren saisonalen Bedingungen eine Rolle, die zusätzliche Ausgaben für Brennmaterial erforderlich machten. Auch erhöhte sich im Winter der Kalorienverbrauch, und das lange Warten wurde noch unerträglicher. Unter diesen Bedingungen noch jemanden vorzulassen, Geduld, Besonnenheit oder Solidarität zu zeigen – ein derartiges Verhalten hätte mehr politische Hoffnungen verlangt, als sie viele Frauen zu dieser Zeit noch besaßen. Wenn die handgreiflichen Auseinandersetzungen unter einkaufenden Frauen von den Polizeibeobachtern nun so ausführlich beschrieben werden, mag das zum einen daran liegen, daß sie dem Idealbild einer ruhigen, geduldigen, eher leidenden als wütenden Frau widersprachen. Zum anderen scheinen sich die männlichen Beobachter an derartigen durch Elend provozierten Ausfällen aber auch auf ihre Weise geweidet zu haben. Denn hier finden sich so ausführliche Schilderungen, wie man sie bei vielen anderen Gelegenheiten vergeblich sucht (Dok. 41–43).

Der Kampf der Sansculottinnen ums tägliche Brot ähnelt auf den ersten Blick also durchaus dem aus vorrevolutionärer Zeit gewohnten Bild. Aber er findet veränderte Rahmenbedingungen vor und ändert insofern seine Qualität. Das zeigt sich nun vor allem in jenen Bereichen, wo sie sich die neuen Foren und revolutionären Entscheidungszentren zunutze machten, um ihre Sorgen und Nöte mitzuteilen und für Verbesserungen zu sorgen. Denn ihre legalen Möglichkeiten, auf die Versorgungslage Einfluß zu nehmen, hatten sich seit 1789 vergrößert und vergrößerten sich weiter bis September 1793 so, wie die Gesamtheit der Sansculotten- und Volksbewegung an politischem Einfluß gewann.

In Paris stand den Frauen der Armen, den Sansculottinnen, in ihrem Stadtteil nunmehr die Sektionsversammlung zur Verfügung, die allabendlich tagte und wo vielleicht auch ihre Männer hingingen. Zwar war ihnen dort das Stimmrecht versagt und auch ihr Rederecht umstritten, aber in Zeiten ständiger politischer Umwälzungen war es einfach eine Frage von selbstbewußtem Auftreten, ob man nichtexistierende Rechte einfach wahrnahm oder nicht. Das galt auch für Frauen, die dort zuhörten, Beifall oder Mißfallen bekundeten und Anträge stellten (Dok. 44). Im Einzelfalle konnten sie auch in den Sektionskomitees vorstellig werden, sich beim Polizeikommissar beschweren oder Anzeige gegen Wucherer erheben (Dok. 45). Denn im Unterschied zum Ancien Régime handelte es sich im Jahre 1793 um von (männlichen) Sansculotten selbst gewählte Exekutivvertreter aus ihrer Nachbarschaft. Eine Distanz bestand ebensowenig zur militärischen Kraft der Sektion, dem Bataillon der Nationalgarde. Auch der Richter wurde direkt gewählt. Insofern hatten sich die Einflußmöglichkeiten auch für Frauen verbessert, war die Distanz zu den Exekutivorganen verringert und hatten die bisher errungenen Erfolge und Konzessionen auch das politische Selbstbewußtsein der z. T. bewaffneten Volksbewegung verbessert.

Der Weg zum Rathaus war zwar häufig nicht der kürzeste, aber wenn es um so wichtige Fragen wie die Versorgung ging, war vielen Frauen keine Mühe zu groß: Also beteiligten sich immer viele von ihnen an den täglichen öffentlichen Sitzungen des Generalrats der Pariser Kommune. Als Zuhörerinnen waren sie wohl gelitten. Sicherlich – es gab keine Frauen unter den Stadtabgeordneten, weil ihnen das aktive wie passive Wahlrecht vorenthalten worden war, aber erstens kannten sie etliche der

Jakobinische Strickweiber

zumeist durchaus volkstümlichen Abgeordneten, und zweitens gelang es ihnen bei Bedarf immer, durch Petitionen wie die einer Abordnung von Bürgerinnen aus der Sektion Gravilliers (Dok. 46) oder nur durch Lautstärke von der Tribüne aus, auf die Debatte im Stadtrat Einfluß zu nehmen. Wenn man die Protokolle dieser Sitzungen studiert, so fällt sofort auf, in welchem für uns heute kaum vorstellbaren Ausmaß Themen, Lösungsstrategien von den sog. »jakobinischen Strickweibern« beeinflußt wurden. Auf ähnliche Weise, wenn nicht noch lebhafter, traten die politisch bewußteren auch bei den täglichen Sitzungen der politischen Klubs in Erscheinung. Hier wie in Sektion, Kommune oder Nationalversammlung hörten Frauen aber nicht nur mehr oder weniger passiv zu, sondern sie wollten auch auf Tagesordnung wie Debatte und Entscheidung Einfluß nehmen. Dazu bedienten sie sich in der Regel der Briefe, Petitionen und Abordnungen, aber sie scheuten auch vor Demonstrationen nicht zurück (vgl. a. Kapitel 7). So war es im Mai 1793 der Hartnäckigkeit Versailler Bürgerinnen zuzuschreiben, die hartnäckig in Paris und im Konvent blieben, daß ein Festpreis für Getreide eingeführt wurde. Sie erbrachten den Beweis, daß die Frauen des 5./6. Oktober (vgl. Kapitel 3) nicht die Tatkraft für sich allein gepachtet hatten. Als die Sektionen seit Mitte September 1793 nicht mehr so häufig tagen sollten, wurden diverse sektionelle Volksgesellschaften gegründet, in denen Frauen augenscheinlich wesentlich einflußreicher wurden, als sie es aufgrund der für die normalen Sektionsversammlungen geltenden Bestimmungen dort jemals hätten werden können. Da mag auch die Bewältigung der Mehrbelastungen durch den Krieg Konsequenzen gezeitigt haben, weil viele Männer an der Front waren und die Frauen in zunehmendem Maße auch Aufgaben und Arbeiten übernahmen, die vordem Männern vorbehalten waren (vgl. Kapitel 5). Die Palette der politischen Institutionen, wo Frauen und Mütter ihre ökonomischen Probleme vortragen konnten und es auch taten, war also so breit wie noch nie. Allerdings waren Anforderungen und Voraussetzungen auf den unterschiedlichen Ebenen der Einflußnahme und bei den unterschiedlichen Formen anders: Wollten Frauen nur von der Tribüne aus die Debatten mitverfolgen und kommentieren, so benötigten sie ausschließlich Zeit und Glück, sich einen Platz zu ergattern. Anklageerhebungen, Briefe oder gar Petitionen machten da schon sehr viel mehr Vorbereitungen erforderlich, die zumeist auch noch schriftsprachliche Kompetenz voraussetzten. Hier mußte diskutiert, mußten die verschiedenen

Schritte geplant, die Petitionen konzipiert, abgefaßt und schließlich auch in den verschiedenen Gremien präsentiert werden (vgl. a. Kapitel 7 und 8). Da ihr Erfolg aber auch in erster Linie davon abhing, inwieweit es ihnen gelang, Forderungen und Aktionsformen zu finden und zu propagieren, die die größtmögliche Breitenwirkung fanden, mußten sie immer auch die Verbindung zur Masse der Frauen suchen. Und hier schienen die Anknüpfungspunkte so schlecht nicht: Denn die Frauen bezogen – wie die Beobachter der öffentlichen Meinung bemerkten (Dok. 47) – in zunehmendem Maße politische Details in ihre Überlegungen zur Versorgungslage mit ein.

Insgesamt förderte wohl die Revolution und die damit einhergehende Emanzipation weiter Teile der französischen Bevölkerung unter den Frauen das Interesse für Politik ganz allgemein und für Versorgungspolitik im besonderen. Dabei begriffen viele Sansculottinnen die Konventsabgeordneten als »Befehlsempfänger« des Volks und sprachen sie als solche an. Zusammen mit den Männern konnten sie auch Erfolge bei der Realisierung ihrer ökonomischen Forderungen verbuchen: die erste Höchstpreisbindung für Getreide vom 4. Mai 1793, die Einführung des Broteinheitspreises und der Progressivsteuer, die Zwangsanleihe, mit der Reichere zur Subventionierung des Brotes herangezogen werden sollten, die Todesstrafe für Wucherer und Hamsterer (26. Juli 1793) und vor allem die Einführung von Festpreisen für alle notwendigen Bedarfsgüter, bei der allerdings zugleich auch die Festlegung der Löhne mitverfügt worden war (29. 9. 1793). Bevor diese Erfolge allerdings praktische Konsequenzen zeitigten, brauchte es den ständigen Druck von Kräften, die daran überhaupt Interesse hatten, und das waren vor allem Frauen und Mütter mit ihren Aufgaben innerhalb der Familienökonomie. Die Beispiele sind zahlreich: Hier zeigte eine eher ängstliche Frau durch einen Mann einen Wucherer an (Dok. 45), dort setzte sich eine mutige Frau erfolgreich gegen einen Bauern zur Wehr, der das revolutionäre Papiergeld (Assignaten) nicht annehmen wollte (Dok. 48), und wieder eine andere Bürgerin, die sogar ein »Beobachter der öffentlichen Meinung« als »unsere Heldin« titulierte, sorgte mit ihrem imposanten Auftreten dafür, daß auch die nachfolgende Kundschaft nur den offiziell festgelegten Preis für ihr Fleisch zahlte und der Schlachter abgeführt wurde (Dok. 49).

Obwohl sich das Hauptaugenmerk der Betroffenen auf den Bereich richtete, in dem die Ware zu bestimmten Konditionen die Konsumenten erreichen sollte, wurde auch das Umfeld nicht aus den Augen verloren. Denn die Frauen hatten ihrerseits ja in zunehmenden Maße mit vielen Polizeikräften oder deren Beauftragten zu kämpfen, die nach und nach fast im gesamten Einzelhandel präsent waren und für eine korrekte Abwicklung des Einkaufes Sorge zu tragen hatten, deren Präsenz die Frauen aber zu Recht als indirekte potentielle Bedrohung auffaßten. Daß es hier auch zu Transaktionen zwischen Einzelhändlern und Beamten kommen konnte, vermuteten viele, aber beweisen ließ es sich nur in den wenigsten Fällen (Dok. 50).

Durch die Revolution veränderte sich die Rolle der Frau und Mutter für die Familienökonomie alles in allem nicht entscheidend. Allerdings bereitete ihr die Erledigung ihrer Aufgabe, alle Familienmitglieder ausreichend zu versorgen, immer mehr Schwierigkeiten, denn die ökonomischen Umwälzungen und Kriegsfolgen vergrößerten Mangel und Teuerung. Bei der Bewältigung dieser Versorgungsprobleme griffen Frauen auf traditionelle Protestformen zurück, sie wußten sich aber auch der neuen politischen Organe auf den verschiedenen Entscheidungsebenen zu bedienen und verliehen somit ihren individuellen Problemen eine politische Dimension, oft mit Erfolg. Mit der Zurückdrängung des demokratischen Elements seit 1794 verringerten sich aber auch ihre Möglichkeiten, und es hat den Anschein, daß wieder mehr die traditionellen Versorgungsstrategien und Protestformen die Oberhand gewannen.

LES PORTRAITS A LA MODE

Betteln

32. »Eine arme Familienmutter« – 24. Juli 1793

Eine arme Familienmutter, die von drei Kindern begleitet wurde, von denen das älteste noch nicht sieben Jahre überschritten hatte, versuchte am letzten Sonnabend auf dem Markt der Rue St.-Honoré einen Kohl zu kaufen. Aus acht Sous bestand ihr ganzes Vermögen. Man verlangte diese für die zu kaufende Ware. Sie bot sechs Sous an. Man hörte ihr nicht zu. Ihre Kinder baten die Händlerin mit Tränen in den Augen, ihrer Mutter den Kohl zu dem [niedrigeren] Preis zu geben: »Seit acht Tagen haben wir keine Suppe mehr gegessen.« Und sie fügten noch hinzu: »Habt Mitleid mit uns.« Die Händlerin blieb unerbittlich. »Nun gut, Mutter«, sagte der Älteste, »gib die zwei Sous, die du für ein wenig Fett zurückbehalten hast. Wir essen die Suppe mit Wasser und Salz.«

Annales de la République française, n° 207 (24. Juli 1793), S. 1032 f.

33. Aus dem Bericht des Polizeibeobachters Grivel vom 13. September 1793 vor den Bäckereien:

Die Ansammlungen waren nicht überall auffallend; nichtsdestoweniger gab es viele. Eine ganz besondere fand vor der Tür eines Bäcker im Fbg St. Honoré, in der Nähe des Hotel de Beauvau, statt. Diese Ansammlung bestand zu weiten Teilen aus kreischenden, starrköpfigen Frauen, die man verdächtigte, extra gekommen zu sein, um Lärm zu schlagen. Ihr Geschrei beeinträchtigte tatsächlich die Nachbarschaft. Aber ein einzigartiges, vollständig erfolgreiches Mittel wandte man an, um sie zu zerstreuen, und das war: Aus den Fenstern begoß man sie mit Wasser, und dieser Guß ließ sie fliehen.

Caron, Paris, Bd. 1, S. 86 f.

In der Bäckerei

34. Unruhe vor einer Bäckerei im Stadtzentrum; Anzeige, Verhaftung und Verhör einer »Unruhestifterin« am 8. August 1793 um 22 Uhr im Zivilkomitee der Sektion Piques

Bürger Pierre François Guyard, Mitglied des Überwachungskomitees dieser Sektion und Angestellter im Marineministerium [. . .] sagte uns, daß er heute vor einer halben Stunde nach Verlassen seines Büros [. . .] Lärm vor einer Bäckerei in der Nähe des Boulevards vernommen habe. Näherkommend habe er zwei oder drei Frauen bemerkt, die sich vor der Tür dieses Bäckers niedergelassen hätten. Eine andere stand und stritt sich mit dem Bäcker vor verschlossener Tür. Sie schrie aus vollem Hals, daß sie und ihr Kind heute nicht gegessen hätten. Während dieser Bäcker sich damit beschäftigte, Vierpfundbrote zuzuschneiden, würden sich auf unerträgliche Weise Bürgerinnen vor seiner Tür versammeln. Eine von ihnen habe sich ihren Arm gebrochen. Aufgrund des Lärms, den diese Frau schlug, seien mehrere Bürger hinzugekommen. Einer von ihnen [. . .] habe dieser Frau mehrere Vorschläge gemacht, um sie zur Mäßigung zu bewegen. Als ihm dies nicht gelang, habe er ihr angeboten, ihr die Hälfte seines Vierpfundbrotes abzutreten; ein Vorschlag, der diese Frau so sehr zu überraschen schien, daß sie kurz Ruhe gab. Dann wechselte sie aber den Platz und begann neuerlich zu schreien. Dieses Verhalten kam dem Zeugen verdächtig vor. Er näherte sich ihr und sagte: »Wenn Du schon Brot so nötig hast, warum nimmst Du dann nicht das Angebot an, das Dir gerade gemacht worden ist? Zumal der Bürger, der es gemacht hat, hier in der Nähe wohnt.« Darauf antwortete die Frau: »Na gut, soll es es mir doch bringen!« Und damit dreht sie sich wieder um und fing neuerlich zu schreien. Der Zeuge wie auch die dort anwesenden Bürger waren über ein derartiges Auftreten empört und hielten es für klug, sie zu verhaften und zum Sitz der Sektion Piques zu führen [. . .]

[Verhör mit dem anderen Zeugen, der das Brot angeboten hatte; Aussage weitgehend mit obigen identisch.]

Verhör mit der Frau:

Wir haben die genannte Frau nach ihrem Namen, ihrem Vornamen, Beruf, Ort und Haus ihrer Wohnung gefragt. Sie antwortete, Marie Madeline Julie Quetié zu heißen, 26 Jahre alt, Gürtelmacherin, Ehefrau des Bürgers Gisois [zu sein], wohnhaft im Haus des ehemaligen Klosters de l'Assomption, Sektion Thuileries, gebürtig aus Torcy, Départment Seine-et-Marne.

Gefragt, warum sie festgenommen wurde, antwortete sie, daß sie heute abend gegen 9.30 Uhr zum Bürger Hubert, Bäkker, Rue St. Honoré gegangen sei. Sie habe ihn gefragt, ob sie morgen Brot bekommen würde. Er habe ihr geantwortet, daß er kein Mehl habe. Dann sei sie mit vier ihrer Nachbarinnen zur Porte-Saint-Honoré gegangen. An der Tür von Cordier, der neben einem Bäcker wohnt, wollte sie gerade mit einer Passantin sprechen, die aus der Sektion République française kam. Desgleichen mit der Bürgerin Gibotte, einer Wäscherin, die sich bei ihr erkundigte, ob sie heute schon Brot gehabt hätte. Dies habe sie verneint; nicht einmal einen Kanten besitze sie. Das sei alles, was an der Porte-Saint-Honoré passiert sei.

Auf die Frage, warum sie sich an der Porte-Saint-Honoré mit einem Bäcker gestritten und aus vollem Hals geschrien habe, antwortete sie, daß sie sich nicht gestritten und nicht geschrien habe.

Auf die Frage, warum sie gesagt habe, daß sich eine Frau den Arm gebrochen hätte, antwortete sie, daß sie vielmehr gesagt habe, man habe gehört, daß eine Frau gestürzt sei und sich dabei den Arm gebrochen habe. [Alle übrigen Vorwürfe bezeichnet sie als »falsch«.] Nach ihrem Ehemann befragt, antwortete sie, daß er an den Grenzen sei [. . .]. Gefragt, ob sie jemals verhaftet und ins Gefängnis gekommen oder in die Fänge der Justiz geraten sei, antwortete sie: Niemals in ihrem Leben. [Es folgen noch die Verhöre mit anderen Zeugen. Danach wurde die Beschuldigte sofort auf freien Fuß gesetzt und die Protokolle wurden der Polizeiverwaltung des Stadtrats überstellt.]

Archive de la Préfecture de Police (A.P.P.), A A 209 (Sektion Piques), f. 109 ff.

Schlangestehen

35. Ladensturm beim Kolonialwarenhändler Rousseau aus der Sektion Arsenal am 25. Februar 1793; aus dem Bericht des Polizeikommissars:

Etwa gegen zwei Uhr (nachmittags) wurde uns mitgeteilt, daß man sich massenhaft zum Bürger Rousseau begeben würde, der Kolonialwarenhändler am Quay des Armes ist. Wir haben uns sofort dort hinbegeben, immer noch vom Bürger Sekretär begleitet. Und trotz des großen Auflaufs gelang es uns, bis zum Zahltisch vorzudringen. Auf den stiegen wir dann und baten im Namen des Gesetzes um Ruhe. Man gestand sie uns zu. Wir benutzten sie dazu, den Schwur, Personen und Eigentum zu schützen, in Erinnerung zu rufen. Aber wir konnten nicht damit zu Ende kommen, weil wir durch Schreie und abfällige Zwischenrufe aller Art, die sich sowohl gegen uns als auch gegen den Bürger Rousseau und seinen Gesellen richteten, unterbrochen wurden. Denn dieser hatte gleich zu Beginn die Unvorsichtigkeit begangen, eine schwangere Frau brutal zurückzustoßen. Er wurde jetzt sogar damit bedroht, am Galgen aufgehängt zu werden. Fünf Bürger aus der Nationalgarde kamen an, konnten aber auch nichts verrichten, nicht einmal reden. *Dieser Augenblick war gefährlich* [Hervorhebung im Original]. Dann erfuhren wir plötzlich von der Forderung, das Haus zu durchsuchen. Bürger und Bürgerinnen, die zu diesem Zweck benannt wurden, waren augenblicklich bereit. Wir selbst wurden dazu gezwungen, sie zu begleiten. Diese Hausdurchsuchung ging einigermaßen ruhig vonstatten. Nur die Bemerkungen, man wolle es auch bei dem Bürger Arroult so machen, unter dem Vorwand, daß der genannte Rousseau dort seine Ware versteckt halte, fiel aus dem Rahmen. Dieser Hausdurchsuchung wurde von der Bürgerin Arroult zugestimmt. Als wir wieder zurückkamen, sahen wir den Bürger Offizier Colinet in Begleitung mehrerer bewaffneter Bürger ankommen. Nachdem sie vergeblich versucht hatten, die Ruhe wieder herzustellen, haben sie sich schon nach kurzer Zeit wieder zurückgezogen.

Merke: eine sehr gutaussehende Frau, die uns unbekannt ist, die wir aber sofort wiedererkennen würden, ungefähr fünf Fuß ein Daumen groß, 30 Jahre alt, blond, weiße Haut, die Augen ein wenig gerötet, mit Pferdeschwanz und einer Haube mit einem rosa Band, mit einem dunkelblauen Hauskleid im üblichen Muster bekleidet [sowie] einem Mäntelchen aus schwarzem Taffet und einer Golduhr an einer Kupferkette [. . .] Diese Frau bot alles, was in ihr steckte, auf, um den Aufruhr zu vergrößern. Sie war bei der Hausdurchsuchung und auf dem Rückweg dabei. Sie war es, die den Seifenpreis auf 12 Sous das Pfund festlegte und den Zucker auf 18. Daraufhin wurde die bei Rousseau vorrätige Ware mit einem unglaublichen Durcheinander ausgegeben, weil alle zur selben Zeit zahlen, bedient werden und gehen wollten. Und wir waren dazu gezwungen, wollten wir nicht alles verloren geben, [das Geld] in Empfang zu nehmen. Die genannte Frau befand sich neben der Ware, die sie uns bezahlte, und wir hatten kàum genug Zeit, [das Geld] anzunehmen, rauszugeben und es in die Schublade zurückzulegen. Bei diesem Ansturm von Bürgern und Bürgerinnen hatten wir kaum Gelegenheit, uns diese obengenannte Frau genau anzusehen. Aber wir haben Bürgerinnen unserer Sektion wiedererkannt. Allerdings wäre es uns unmöglich, die Namen anzugeben und genauere Angaben zu machen. Allenfalls den Bürger Jolly, Kapitän einer Kompanie [der Nationalgarde] dieser Sektion, der uns als guter Patriot bekannt ist. Ihn haben wir in der Nähe des Zahltisches gesehen, und er hat auch den obengenannten Seifenpreis bezahlt. Wir haben ihn nichts den Umständen Entsprechendes sagen hören, und wir sind vollständig davon überzeugt, daß er nur aufgrund perfider Ratschläge von einigen Feinden des öffentlichen Wohls, die er für Patrioten gehalten hat, dorthin gegangen ist. Diese verstehen es, sich unter diesem [Deck-]Mantel zu verstecken. Sie können sich nur so noch an Bürger wenden, deren reine Seele es nicht zuläßt, die ganze Abscheulichkeit, zu der sie fähig sind, zu entdecken.

[Dann wurden sie zu einem anderen Ladensturm gerufen.]

Archive de la Préfecture de Police (A. P. P.), A A/69 (Sektion Arsenal), verso 296–297.

36. Hunger und seine politischen Folgen. 17. Ventôse II (7. März 1794), Bericht von Rolin, Polizeibeobachter:

Was mir am meisten aufgefallen ist, spielte auf dem Markt St. Jean. Dort hatten sich mindestens 3000 Frauen aufgereiht, die ziemlich stark murrten, vier Stunden lang gewartet zu haben, ohne irgendetwas zu erhalten. Sie machten wenig patriotische Äußerungen. Viele Wachen sowohl zu Fuß wie zu Pferd befanden sich dort. »Auf diese Weise gibt man uns also etwas zu essen!« sagten sie. »Man will uns also Hungers sterben lassen, weil man keine einschneidenden Maßnahmen ergreift, um Paris zu versorgen.«

Dauban, 1794, S. 172.

Auf dem Markt

37. 2. Germinal II (22. März 1794), Polizeibeobachter Rolin:

Es gibt immer noch Bürgerinnen, die die Furcht nicht ab-
schreckt, und die Unruhe auf den Märkten zu erregen versuchen. Sie finden sich überall dort ein, wo man irgend etwas verteilt. Sie kaufen, soviel sie können, schreien und heulen wie
Wildtiere, beschimpfen alle Bürger, ohne die Zivilkommissare
oder die Wachen auszunehmen. Heute morgen hielt eine dieser
Frauen ihre Faust unter die Nase eines Kommissars an der Tür
eines Schlachters und bedrohte ihn mit Beleidigungen, und der
Kommissar sagte nichts zu ihr. Ich weiß nicht, woher diese
Nachsicht kommt, aber ich halte sie für gefährlich. Wenn bei
öffentlichen Angelegenheiten nicht mehr die Amtspersonen respektiert werden, gibt man die Freiheit preis.

Caron, Paris, Bd. 6, S. 46.

38. Polizeibeobachter Latour-Lamontagne am 16. Februar 1794:

Heute herrschte ein extremer Mangel, besonders an Gemüse, dem Nahrungsmittel der Armen. Die Verzweiflung war so groß, daß ich mehrere Personen gesehen habe, die Tränen vergossen und dabei ausriefen: »Was soll aus uns werden, wenn das so weiter geht? Wir werden Hungers sterben müssen.« Diese Äußerungen waren in allen Gruppen zu hören, und die Gemüter erschienen mir äußerst erregt.

»Wir leben nicht im Elend, wir armen Leute?!« fragte eine Frau in der Rue Saint-Honoré an einer Straßenecke: »Es ist eine Tatsache, daß die Lebensmittel Mangelware sind. Aber, wenn die Polizei aufmerksamer jene überwachen würde, die sie vertreiben, und jene, die sie kaufen, erhielte ein jeder seine kleine Portion. Warum macht man nicht von Zeit zu Zeit Hausdurchsuchungen? Ich kenne Leute, die bei sich Lebensmittel für sechs Monate haben, die sie nicht anrühren. Sie sind die ersten, die für Aufregung auf den Märkten sorgen. Wie sie sagen, fürchten sie den Hunger, dabei unternehmen sie alles, um ihn herbeizuführen. Warum sollten sie mehr Vorrechte genießen als wir? Was?! Mein armer Ehemann ist an den Grenzen gefallen, mein Sohn bekämpft die Briganten der Vendée, und ich sollte vor Hunger sterben? Ich?! Während reiche Schurken, die nichts für die Republik gemacht haben, Vorräte für mehr als sechs Monate in ihrem Keller haben?! Will man, daß das Volk ihre Häuser plündert, um unseren Feinden noch einen Vorwand zu liefern, uns zu verleumden?« »Und Holz,« sagte eine andere Frau, »die Schuppen der Reichen sind voll davon und bei den Obsthändlern lassen sie nicht ein Bündel Knüttelholz zurück! Wie schrecklich! Und man duldet das alles? Will man uns in die Hoffnungslosigkeit stürzen?« Einige andere Äußerungen dieser Art wurden noch vor dem Auseinandergehen gemacht, und einige Frauen sagten beim Weggehen, daß das alles aufhören müsse oder daß sie dort Ordnung schaffen müßten.

Caron, Paris, Bd. 4, S. 152 f.

39. Ein Polizeibeobachter am 27. Februar 1794:

In einer Schänke in Nouvelle-France sprach man über Fleisch, Karotten, Kohlrüben und andere Lebensmittel. Eine schlecht-angezogene Frau (bei der ich bemerkte, daß sie ein feines Hemd anhatte), sagte, daß es dem armen Volk ziemlich schlecht gehe; die reichen Leute hingegen litten keinen Mangel an Fleisch; sie seien sicher, immer etwas zu bekommen. Sie wiederholte stän-dig: »Man will wohl eine bürgerliche Fastenzeit durchführen, dabei gibt es weder Milch noch Fett oder Butter.« Eine andere Frau, die mir wie eine Weiterverkäuferin von Innereien vorkam und die zusammen mit fünf anderen Frauen einen trinken war, hat der Klagenden geantwortet: »Wahrhaftig! Ihr habt ziemli-che Angst zu sterben, meine liebe Freundin. Man sagte uns schon vor einiger Zeit, daß es kein Brot geben würde. Nun gut! Haben wir was? Ich selbst beklage mich nicht, weil ich sicher bin, daß der Konvent allen Aushungerern auf der Spur ist. Wie denkst du darüber, Jacqueline?« fragte diese Bürgerin, und drehte sich zu ihren Freundinnen um. »Recht hast du! Laßt uns noch einen Schluck trinken. Alles wird schon gut. Man braucht nicht die Flinte ins Korn zu werfen.« (Die andere Frau, will sagen: die erste, hat überhaupt nichts mehr gesagt.)

Dauban, 1794, S. 117 f.

40. 10. Ventôse II (28. Februar 1794), Bericht von Polizeibe-obachter Bacon: »Seien wir geduldig«

In einer Schänke im Faubourg St.-Martin bei der alten Zoll-schranke sprachen Frauen über die Not, die bezüglich der Le-bensmittel herrsche. Eine von ihnen sagte: »Seien wir geduldig. Die Natur ist nicht undankbar. Es ist schönes Wetter. Passen wir gut auf uns auf, denn wir befinden uns in einem Augen-blick, wo das Volk wachen und ein wenig leiden muß, wenn es den Tyrannen den Hals umdrehen will.« Man antwortete ihr: »Du hast Recht! Es lebe die Nation.«

Dauban, 1794, S. 128.

41. Polizeibeobachter Perriere berichtet über Vorfälle beim Fleischverkauf am 4. Ventôse II (22. Februar 1794)

Aufläufe wegen Fleisch: Heute morgen gab es einen sehr großen an der Tür der Witwe Blondel in der Straße Faubourg St. Honoré. Lautes Klagen und Gewalttätigkeiten wurden aufgeboten, um an die Reihe zu kommen, oder sogar, um sich weiter nach vorn zu drängeln. Einige robuste und höchst übel dreinschauende Frauen, die zweifellos bezahlt worden waren, um die Not der Umstände auszunutzen, ergriffen die zierlicheren Frauen und die jungen Familienmütter beim Hals. Eines dieser in Hosen steckenden Monster schüttelte mit aller Kraft eine Frau, entriß ihr einen Teller und warf ihn in die Menge. Der Teller landete auf der Nase eines kleinen zweijährigen Kindes, das sich auf den Armen seiner Mutter befand, die gerade in diesem Augenblick die Ladentür erreicht hatte. Das Kind war blutüberströmt und seine Mutter auch. Das Kind wäre tot gewesen, wenn es der Schlag an der Schläfe getroffen hätte. Man ergriff diese bösartige weiße [Frau] [. . .] und führte sie zur Sektionsverwaltung [. . .] mitten durch die empörten Zuschauer hindurch, die sich nur mit Mühe zusammenreißen konnten, so reizend war das Kind und so liebevoll seine Mutter.

Caron, Paris, Bd. 4, S. 281 f.

42. Polizeibeobachter Hanriot am 9. Ventôse II (27. Februar 1794):

Beim gestrigen Spaziergang lief ich durch alle Straßen von Paris. Wie überrascht war ich, als ich bei den Markthallen eine

Schlange von vielen Frauen bemerkte, die sich bis in die Mitte der Rue Montorgueil hinzog. Jede wartete darauf, an die Reihe zu kommen, um Lebensmittel zu erhalten. Das waren keine Schreie mehr, sondern ein Geheul oder, besser gesagt, ein schreckliches Gebrüll. Ein konterrevolutionäres Paris böte nichts Schrecklicheres. Sie stritten sich gegenseitig das Recht ab, zum Ort der Verteilung zu gelangen. Mehrere vor mir wurden mit Fußtritten traktiert oder durch Fausthiebe aus der Reihe geworfen und in das Rinnsal geschleift. Andere riefen laut zum Aufstand, der vielleicht angefangen hätte, wären nicht Freiwillige [der Nationalgarde] und die berittene Polizei gekommen, um diese Bewegung zu unterdrücken.

Caron, Paris, Bd. 4, S. 368 f.

43. Polizeibeobachter Perrière am 3. Germinal II (23. März 1794):

Sicher ist, daß die [Markt-] Halle einem Schlachtfeld gleicht. Man hört Schreie junger und schwangerer Frauen, die sich an den empfindlichsten Stellen geschlagen fühlen. Kinder, bereit in den Armen ihrer Mütter zu ersticken, stoßen beklagenswerte Laute aus. Die Wachen, von Schweiß bedeckt, verletzten mit ihren Waffen jene, die sie damit beschützen wollten. Einer Frau wurde auf diese Weise das Handgelenk gebrochen. Eine andere glaubte das Auge durch eine Hellebarde zerstört.

»Ach, schubst doch nicht, ich werde ersticken!« – »Aber das ist doch nicht unser Fehler, man schubst uns doch selbst,« lautete die genau so vorwurfsvolle Antwort. Zwei Feldstreifen des Generals [der Pariser Nationalgarde] liefen unruhig hin und her wie bei großer Gefahr. Die Kavallerie trat auf die Füße jener Bürger, die entweder nicht ausweichen konnten oder sich in einem Taumel befanden, den Menschenmengen bei ihnen auslösten, oder aber sie hatten Angst, nicht bedient zu werden. Diese sahen so aus, als würden sie vor nichts zurückschrecken und keine Gefahr kennen.

Caron, Paris, Bd. 6, S. 66 f.

44. Polizeibeobachter Bacon am 8. Ventôse II (26. Februar 1794):

Die Volksgesellschaft der Sektion Lombards hätte nicht zahlreicher sein können, und es gab außerordentlich viele Frauen in der ehemaligen Kirche. [. . .] [Über Aufnahme bzw. Ablehnung zweier Kandidaten wurde diskutiert.]

Desgleichen sagten vor, neben und hinter mir die zahlreichen Frauen nach der Ablehnung der zwei Kandidaten: »Mein Gott! Wo sind wir eigentlich!? Was wird aus diesen zwei Familienvätern, deren Gewerbe nichts mehr wert ist? O, dieser Hund von Schneider! Dieser Schurke verrichtet seinen Dienst in der Nationalgarde nie selbst. Guckt euch nur gut sein Schurkengesicht an und ihr erkennt den größten aller Heuchler.« Die Frauen wiederholten immer wieder: »Wie schrecklich! Was ist das wieder für eine Intrige! All diese Spitzbuben da, die den Unglücklichen das Brot nehmen. Gott wird sie bestrafen.« Ich [Bacon] spreche von dieser Unterhaltung, nach der man die öffentliche Meinung ermessen kann.

Dauban, 1794, S. 112.

45. Anzeige einer ängstlichen Frau gegen einen Wucherer am 14. August 1793

Die Ehefrau des Bürgers Hony, Limonadenhändler und Angestellter bei der Nationalen Post, wurde vor einigen Tagen bei einem Kolonialwarengroßhändler vorstellig, der überhaupt nicht an Privatleute verkauft.

Als sie den Laden betrat, traf sie vier Personen an, die ihr außerordentlich wütend vorkamen und die die folgenden Worte in ihrer Gegenwart geradezu ausspien: »Ist es nicht das Allerletzte«, sagten sie, »daß wir an unseren Türen die Menge der Waren aushängen sollen, die wir besitzen? Es ist dieser Dummkopf von Wohlfahrtsausschuß des Nationalkonvents, der auf seinen Vorschlag hin das Dekret durchgebracht hat! Warum fällt man nicht über die Köpfe dieser Schurken her?« Diese Frau hatte schon vorgebracht, was sie haben wollte, während sie [die Männer] sich diese Sachen sagten. Sie wiederholte ihre Bestellung. Diese Bürgerin wollte in ihrer Eigenschaft als Limonadenverkäuferin Zucker. Einer von ihnen erwiderte ihr, daß er diesen für 110 Sous verkaufe. Sie sagte, dies wäre zu teuer für sie, vielleicht käme sie noch einmal wieder. Diese vier Händler, die sich in ihrem Laden oder Lager befanden, befürchteten, sie sei nur ein Spion, und erfragten ihren Namen, ihren Stand und Wohnort. Ehrenhaft, wie sie war, erfüllte sie ihnen diesen Wunsch voller Angst; denn sie wußte nicht, was das bedeuten sollte. Danach ging die Bürgerin zitternd von dannen. Und es ist wohl anzunehmen, daß ihr jemand hinterhergeschickt wurde, um festzustellen, ob die Frau wirklich das war, wofür sie sich ausgegeben hatte. [. . .]

Gu. Republikaner

Paris, den 14. August 1793, 2. Jahr der einen und unteilbaren Republik und 1.[Jahr] der Vernichtung aller Tyrannen der ganzen Welt, die sich verschworen haben, das französische Volk niederzuwerfen.

Archives nationales BB³71 (MSS)

46. Öffentliche Sitzung des Generalrats der Pariser Kommune am 22. Juli 1793

Die Bürgerinnen der Sektion Gravilliers verlesen folgenden Brief:

»Wir werden bei Euch vorstellig in dem Vertrauen, das die Tugend hervorrufen kann und wegen des Bürgersinns, den Ihr bewiesen habt. Wir beschwören Euch also im Namen der leidenden Menschheit, im Namen der republikanischen Tugenden, Mittel zu finden, um uns mit Brot, was das wichtigste Lebensmittel darstellt, zu versorgen und auch mit den Waren, auf die man nicht verzichten kann. Wir beschwören Euch, den Gesetzgebern unsere Bedürfnisse darzulegen, ihnen unser Leid vorzustellen und jenes unserer hoffnungslosen Familien. Sagt ihnen, daß unsere Ehemänner an den Grenzen und in den aufständischen Departments kämpfen.

Die Bürgerinnen der Sektion Gravilliers, die vom Respekt für Eigentum und Freiheit durchdrungen sind, glaubten es nicht besser machen zu können, als sich an die tugendhaften Magistrate des Volkes zu wenden, die inständig darum gebeten sind, den Gegenstand dieser Petition in ihre Überlegungen miteinzubeziehen.«

Journal de la Montagne, n° 53 (23. Juli 1793), S. 322.

47. Polizeibeobachter Le Harivel am 26. September 1793:

Heute gab es bei den Bäckern der Chausée-d'Antin weder Brot noch Mehl – zumindest behaupteten sie dies. Sie sagten auch, daß sie den Befehl erhalten hätten, nur zwei Backschübe täglich zu backen. Die Bürgerinnen, die heute morgen vor ihren Türen standen, beklagten sich darüber, daß es noch Adlige im Konvent gebe, und sie sagten, daß die Dinge, solange es so bliebe, schlecht laufen würden; daß es ziemlich natürlich sei, daß sie [die Adligen] ihren Stand und ihr System aufrechtzuerhalten trachteten; daß Delacroix ein Verräter sei, der 1,5 Millionen Livres erhalten hätte, um Belgien zu verlassen, daß Houchard 25 Millionen erhalten hätte, um einen englischen Prinzen, den er gefangen hielt, freizulassen. Letztere Äußerungen wurden an der Tür des Bäckers der Rue Saint-Croix gemacht, in der Nähe der Saint-Lazare. Eine dieser Frauen sagte ganz laut, daß man an der Porte-Saint-Denis Getreide in den Schränken gefunden habe, als man dort nach einer Uhr suchte.

Caron, Paris, Bd. 1, S. 201 f.

48. Polizeibeobachter Rousseville am 30. September 1793:

Frau Gaspard, die im Faubourg du Roule wohnt und deren Mann Freiwilliger ist, begab sich zu einem Bauern selbigen Ortes, kaufte von ihm vier Scheffel Roggen und bezahlte es ihm zum festgesetzten Preis in Assignaten. Dieser nahm die 15 Francs und warf sie auf den Misthaufen. Die entrüstete Frau, die sehr tatkräftig ist, nahm den Sack auf den Rücken und warf den Roggen auch auf den Misthaufen. Der Friedensrichter des Ortes ließ den Bauern einsperren und der Frau umsonst vier neue Scheffel Roggen schicken, die sie nichts kosteten.

Caron, Paris, Bd. 1, S. 241.

49. Eine Frau setzt den Fleischhöchstpreis bei einem Schlachter durch – Bericht eines öffentlichen Beobachters vom 1. Ventôse II (19. Februar 1794):

Anderntags, in der Rue de la Montagne Saint-Geneviève, wo es fast nur Schlachter gibt, betrat eine Frau einen Laden. Sie gehörte zu jenen, die sein Geschäft belagerten. Als sie an der Reihe war, forderte sie soviel Fleisch, wie sie brauchte, wobei sie sich den Betrag nach dem gültigen Festpreis selbst ausrechnete. Dieses Geld reichte sie dem Schlachter und fragte ihn, ob das auch mit seiner Rechnung übereinstimme. »Nein«, sagte der Mann. »Nun gut«, entgegnete die Frau, »wenn es schon nicht die deine ist, so ist es doch jene des Gesetzes.« Obwohl der Fleischhändler protestierte, ging sie ihrer Wege. [. . .]

Von Natur aus sind die Männer unglücklicherweise nur zu schafsköpfig und werden sich sogar über die Rechte und ihre Interessen nicht so recht im Klaren. Die Menge, die Zeuge der Entschlossenheit und vor allem des Erfolgs unserer Heldin wurde, wollte das Fleisch unbedingt zum selben [Fest-] Preis erhalten. Der Fleischer setzte sich zur Wehr. Es gab Lärm. Die Nationalgarde wurde geholt und mein Mann abgeführt und ins Gefängnis gesteckt.

Dauban, 1794, S. 57 f.

50. Aktiv gegen Wucher und Schieberei, 17. Ventôse II (7. März 1794), Bericht von Polizeibeobachter Rolin:

Gestern berichtete die Bürgerin Pestel, Buchbinderin beim Bürger Didot, Drucker, daß sie beim Betreten ihrer Bäckerei einen jener Zivilkommissare dort angetroffen habe, die die Verteilung des Fleisches bei ihrem Schlachter leiten. Dieser Kommissar, der sie nicht bemerkt habe, sagte gerade zu ihrem Bäcker: »Warum bist du nicht gekommen, ich hatte dir ein gutes Stück beiseite gelegt.« Daraufhin habe sie sich nicht zurückhalten können. Sie habe ihn auf alle erdenkliche Art beschimpft, beide beschuldigt, Diebe und Schurken zu sein, die die besten Stücke selbst äßen, während sie und ihre Kinder nichts hätten etc., etc., etc. . . Sie fügte hinzu, daß sie sie – wenn das noch einige Zeit so weiterginge, an die Guillotine brächte, und daß dies – wenn es [nur] fünfzig Frauen wie sie gäbe, nicht mehr lange so weiterginge [. . .]

Dauban, 1794, S. 172.

7. Kapitel
Die Pariser Wäscherinnen und die Seife

Neben den »Damen der Hallen«, den Pariser Marktfrauen und den berühmten Fischweibern, die ihre politischen Neigungen auch öffentlich noch bekundeten, als diese nach dem Sturz des Königs im August 1792 und der Verschärfung des Terrors im September 1793 kaum mehr zeitgemäß waren, neben diesen höchst einflußreichen Frauen, die vom Marktgeschäft lebten, trat ein anderer Berufsstand von Frauen während der Revolutionszeit hervor, und zwar im durchaus radikalen Sinne: die Pariser Wäscherinnen.

Schon im Ancien Régime hatten sie eng zusammengestanden; ihre Feste und Rituale waren berühmt und besaßen eine lange Tradition (Dok. 51). Waschen war auch z. Z. der Revolution vor allem Frauenarbeit, die sich im Unterschied zu vielen anderen Tätigkeiten ständig im Freien abspielte: bei Brunnen, Waschplätzen oder wie in Paris auf Waschkähnen. Erst im 19. Jahrhundert sollten in einigen Städten Waschhäuser eingerichtet werden, wohl auch, um die agilen Wäscherinnen besser disziplinieren und kontrollieren zu können.

Auf dem Lande gehörte das Waschen zu den häuslichen Aufgaben der Bäuerinnen. Sie erhielten dafür natürlich kein Geld. Angesichts des geringen Kleidungsbestands des einfachen Volks, der unzureichenden hygienischen Verhältnisse und des großen Schmutzes in den Städten – öffentliche Kanalisation war erst in Entstehung begriffen, fließendes Wasser gab es kaum – war das Waschen der Kleider ein dringendes Erfordernis, das je nach Umfang der Familie, nach Alter und Zahl der Kinder den Tagesablauf mitbeeinflußte. Daß es vermehrt Frauen gab, die vom Waschen schmutziger Wäsche ihren Lebensunterhalt bestritten, ist Ausdruck zunehmender Arbeitsteilung und sozialer Differenzierung, wie sie vor allem in den Städten zu beobachten waren.

151

Mit Bürste und Seife ausgerüstet und beladen mit dreckiger Wäsche, begaben sich dann die Wäscherinnen zu den öffentlichen Waschplätzen, wo sie stets ihresgleichen trafen. Hausfrauen wie Wäscherinnen arbeiteten hier häufig zusammen, verbrachten oft viele Stunden in gemeinsamer Arbeit miteinander, nicht schweigsam, sondern laut redend, neueste Gerüchte und Nachrichten verbreitend und sich gegenseitig helfend. Dieser Krach der Wäscherinnen war so typisch und charakteristisch, daß ihre Hilferufe, als sich eines Abends ein Waschkahn mit 70 Wäscherinnen an Bord einmal gelöst hatte, gar nicht ernst genommen, sondern nur für den üblichen Zank und Streit der Wäscherinnen gehalten wurde (Dok. 52). Wäscherinnen hatten ihr Ohr am Volke. Nicht von ungefähr sollten von 1793 an die »Beobachter der öffentlichen Meinung« ständig Informationen anführen, die sie von Wäscherinnen erhalten hatten. Denn auf den Pariser Waschkähnen trafen so viele Frauen aus ganz Paris zusammen, erzählten sich den neuesten »Klatsch«, gaben die wichtigsten Tips über die Versorgungslage weiter und diskutierten auch lebhaft über politische Ereignisse, daß hier viel über die herrschende Stimmung zu erfahren war. Außerdem beeinflußten die Wäscherinnen ihrerseits die öffentliche Meinung. Sie standen der Revolution und den bisherigen Veränderungen durchaus nicht fremd oder distanziert gegenüber wie die Pariser Marktfrauen, die für eine ganz andere, nämlich königstreue Propaganda bekannt waren. Die Wäscherinnen vertraten linke Positionen. Sie machten sich für Festsetzung von Höchstpreisen (vor allem für Seife) stark, wetterten gegen Spekulanten und Wucherer und verlangten drastische Maßnahmen gegen jede Art von Horterei. Mit ihren Forderungen standen also die erwerbsmäßigen Wäscherinnen mitten in der kleinbürgerlich-plebejischen Sansculottenbewegung, zumal auch viele sansculottische Hausfrauen alle Initiativen zur Senkung des Seifenpreises unterstützten, benötigten sie doch ebenfalls dringend Seife. Daher ist es auch nicht verwunderlich, daß die von den Pariser Wäscherinnen gewählten Aktionsformen zu den der Sansculottenbewegung typischen rechneten.

Seife zog die öffentliche Aufmerksamkeit immer mehr auf

sich, weil sich ihr Preis in kürzester Zeit verdoppelt hatte. Dies mag wohl eine Folge der kriegsbedingten zunehmenden Schwierigkeiten des Kolonialhandels gewesen und auch noch durch die inflationäre Entwicklung im Lande selbst begünstigt worden sein. Als im Februar 1793 auch noch der Brotpreis für neue Aufregung sorgte, wurde in vielen der 48 Pariser Sektionsversammlungen wieder heftig über Preise und Mangel der notwendigen Bedarfsgüter debattiert. Unter den verschiedenen auf Preisregulierung gerichteten sansculottischen Initiativen, die sich aus diesen Diskussionen entwickelten, war auch eine der Wäscherinnen, die am 21. Februar 1793 im Generalrat, der öffentlichen Sitzung des Pariser Stadtrats, vorstellig wurden, um den Festpreis für Seife und energische Maßnahmen gegen die Kolonialwarenhändler als die wahren Urheber der Teuerung zu fordern. Die Reaktion auf ihren Vorstoß scheint ihren Erwartungen nicht entsprochen zu haben. Daß sich linke Stadtratsvertreter wie der Ratsvorsitzende Chaumette oder sein Vize Hébert, auch Herausgeber des volkstümlichen Blattes »Le Père Duchesne«, ihrer Analyse anschlossen und sogar die Todesstrafe für Wucherer forderten, hinderte offenbar nicht, daß die Unruhe unter den Frauen wuchs. Die Ratsvertreter taten alles, um die aufgebrachten Wäscherinnen zu beschwichtigen und den Konvent als angemessenes Forum für Petitionen der Bevölkerung ins Spiel zu bringen. Einer solch legalen Vorgehensweise sicherte der Rat seine politische Unterstützung zu. Auch am Jakobinerklub ging die zunehmende Beunruhigung der Frauen nicht spurlos vorüber. So verlangte eine Frauenabordnung aus der Sektion Quatre-Nations am nächsten Tag einen Raum, um über eine Petition zur Versorgung zu beraten. Als der Konventsabgeordnete L. Bourdon den Klub vor einem Komplott warnte, die Frauen wegen der Seifenteuerung aufzuhetzen, kam es auch hier zu tumultartigen Szenen. Augenscheinlich gab es also verschiedene Initiativen zum selben Thema. Bei Informationsaustausch wie Koordinierung spielten die Wäscherinnen sicherlich eine besondere Rolle. Schon zwei Tage später beantragten sie im Generalrat eine offizielle Genehmigung für ihre an den Konvent gerichtete Petition gegen Wucherer. Da sie einer derartigen

»Absegnung« aber gar nicht bedurften und sie selbst das fraglos wußten, scheint es, als wollten sie sich des Forums der Ratsversammlung nur ein weiteres Mal zur Propagierung ihrer Ziele bedienen. Denn wenig später schon konnte man sie im Konvent erleben, wo gerade ein Vertreter der Montagnards die Seifenunruhen in die »konterrevolutionäre« Ecke geschoben hatte, unter dem Motto: »Um Unruhe zu stiften, schickt man die Frauen vorweg, bringt sie zum Schreien; dann kommen die Männer zum Vorschein und machen die Bewegung« (Dok. 53); eine typische Erklärung, mit der führende bürgerliche Revolutionäre unbequeme Volksbewegungen gern abzukanzeln versuchten, um sie politisch zu schwächen und zu diskreditieren. Aber die Wäscherinnen gaben sich so schnell nicht geschlagen. Ihre Petition ließen sie vom Sekretär verlesen, da sie selbst nicht das Recht dazu hatten (Dok. 53). Ihre Kritik an der allgemeinen Teuerung und jener der Seife im besonderen, stieß auf ebensowenig Gegenliebe wie ihre Forderung nach einer Todesstrafe für Wucherer und Spekulanten. Nicht genug damit, daß sie keinen ehrenvollen Abschied erhielten, sie wurden vom Konventspräsidenten auch noch für die Preissteigerungen verantwortlich gemacht und ihre Petition nur an den Handels- und Finanzausschuß überwiesen. So entlassen, sagten sie noch in den Gängen zu allen, die es hören wollten: »Man vertagt uns auf Dienstag [den 26. Februar]. Wir aber, wir vertagen uns auf Montag [25. Februar]. Wenn unsere Kinder von uns Milch verlangen, können wir sie auch nicht auf Übermorgen vertrösten.« (Zit. nach: Révolutions de Paris, n° 190 (23. Februar 1793 bis 2. März 1793), S. 390).

Die Empörung breitete sich aus. Und nachdem sich die Waffen der legalen Interessenvertretung als stumpf erwiesen hatten, wurde ohne langes Zögern der Weg zu illegalen Aktionen beschritten. Bereits am Nachmittag des 24. Februar fand der erste Zwangsverkauf von Seife statt, über dessen Verlauf und Motive das Verhör mit der beteiligten Arbeiterin Jolivet näheren Aufschluß gibt (Dok. 54).

Der folgende Tag stand ganz im Zeichen eines Paris sukzessiv erfassenden Sturms auf die Kolonialwarenläden, auf dessen Formen und Verlauf wir schon eingingen (Kapitel 6). Frauen stellten hier die Führung und auch die Mehrheit der Beteiligten. An diesem Tag richtete sich das Augenmerk der Preisfestsetzerinnen allerdings mehr auf Zucker, Kerzentalg oder Kaffee; Seife rangierte weit dahinter.

Interessanterweise hatten sich im Pariser Zentrum noch am Vormittag etwa 40 Frauen versammelt, die den Konvent neuerlich unter Druck setzen und ihrer Petition vom Vortag Nachdruck verleihen wollten. Ob es sich dabei um jene der Wäscherinnen oder eine andere gleichen Tenors gehandelt haben mag, ist ziemlich unerheblich, weil die beiden Petitionen inhaltlich weitgehend übereinstimmten. Allerdings befand sich unter den verhafteten Frauen keine Wäscherin, was darauf schließen läßt, daß sie hier zumindest nicht an vorderster Front wirkten. Hätten es diese Frauen aber geschafft, wie sie es wohl geplant hatten, mit vielen tausend Pariserinnen zur Nationalversammlung zu marschieren, so hätte der 25. Februar 1793 vielleicht einen anderen Verlauf genommen (Dok. 55).

Am nächsten Tag war die Protestbewegung noch nicht gänzlich am Ende, allerdings unter Kontrolle. Auch Wäscherinnen versammelten sich auf dem Platz Maubert und forderten lautstark, man solle ein Seifenlager plündern. Aber die Nationalgarde schritt sofort ein, und so kam es nicht dazu.

Wenn im Laufe des Frühsommers 1793 der Seifenmangel keine Bewegungen mehr hervorgerufen hat, so nicht deshalb, weil das Problem beseitigt worden wäre; die politischen Ereignisse überstürzten sich, und drängendere Fragen beschäftigten die Hauptstadt: Der Krieg weitete sich aus, im Westen Frankreichs begann der Aufstand der Vendée; die Aushebung der 300 000 Soldaten lief an; in Paris kam es im März zu einem Angriff gegen girondistische Verleger; der populäre »Volksfreund«, der jakobinische Pariser Konventsabgeordnete Marat wurde verhaftet, dann aber von allen Anklagepunkten freigesprochen; der erste Wohlfahrtsausschuß des Konvents wurde eingerichtet; ein Getreidehöchstpreis, das sog. kleine Maximum, wurde auf Druck auch vieler Bürgerinnen aus Versailles, die in Umkehrung der »Oktobertage« jetzt nach Paris gekommen waren, eingeführt; die politischen Auseinandersetzungen zwischen gemäßigten Konventsabgeordneten, den »Girondisten«, die von ihrem großbürgerlichen Programm kaum Abstriche zugunsten des von den Sansculotten als Grundrecht reklamierten »Existenzrechts« machen wollten, und den Montagnards nahmen zu. Letztere zeigten sich angesichts der die Revolution von innen und außen bedrohenden Gefahren und die dadurch bedingten enormen Belastungen vieler Franzosen bereit, unter dem Eindruck von Volksbewegungen auch an den essentials bürgerlicher Wirtschaftspolitik zu rütteln. Als es girondistische Abgeordnete dann noch wagten, wichtige linke Pariser Volksvertreter zu verhaften, kam es zu einer konzertierten Aktion von Pariser Sansculotten, Stadtrat und den Jakobinern im Konvent mit dem Ergebnis, daß Anfang Juni 1793 die wichtigsten girondistischen Abgeordneten aus dem Konvent ausgeschlossen und verhaftet wurden. Vielen von ihnen gelang aber die Flucht, und sie bemühten sich nicht ohne Erfolg, Aufstandsbewegungen gegen den Konvent hervorzurufen. Auch wenn diese z. T. nur einige Monate währten, so belasteten sie doch die allgemeine Lage erheblich, beeinträchtigen den Binnenhandel sowie die militärischen Operationen und Aushebungen. Und das zu einer Zeit, als die sansculottische Volksbewegung so hohe Erwartungen in die unverzügliche Erfüllung ihrer Forderungen gesteckt hatte. Es ist bezeichnend, daß unmittelbar nach der Junierhebung wieder Fragen von Teuerung und Mangel in den Vordergrund traten. Sicherlich hing dies auch mit dem weiteren Verfall der revolutionären Währung, der Assignaten, zusammen, die auf 36% ihres Nominalwertes gesunken war. Plötzlich kursierten wieder Gerüchte, daß Übergriffe auf Kolonialwarenläden zu befürchten seien, und auch die Schlangen vor den Bäckern nahmen wieder zu. Da kam es zwischen dem 25. und 28. Juni 1793 – also relativ lange – in Paris zu Seifenplünderungen bzw. Zwangsverkäufen, vor allem in den Pariser Häfen St. Nicolas und Grenouillère, aber auch in den Straßen. Frauen hielten Fuhrwerke an, durchsuchten diese nach Seifenladungen, und sobald sie fündig geworden waren, verkauften sie die Seife zu Festpreisen (Dok. 56). Wie auch schon im

Februar 1793 konnte (oder wollte) die Nationalgarde nichts ausrichten; sie scheiterte an Übermacht, Einmütigkeit und Entschlossenheit der beteiligten Frauen. Zwar wurden in den drei Tagen 15 Frauen verhaftet, aber in der Regel gingen auch sie straffrei aus, und die betroffenen Händler erbaten Entschädigungen für die erlittenen Gewinneinbußen. Dieser glimpfliche Ausgang lag sicherlich auch daran, daß sogar im Konvent ein gewisses Verständnis laut wurde: Zwar wurden die Urheber der Krawalle einmal mehr in den Reihen der »Konterrevolutionäre« gesucht, aber als die Wäscherinnen neuerlich die Höchstpreise für notwendige Bedarfsgüter in Vorschlag brachten, wurde diese Möglichkeit ernster als bisher erwogen. Auch der Innenminister, der der Seife die Lebensnotwendigkeit nach wie vor absprach und sich damit das Buhen der Tribünenbesucherinnen einhandelte, konnte den Gesamteindruck nicht verwischen.

Wenn die Unruhen am 28. Juni ein vorläufiges Ende fanden, nachdem der Rat auf den Vorschlag einer Frau hin, daß man Seife für 20 Sous das Pfund verkaufen solle, unter Protest zur Tagesordnung übergegangen war, so resultierte das weniger aus einer erfolgreichen Repression als vielmehr aus dem spontanen Charakter, der derartigen Zwangsverkäufen zumeist anhaftete. Die Beendigung der Taxierungsaktionen mag darüber hinaus mit der Intervention der »Revolutionären Republikanerinnen« (vgl. Kapitel 8) im Zusammenhang stehen, die ihren ganzen Einfluß aufboten, um den Plünderungen Einhalt zu gebieten – sehr zur Freude der Departementsverwaltung, die sie dafür in den höchsten Tönen öffentlich lobte (Dok. 64).

Es war das Produktionsmittel Seife, das die professionellen Wäscherinnen mit den Hausfrauen verband und zwar insofern, als beide ein Interesse am niedrigen Preis hatten: Für die Wäscherinnen hatte eine Teuerung direkte Folgen für die Höhe ihrer Einnahmen, und letztlich stellte sich für sie gar das Problem, ob sie überhaupt noch die teure Seife erwerben konnten, um ihren Beruf auszuüben. Damit war ihr gesamter Lebensunterhalt von der Höhe des Seifenpreises direkt abhängig. Die Hausfrauen benötigten zwar nicht soviel Seife wie die Wäscherinnen, für sie gingen aber die Ausgaben für Seife auch vom

Budget ab, das unter der allgemeinen Teuerung stark litt, da die Löhne der Handwerker in keinem den Preisen vergleichbaren Maß gestiegen waren. Anfang Juli 1793 kostete Seife in Paris 60 Sous das Pfund (!) und in Zeitungen kursierten Empfehlungen über eine »sparsame Wäsche« ganz ohne Seife. Aus dieser Lage der Dinge entwickelten beide Gruppen Forderungen, die Preise festzusetzen und das Horten zu bestrafen. Kurz: Sie fanden Lösungen, die für die gesamte Sansculottenbewegung typisch waren und die den Prinzipien von Freihandel zuwiderliefen. Im Unterschied dazu standen die Frauen der Pariser Markthallen, die vom freien Handel profitierten, jeder Reglementierung von Preisen oder anderen Handelsrestriktionen feindlich gegenüber. Sie hätten durch eine Realisierung sansculottischer Wirtschaftsprogrammatik sehr viel mehr Nachteile als Vorteile gehabt. Damit steht auch ihre wachsende Gegnerschaft zu all jenen politischen Kräften, die zu Konzessionen an die Volksbewegung bereit waren, im Zusammenhang und ihr Haß auf alle, die sich für die Realisierung dieser einschneidenden Maßnahmen engagierten.

Aber Wäscherinnen und Hausfrauen mußten feststellen, daß auch die Berücksichtigung von Seife im Allgemeinen Maximum (im Katalog der notwendigsten Bedarfsgüter) der Teuerung und Knappheit keinen Einhalt gebot. Insofern verwundert es nicht, daß den Pariser Stadtrat immer wieder Proteste gegen den zu hohen Seifenpreis erreichten und Petitionen vorgebracht wurden, in denen auf seine unverzügliche Festsetzung gedrungen wurde. Auch in anderen Teilen Frankreichs fand dies Unterstützung (Dok. 57). Endlich, zu Beginn des Jahres 1794, wurde der Seifenpreis im ganzen Lande auf 25 Sous das Pfund festgelegt.

Dieser Erfolg, der zu einem Zeitpunkt errungen wurde, als die Volksbewegung schon an Einfluß verloren hatte, zeigt an, wie konsequent, entschlossen, hartnäckig und stur die Wäscherinnen und Hausfrauen an ihrer altbekannten Forderung festhielten und diese »Koalition« ernst genommen wurde. Als sich danach aber ein lukrativer Zwischenhandel entwickelte, um die zum Höchstpreis erworbene Seife teurer weiterzuverkaufen, und dies wiederum zur Folge hatte, daß kaum noch Seife zum

Höchstpreis erhältlich war, worunter die Wäscherinnen in erster Linie litten, da wurde Seife rationiert und nach behördlicher Maßgabe zugeteilt (Dok. 58), wobei natürlich auch diverse Schwierigkeiten auftraten (Dok. 59). Daß die Seife nach Brot und Fleisch im Jahre 1794 schließlich offiziell zu den existenziell notwendigen Bedarfsgütern gezählt wurde, ist Ergebnis der hartnäckigen konzertierten Aktion von Wäscherinnen und Hausfrauen als Teil der Sansculottenbewegung. Das politische Gewicht der Wäscherinnen, das sie durch ihr ständiges Gespräch mit zahllosen Frauen hatten, ihre hervorragenden Informationen über politische, soziale und ökonomische Probleme in ganz Paris, ihre Möglichkeiten schließlich, als Schlüsselfiguren im außerparlamentarischen, volkstümlichen Raum gezielt auf die öffentliche Meinung Einfluß zu nehmen, mögen dazu beigetragen haben.

51. Der Maurer und die Wäscherin, (o. J.)

Aus der Bildunterschrift:

Unter den Handwerkerinnen, die wir bevorzugt ausgesucht haben: Die Wäscherin. Sie wird ihrem Stand entsprechend angezogen vorgestellt, eine mit Wäsche beladene Kiepe tragend und die Schlagbürste in der Hand. Die Wäscherinnen sind fast die einzigen [Handwerkerinnen], die sich versammeln und in Paris eine Art Gemeinschaft bilden. Sie feiern am Mittfasten mit großem Trara ein Fest. An diesem Tag wählen sie sich eine Königin und stellen ihr einen Knappen zur Seite. Der Zeremonienmeister ist gewöhnlich ein Wasserträger. Wenn der Festtag gekommen ist, begibt sich die Königin in Begleitung ihres Knappen in ein Boot, wo Spielmänner auf sie warten. Dort wird getanzt, und sie ist es, die den Ball eröffnet. Das Tanzvergnügen dauert bis fünf Uhr abends. Die Kavaliere unternehmen es, ihnen eine Mietkarosse kommen zu lassen. Die Königin besteigt sie mit ihrem Knappen, und der ganze fröhliche Haufen folgt zu Fuß. Er begleitet sie in ein Gasthaus, um sich während der ganzen Nacht zu amüsieren.

Wäscherinnen auf den typischen Pariser Waschkähnen

52. Polizeibeobachter Le Harivel über einen Unfall, 9. Pluviôse II (28. Januar 1794):

Ein Kahn, auf dem sich ungefähr 70 Wäscherinnen befanden, hatte sich heute abend zwischen den Brücken Pont royal und Pont neuf losgerissen, bis Kähne, die nur mit Schwierigkeiten zusammen zu bringen waren, endlich dorthin kamen, und es ihnen gelang, diese Bürgerinnen zu retten, die seit langer Zeit vergeblich geschrien hatten: »Hilfe! Wir gehen unter!« An beiden Flußufern befanden sich sehr wenige Leute. Nur zwei Personen hatten diesen Unfall bemerkt und durch ihre wiederholten Schreie bewirkt, daß die zwei Kähne ihnen zu Hilfe kamen. Andere Bürger hörten es wohl auch schreien, aber sie sagten: »Merkt Ihr nicht, daß sie [die Wäscherinnen] sich wieder einmal zanken?«

Caron, Paris, Bd. 3, S. 194.

53. Aus der Konventssitzung vom 24. Februar 1793

[Der jakobinische Konventsabgeordnete Tallien behauptete, man bereite in Paris eine Versorgungsunruhe vor und sagte u. a.:]

»Vorgestern wurde ich bei einer Gruppe von Frauen vorstellig. Sie besprachen sich, um euch eine Petition zu unterbreiten, mit der der Festpreis für Seife erreicht werden soll. Ich bemühte mich, sie von ihrem Vorhaben abzubringen. Es fiel mir nicht schwer festzustellen, daß es sich nicht um Patrioten, sondern um Handlungsgehilfen handelte, die von den Aristokraten in Bewegung gesetzt worden waren. Ich schrieb dem Bürgermeister. Er erinnerte mich daran, was schon so oft passiert ist. Um Unruhe zu bewirken, schickte man die Frauen voraus, man brachte sie zum Schreien. Dann erschienen die Männer und machten die Bewegung. . .«

[Später in derselben Sitzung:]

Eine Abordnung von Bürgerinnen Wäscherinnen aus Paris erscheint an der Schranke [für Bittsteller].

Der Sekretär Mallarmé verliest ihre Petition, die folgendermaßen abgefaßt ist:

»Gesetzgeber! Die Pariser Wäscherinnen kommen in die geweihte Stätte der Gesetze und des Rechts, um ihre Besorgnisse darzulegen. Nicht genug damit, daß die lebensnotwendigen Güter überteuert sind, auch die Gebrauchsgüter, die der Wäscherei dienen, sind in einem solchen Maße teurer geworden, daß die ärmste Bevölkerungsklasse sich bald nicht mehr mit weißer Wäsche wird versorgen können, auf die sie absolut nicht verzichten kann. Es liegt nicht daran, daß diese Ware [Seife] fehlte, es gibt sie im Überfluß. Es liegt am Wucher und an der Spekulation, daß sie so teuer geworden ist. So kommt die Seife, die seinerzeit 14 Sous das Pfund kostete, heute auf 22 Sous – welch ein Unterschied!

Gesetzgeber, Ihr habt den Kopf des Tyrannen unter dem Schwert des Gesetzes fallen lassen,[1] möge dieses Schwert der Gesetze jetzt auf den Kopf dieser öffentlichen Blutsauger niedergehen, auf diese Männer, die sich stets zu Freunden des Vol-

162

kes erklären,[2] es aber nur streicheln, um es besser ersticken zu können. Wir fordern die Todesstrafe für die Wucherer und Spekulanten.«

Der Präsident:[3] »Bürgerinnen, der Konvent wird sich mit dem Gegenstand Eurer Sorgen beschäftigen. Aber eines der Mittel, den Preis der Waren zu erhöhen, besteht darin, den Handel zu erschrecken, indem man ohne Unterlaß über Wucher klagt. Die Versammlung lädt euch ein, der Sitzung beizuwohnen.«

[Der Konvent verweist die Petition an das Handels- und Finanzkomitee.]

1 Ludwig XVI. wurde am 21. Januar 1793 hingerichtet.
2 Sicherlich auch eine Anspielung auf die Anhänger der absoluten Handelsfreiheit, die »Girondisten«, die am 8. Dezember 1792 diese per Gesetz proklamiert hatten.
3 Die Präsidenten des Konvents wurden aus der Mitte der Abgeordneten für zwei Wochen gewählt. In dieser Sitzung amtierte der Jakobiner Dubois Crancé.

Archives parlementaires, Bd. 59, S. 141; 151 f.

54. Tumult bei einem Kolonialwarenhändler am 24. Februar 1793

Als es fünf Uhr abends war, haben wir uns, Silvain Guillaume Roula, Polizeikommissar der Sektion Arsenal, und André Louis Caissouet, Registrator dieser Sektion, in Begleitung der bewaffneten Macht dieser Sektion zum Quai des Armes begeben. Als wir den Laden des Kolonialwarenhändlers Bürger Rousseau erreichten, bemerkten wir dort einen gewaltigen Auflauf von Bürgern und Bürgerinnen, die wegen des Zucker- und Seifenpreises laut herumschrien und Unordnung stifteten.

Wir beobachteten ungefähr fünf Minuten lang eine Bürgerin, die so gekleidet war, daß sie nicht den Eindruck von Armut erweckte. Mit großer Heftigkeit feuerte sie Lärm und Entrüstung an.

Deshalb haben wir gemäß dem Gesetz die bewaffnete Macht in Anspruch genommen. Sie führte die Forderung aus, diese Bürgerin festzunehmen und zum Sektionskomitee zu führen.

Nachdem wir dort angekommen waren, fragten wir sie nach ihrem Vornamen, ihrem Alter, ihrem Geburtsland und ihrer Wohnung.

Sie gab uns zur Antwort, mit Vornamen Anne Marie Louise Joulivet nach ihrer Mutter und Delauillème nach ihrem Vater zu heißen, 26 Jahre alt zu sein, in Paris geboren, Arbeiterin und im 4. Stock des Hinterhauses des Pastetenbäckers Bürger Bordeau in der Rue de Monceau 20 wohnhaft. Auf die Frage, warum sie den Lärm durch verschiedene Äußerungen angefeuert habe, erwiderte sie, zwar erklärt zu haben, daß der Seifenpreis von 32 Sous wirklich viel zu hoch sei; sie habe jedoch gleichfalls gesagt, ein Preis von 12 Sous, wie ihn die Menge forderte, sei viel zu niedrig. Ihrer Meinung nach schienen 16 Sous angemessen.

Was den Zucker betreffe, so sei das eine leichter zu entbehrende Ware, und man dürfte die Händler nicht dazu zwingen, diese zu einem niedrigeren Preis abzugeben. Als wir ihr die Frage stellten, ob es nicht zutreffe, daß sie gesagt habe, daß man sich an den Händlern rächen müsse, weil sie Wucherer seien, antwortete sie, daß dies nicht wahr sei, worauf sie ihr Wort als gute Patriotin gebe.

Wir hielten ihr vor, wie sie uns eine solche Antwort geben könne, wo wir sie doch dieses hätten sagen hören. Darauf erwiderte sie, wir müßten uns getäuscht haben. Sie hätte lediglich ihr Erstaunen darüber geäußert, daß die Waren so teuer seien, obgleich in den Läden so viel davon vorhanden sei. Wir haben sie gefragt, ob sie jemanden kenne, der sie zu solchem Verhalten im Aufruhr veranlaßt habe. Sie antwortete, niemanden zu kennen und von niemandem, wer es auch sei, beeinflußt worden zu sein.

[Zu genaueren Ermittlungen wird sie an ihre Heimatsektion, Maison Commune, überführt, wo sie einen guten Leumund genießt. Gegen acht Uhr abends führt der dortige Polizeikommissar ein neuerliches Verhör durch, in dem u. a. folgender Dialog geführt wird:]

Wir haben die genannte Jolivet aufgefordert, uns zu erklären, mit welchem Motiv und in welcher Absicht sie sich vor den

Laden des Kolonialwarenhändlers begeben habe. Sie erkärte uns, daß sie – weit davon entfernt, die Öffentlichkeit aufzuwiegeln und Aufruhr zu stiften –, die erste gewesen sei, den Umstehenden vorzuhalten, wie sehr ihr Verhalten zu verurteilen sei. Es sei aber auch wahr, daß sie gesagt habe, wie schrecklich es sei, die Waren zu solch überhöhten Preisen zu verkaufen, daß sie selbst aber überhaupt keine schlechte Absicht gehabt habe.

[Aufgrund des guten »Führungszeugnisses« wird sie wieder auf freien Fuß gesetzt.]

Archive de la Préfecture de Paris (A. P. P.) Sektion Arsenal A A 69 f.

55. Demonstrationsvorhaben von Sansculottinnen (25. Februar 1793), Verhör des Polizeikommissars aus der Sektion Tuiléries

Der Polizeikommissar Charbonnier berichtete von der Verhaftung zweier Bürgerinnen, »die sich an der Spitze einer Versammlung mehrerer Frauen befunden hätten. Alle Bürgerinnen, die sich auf dem Platz Caroussel befunden hätten, seien von ihnen aufgefordert worden, ihnen zu folgen. Es seien etwa 40 Frauen gewesen, die sich zur Wache der Straße St. Nicaire begeben hätten. Dort hätten sie vom Kommandanten des besagten Postens verlangt, ihnen einen Trommler zur Verfügung zu stellen, der an ihrer Spitze marschieren sollte...« [Dazu der Kommandant:] Die zwei hier anwesenden Bürgerinnen hätten sich bei ihrer Wachmannschaft gemeldet, begleitet von ungefähr 40 Frauen. Sie hätten vom Serganten einen Trommler verlangt, der an ihrer Spitze marschieren sollte, um zum Nationalkonvent zu marschieren und die Ausführung ihrer Petition zu fordern, die sie bezüglich der Lebensmittel präsentiert hatten. Als der Kommandant ihnen erwidert habe, daß man ihnen keinen Trommler zur Verfügung stellen könne, hätten sie geantwortet, daß sie einen wollten – mit oder ohne Gewalt.

[Um einem Aufstand zuvorzukommen, hätten sie die Frauen verhaftet und zum Polizeikommissar geführt.]

Ein Schneider sagte als Zeuge aus:

»Die jüngste der hier anwesenden Bürgerinnen habe heute morgen auf der Terrasse der Tuiléries gesagt, daß man alle Abgeordneten, die nicht für den Tod des Königs gestimmt hätten, in ihre Departements heimschicken müsse. Die dort anwesenden Bürger hätten ihr gesagt, daß sie dies nichts anginge, daß sie lieber weggehen solle. Diese Bürgerin habe daraufhin gesagt: ›Laßt uns einen Trommler holen.‹«

Und wenn sie keinen Trommler fänden, würden sie auf einen Kirchturm steigen und die Sturmglocke läuten, mit ihren Stiefeln oder mit einem Hammer, mit dem sie sich auszurüsten gedächten. Sie habe gesagt: »Wir lassen uns auf keinen Fall zu Brei machen.« Der Zeuge habe sie bis zu diesem Polizeikomitee verfolgt. . .

[Verhör mit den beiden verhafteten Bürgerinnen.]

Sie antwortete: Sie heiße Marie Gesuisses, sei 24 Jahre alt, in Mayenne geboren, Köchin oder Zimmermädchen, wegen einer eben erlittenen Krankheit ohne jede Anstellung, wohnhaft in der Rue Saint Honoré, Cour du Charroie, Sektion Butte des Moulins.

Warum sie zum Polizeikomitee geführt worden sei?

Weil sie einen Trommler gefordert habe, der an ihrer Spitze marschieren und die Frauen neuerlich versammeln sollte, die gestern im Konvent gewesen wären. Alle sollten zum Konvent gehen, um die Antwort auf ihre Petition zu verlangen. Auf die Frage, warum sie heute morgen auf der Terrasse der Tuilérien gesagt habe, daß man alle Deputierten in ihre Départements zurückschicken müsse, die nicht für den Tod des Königs gestimmt hätten, antwortete sie, daß sie gestern abend einen Bürger dieselbe Bemerkung habe machen hören. Dieser sei von allen Bürgern, die sich im Tuilérienpark befunden hätten, mit Beifall bedacht worden. Daher habe sie es für nützlich gehalten, diesen Vorschlag zum Allgemeinwohl aufzugreifen. Ihr wurde zu bedenken gegeben, daß es in einem Moment der Unordnung und in einer so besuchten Gegend wie in den Tuilérien nicht angezeigt wäre, derartige Reden zu führen, weil das Unruhen auslösen könnte. Sie antwortete, daß sie Unrecht getan habe.

Sie habe nicht vermutet, daß dadurch Unruhen ausgelöst werden könnten, sie habe es vielmehr ganz unschuldig getan. Auf die Frage, warum sie die Sturmglocke habe läuten wollen, antwortete sie, daß sie bei den Jakobinern gehört habe, daß es Zeit wäre, ein Gesetz zu fordern, das die Wucherer mit dem Tode bestrafe [...]

[Das Verhör mit der anderen Bürgerin.]

...Sie antwortete, Marie Françoise Sijournée, Frau Lemille, zu heißen, wohnhaft in der Rue des Boucheries bei Le Patissier, ehemals Perückenmacherin, gebürtig in Fabaise. Auf die Frage, aus welchen Gründen sie bei der Wache einen Trommler gefordert habe, antwortete sie, daß eine Verabredung mit Frauen der anderen Sektionen bestanden habe, zum Konvent zu gehen, um dort eine Petition wegen des Lebensmittelmangels vorzulegen. Der Trommler sollte sie [die Frauen] zusammenrufen. Sie möchte zu bedenken geben, daß sie zum Kommandanten gesagt habe, daß sie, wenn das Gesetz es verböte, daß sie sich eines [Trommlers] bedienten, sich dem fügen würde. Auf die Frage, ob sie nicht einige Frauen angehalten habe, um sich ihnen anzuschließen, bejahte sie dies, dies sei aber stets in patriotischer Absicht geschehen. Auf die Frage, ob ihr in Gruppen auf der Feuillants-Terrasse nicht geraten worden sei, die Sturmglocke zu läuten, verneinte sie dieses. Sie gehe im Gegenteil allen aristokratischen Einflüsterungen aus dem Wege, überhaupt könne sie niemand eines derartigen Verbrechens beschuldigen; die Petition, die sie hätte vorlegen sollen, sei von ihnen allen bei den Jakobinern beschlossen worden; ihr Patriotismus sei im übrigen bekannt ebenso wie jener ihres Ehemannes, der seinen Posten nur deshalb verloren habe, weil er ebenso wie sie darauf beharrt habe, unverdrossen die Auffassungen der Aristokraten zu bekämpfen, die zu ihnen gekommen seien, um sich die Haare machen zu lassen...

[Alle unterschrieben die Protokolle; die beiden Frauen werden unter Vorbehalt wieder auf freien Fuß gesetzt.]

Archive de la Préfecture de Paris (A. P. P.) A A 248 Tuiléries, v. 66—v. 69 (Mss)

56. Seifenzwangsverkauf in der Sektion Champs-Elysées (26. Juni 1793)

Gegen 2.30 Uhr am Nachmittag wurden Angestellte des Revolutionshafens, drei Gendarme und einige Bürgerinnen, die vom Volk dafür ausgewählt worden waren, beim Sektionskomitee vorstellig.

[Es müssen die Wagenpapiere eines mit 14 1/2 Kisten Seife beladenen Wagens überprüft werden, die besagen, daß die Ware nach Versailles abgehen soll.]

Dieser Wagenbrief schien uns nicht den Formalitäten zu genügen und war nicht einmal auf dem vorgeschriebenen Formular geschrieben. Die Bürgerinnen – es hatten sich mehr als 1200 Frauen versammelt – bekundeten ihre Absicht, die Seife für 20 Sous das Pfund an sich selbst zu verteilen. Auf keinen Fall wollten sie es zulassen, daß das Fuhrwerk zur Bürgermeisterei gebracht würde. Sie wollten mit aller Kraft verhindern, daß das Gefährt die Sektion verließ. Wir haben die Polizeiverwaltung schriftlich über diese Lage unterrichtet.

Während der Bericht der Bürgermeisterei überbracht wurde, wuchs die Ansammlung von Minute zu Minute. Das Gebrüll ließ eine Plünderung befürchten. Das [Sektions-] Komitee erteilte Befehl, die Seifenkisten in einem der unteren Säle des Komitee[gebäudes] zu verstauen. Gegen fünf Uhr kam die Antwort aus der Bürgermeisterei sowie der Bürger About, Friedensrichter. Er war beauftragt, den Wagen zur Bürgermeisterei zu überführen. Aber die Bürgerinnen, die zu diesem Zeitpunkt in einer noch viel größeren Zahl versammelt waren, widersetzten sich dem. Die Menge ergoß sich auf das ganze Haus, auch in jene Säle, in denen gemeinhin die Sektionsversammlungen stattfanden. So war es unmöglich, die dort verstauten Seifenkisten wegzubringen, ohne schreckliche Ausschreitungen heraufzubeschwören. Vergeblich versammelte sich das Komitee. Trotz seiner brüderlichen Vorbehalte mußte es den noch lauteren Schreien der Frauen weichen. Sie verlangten, daß ihnen Seife für 20 Sous das Pfund ausgehändigt werden sollte. Die Verteilung [der Seife], die um fünf Uhr begann, wurde um halb zehn beendet, ohne daß es irgendein Unglück gegeben hätte. Alles wurde bezahlt, bis auf wenige Plündereien, die durch die Dunkelheit begünstigt wurden. Folglich nahm das Komitee aus dem Seifenverkauf bei 20 Sous das Pfund 2011 Livres fünf Sous ein. [Davon erhielt der Wagenführer vier Livres Lohn und 50 Sous Trinkgeld, wie vorher vereinbart.]

Archive de la Préfecture de Paris (A. P. P.) A A/127 f. 121 f.

57. Bericht von Heudier an Innenminister Paré (Oktober 1793) aus Caen:

[Das Maximum wird vielerorts nicht eingehalten.]

Genauso verhielt es sich mit den notwendigen Lebensmitteln und Bedarfsgütern. Ich traf am 7. [Oktober], zwei Meilen von Caen entfernt, drei Frauen, die von dort kamen und zu mir sagten: »Aber, guter Herr, was soll nur aus uns werden? Wir kommen aus Caen. Dort kriegt man nichts. In den Geschäften herrscht schrecklicher Lärm. Ich wollte nur ein kleines Stück Seife haben und habe es nicht bekommen.« Ich gab ihnen Ratschläge und sagte zu ihnen, daß Geiz und Gier der Kaufleute, die sich mit den Adligen absprächen, um das Volk zu ermüden und zu besiegen, schuld wären, daß aber die Beamten des Volkes diese überwachen, zur Raison bringen und bestrafen würden. Diese guten Frauen gingen so zufrieden von dannen, als hätte ich ihnen das gegeben, was sie benötigten. Ich hörte, wie sie sagten: »Aber seht doch, wie dieser gute Herr zu uns gesprochen hat! Oh, er hat recht, es ist notwendig, daß sie es schaffen.« Am selben Abend hörte ich in der Coupée-Straße in Caen zwei Frauen, die einen Diener bei sich hatten. Die eine sagte zur anderen: »Hast Du genug Seife?«, worauf sie mit Nein antwortete. »Ich habe an Dich gedacht,« sagte die erste, »ich habe für uns beide.« Derselbe Mangel zeigte sich auch in Lisieux. Ich habe vorgeschlagen, daß Mitglieder des Sicherheitskomitees bei Händlern Hausdurchsuchungen veranlassen und versuchen, die Verstecke ausfindig zu machen. Es wird gesagt, daß auch die Bauern ihr Getreide verstecken.

Caron, Rapports, Bd. 2, S. 55.

58. Polizeibeobachter Jarousseau am 26. Januar 1794 über Probleme bei der Seifenverteilung:

Die Leute beschweren sich darüber, wie schlecht die Seife verteilt würde. Es wäre wichtig, zu wissen, welche Verwendung all jene dafür haben, die diese so häufig einkauften. Es gibt Leute, die sie einfach mitnehmen, ohne sie wirklich zu brauchen; insbesondere Wäscherinnen (sic!), Tagelöhner, und zwar aus dem Grunde, um sie mit Gewinn weiterzuverkaufen. Das hat zur Folge, daß die Großwäscherinnen nicht genug [Seife] für ihren großen Eigenbedarf haben. Diese Mißbräuche müssen abgestellt werden, damit Ruhe einkehrt.

Caron, Paris, Bd. 3, S. 160 f.

59. Polizeibeobachter Prevost am 3. Februar 1794 über Seifenbons:

Gestern verteilte man in der Sektion République [. . .] im Auftrage des Zivilkomitees Seifenbons. Arme Arbeiterinnen und Wäscherinnen schickten ihre Kinder dorthin, um nicht ihren Arbeitstag zu verlieren. Und was wurde daraus? Diese Kinder wurden, nachdem sie solange gewartet hatten, bis sie an der Reihe waren, vom dem Sekretär Barisson weggejagt. Man behauptete, daß er zu dieser Zeit betrunken war. Er bedrohte diese Kinder mit Fausthieben, wenn sie nicht weggingen, auf eine Art und Weise, daß die Frauen fast über ihn hergefallen wären.

Caron, Paris, Bd. 3, S. 311.

8. Kapitel

Die Pariser »Gesellschaft der Revolutionären Republikanerinnen« (Mai bis September 1793)

In vielen Städten Frankreichs entstanden 1789 nach dem Vorbild einschlägiger Männerorganisationen auch Frauenklubs. Zunächst waren es vor allem Frauen aus der liberalen Bourgeoisie, Angehörige der neuen Amtsträger, der Intelligenz, die sich dort zusammentaten, tagespolitische Themen berieten, auch »Frauenfragen« erörterten oder sich karitativen Tätigkeiten widmeten. Nach dem Kriegsausbruch 1792 wurde aus letzteren der Arbeitsschwerpunkt; die Frauenklubs engagierten sich bei Uniformherstellung und -ausbesserung, Betreuung und Versorgung verwundeter Soldaten oder bei der Unterstützung für ins Elend geratene Familienangehörige.

Diese Aufgaben drängten dann frauenspezifische Themen vollends in den Hintergrund; dafür waren sich die Frauen des öffentlichen Lobs gewiß. Eine Massenbasis bei den Sansculottinnen der Städte fanden sie allerdings nicht, weil deren Probleme nicht die ihren waren und sie diese so sehr vernachlässigten, daß sie als politisches Forum für die ärmeren Frauen weitgehend unattraktiv blieben.

Anders die Rolle des wohl bedeutendsten Frauenklubs der Revolutionszeit, der Pariser »Gesellschaft der Republikanischen, Revolutionären Bürgerinnen«. Ihr Schauplatz war die Hauptstadt, ihre Adressaten waren die Klubs und Volksgesellschaften, der Pariser Stadtrat und der Konvent mit seinen Ausschüssen.

In Paris hatte es seit 1789 schon mehrere Vorstöße zur Gründung von Frauenklubs gegeben. Aber die Initiativen der Frauenrechtlerinnen Etta Palm, Théroigne de Méricourt oder Olympe de Gouges (vgl. a. Kapitel 4) blieben ohne größere Resonanz. Da war der Société fraternelle des Deux Sexes (Brüderliche Gesellschaft beider Geschlechter) schon größerer Erfolg

Frauenklub

beschieden: 1790 ins Leben gerufen, existierte sie noch 1794. Politisch rechnete diese Gesellschaft zur Linken. Es ist höchst wahrscheinlich, daß etliche Frauen der »Brüderlichen Gesellschaft« im Mai 1793 der Gesellschaft der Revolutionären Republikanerinnen beitraten. Zu beiden Organisationen fehlen leider Mitgliederzahlen oder Namenslisten; nur vereinzelt erfährt man Namen, Funktionen oder Berufe. Die vielfältigen, zeitraubenden Aktivitäten, die die Revolutionären Republikanerinnen von Beginn an entfalteten, lassen darauf schließen, daß die Masse ihrer Mitglieder unverheiratet war. Viele konnten wohl lesen und schreiben. Allerdings dürften sich unter den »einfachen« Mitgliedern auch etliche Ehefrauen und Mütter befunden haben. Insgesamt schätzt man den festen Mitgliederbestand auf 200 bis 300. Darunter waren Wäscherinnen, Schauspielerinnen, Frauen von Kleinhändlern und Freiwilligen, Hausfrauen und Mütter aus dem sansculottischen Milieu. Mitglied konnte nur werden, wer mindestens 18 Jahre alt war, einen guten Leumund besaß und zwei Bürgen unter den ordentlichen Mitgliedern vorwies. Laut Statut sollte der Klub dazu beitragen, alle Mitglieder zu schulen, die Gesetze und die neuen Verfassungsgrundsätze zu verbreiten, die öffentlichen Angelegenheiten zu beobachten, leidende Menschen zu unterstützen sowie im Falle von Unterdrückung Hilfe zu leisten. Über allem aber rangierte das Ziel, das Vaterland bewaffnet zu verteidigen.

Auch ihr Gründungsaufruf (Dok. 60) bestätigte diese Priorität: Der Bedrohung Frankreichs von innen und außen, der besonderen Gefährdung der Hauptstadt, die ihre eifrigsten Verteidiger an die Grenzen geschickt hatte, wollten sie die bewaffnete Macht mutiger Revolutionärinnen entgegenstellen. Daher appellierten sie an alle Geschlechtsgenossinnen, sich ihres ruhmreichen Oktobers (vgl. Kapitel 3) zu erinnern, ihre Passivität abzulegen und sich wieder aktiver an der Revolution zu beteiligen. Damit Paris nicht in konterrevolutionäre Hände fiele, müßten Frauen die Aufgaben der vielen abwesenden Revolutionäre übernehmen, selbst alles überwachen, kontrollieren und notfalls auch bewaffnet gegen Feinde vorgehen.

Die gesamte spätere Programmatik der Revolutionären Republikanerinnen läßt sich m. E. aus diesem Gründungsaufruf ablesen: Die angestrebte Gleichberechtigung von Frauen war ausgesprochen praxisbezogen. Frauen sollten wie Männer die Republik bewaffnet verteidigen und wie diese zum Zeichen ihrer republikanischen Überzeugung die Kokarde in den Nationalfarben tragen. Politisch waren all jene verdächtig, die sich nicht aktiv in diesem Kampf engagierten. Ökonomisches Feindbild stellten die Hamsterer und Wucherer, die accapareurs, dar, womit sich der Frauenklub vollständig in die sansculottische Volksbewegung einreihte und bald schon großen Einfluß gewann.

Unterzeichnet wurde diese Proklamation, die bislang unentdeckt blieb, von Pauline Léon als Präsidentin. Pauline Léon und Claire Lacombe, eine ehemalige Schauspielerin aus der Provinz, die erst seit dem Frühsommer 1792 in Paris weilte und sich sogleich bei der Erstürmung der Tuilérien am 10. August 1792 durch besonderen Einsatz ausgezeichnet hatte (Dok. 61), waren die beiden führenden Persönlichkeiten, die den Klub während der Dauer seiner kurzen Existenz immer wieder nach außen vertreten sollten. Beide hatten eine enge persönliche Bindung zu einem Vertreter der äußersten Linken, der Enragés, zu Jean Théophile Leclerc, dessen Frau Pauline im November 1793 wurde.

Paulines Lebensbericht (Dok. 62), Anfang 1794 im Gefängnis verfaßt und für ihre Freilassung konzipiert, beschreibt ihren bisherigen politischen Weg so, wie es kurz vor dem Ende der Jakobinerdiktatur opportun gewesen sein muß. Obwohl sie keinerlei Wert darauf legte, die Radikalität der seinerzeit von ihr vertretenen politischen Positionen unter Beweis zu stellen oder genauer auf ihre Rolle im inkriminierten Frauenklub einzugehen, ist ihr Bericht dennoch interessant, weil er bei allen taktischen Retuschen einen tieferen Einblick in die Biographie dieser einflußreichen Revolutionärin gewährt.

Die Revolutionären Republikanerinnen teilten der Kommune am 12. Mai 1793 die Gründung ihres Klubs ganz offiziell mit. Als Tagungsort gaben sie die Bibliothek des Jakobinerklubs an. Das hatte schon eine gewisse Tradition; hier waren im Februar 1793 verschiedene Frauenabordnungen zusammengetreten, um gemeinsame Petitionen zu erarbeiten (vgl. Kapitel 7). Danach präsentierten sie sich dem Jakobinerklub persönlich. Eine gedeihliche Zusammenarbeit mit diesem wichtigsten politischen Klub erschien ihnen wohl realistischerweise als unbedingt erforderlich, wollten sie selbst überhaupt politisch an Einfluß gewinnen. Nicht von ungefähr erlebte sie der Jakobinerklub immer wieder mit Vorschlägen, Anträgen, Initiativen zu den verschiedensten politischen, ökonomischen oder sozialen Fragen. Und zunächst ließ sich diese Zusammenarbeit auch gut an. Aber die Revolutionären Republikanerinnen wandten sich auch an andere Gremien. Noch intenviser und gleichberechtigter verlief ihre Kooperation mit dem radikaleren politischen Pariser Klub, den Cordeliers. So verlangten sie am 19. Mai 1793 zusammen mit Abgesandten der Cordeliers im Jakobinerklub, daß die Maßnahmen gegen Verdächtige im allgemeinen und gegen girondistische Abgeordnete im besonderen verschärft werden sollten. In diesem Sinne agitierten sie auch vor dem Konvent (Dok. 63). Schon damals erregten sie auch mit ihrer

Kleidung öffentliches Aufsehen; denn sie trugen rote Hosen und die gemeinhin Männern vorbehaltenen roten Jakobinermützen. Die Erklärung folgte Ende Mai durch die Bürgerin Lecointre, die den Jakobinern zu bedenken gab, daß die Revolutionären Republikanerinnen »keine dienenden Frauen, keine Haustiere seien, sondern eine Phalanx zur Vernichtung der Aristokratie bilden würden«. Und der Sitzungspräsident wußte dies noch zu schätzen, er beglückwünschte sie sogar dazu.

Angesichts der bedeutenden Rolle, die die Revolutionären Republikanerinnen in der Erhebung vom 31. Mai/2. Juni 1793 spielten – sie hielten Wache am Konvent, verfolgten Girondisten, die zu fliehen versuchten, und schienen an der gesamten Vorbereitung und Koordination beteiligt gewesen zu sein – überrascht diese Wertschätzung von jakobinischer Seite weder vor der Erhebung noch danach. Denn die Revolutionären Republikanerinnen taten ein übriges: Als es Ende Juni 1793 in Paris zu Seifenplünderungen kam (vgl. Kapitel 7), boten sie all ihren Einfluß auf, um diesen illegalen Formen ökonomischer Interessenvertretung von Frauen ein Ende zu bereiten. Und augenscheinlich geschah dies nicht ohne Erfolg, wie es ihnen sogar ganz offiziell bestätigt wurde (Dok. 64). Die Haltung, die die Revolutionären Republikanerinnen in dieser ökonomischen Krisensituation einnahmen, ist in mehr als einer Hinsicht bemerkenswert und illustriert zugleich auch ihre Art, Politik zu machen. Natürlich war es nicht so, daß sie mit ihrer Beschwichtigungstaktik die ökonomischen Forderungen der Frauen nach Festpreisen für Seife und andere notwendige Bedarfsgüter für überflüssig oder falsch erklären wollten; im Gegenteil: In vielen Petitionen setzten sich die Revolutionären Republikanerinnen für Preiskontrollen, Festpreise, für rigorose Maßnahmen gegen Hamsterer, Wucherer, Spekulanten ein. Insofern befand sich ihr ökonomisches Programm mit jenem der Plünderer durchaus im Einklang. Sie drängten allerdings auf politische Lösungen, wollten legale Verbesserungen verankern, um dann – auf die genaue Ausführung der gesetzlichen Bestimmungen zu achten. Ähnlich wie der Enragé Jacques Roux vor dem großen Ladensturm im Februar 1793 die Parole ausgegeben hatte, Ruhe zu bewahren und Geduld zu zeigen, engagierten sich Ende Juni 1793 die Revolutionären Republikanerinnen, um ihren legalen Kampf gegen die Hamsterer und Wucherer nicht zu schwächen. Daß in diesen Tagen derselbe Jacques Roux mit Angriffen auf den neuen Verfassungsentwurf sich vehemente Kritik der Montagnards im Konvent einhandelte, gerade auch mit seinen überaus kritischen Bemerkungen zur notwendigen Verankerung des Existenzrechts, skizziert den politischen Hintergrund, vor dem die öffentliche Belobigung der Revolutionären Republikanerinnen gesehen werden muß. Das öffentliche Lob verfehlte seine Wirkung nicht: Anfang Juli 1793 setzten sie sich für die Annahme der Verfassung ein und grenzten sich damit auch von Jacques Roux ab. Allerdings vollzogen sich im weiteren Verlauf des Monats Juli Annäherungen an die Enragés, insbesondere deshalb, weil die Montagnards den Volksforderungen gegenüber eine härtere Gangart einschlugen.

Mitte Juli 1793 wurde der radikale Pariser Konventsabgeordnete Jean-Paul Marat von einer Frau aus Caen, Charlotte Corday, ermordet. Seine populäre Zeitung, L' Ami du Peuple (Der Volksfreund), die er seit 1789 täglich herausgegeben hatte, offenbarte, daß er zu den wenigen Abgeordneten zählte, die sich in all den Jahren der Revolution treu geblieben waren. Durch sein tagtägliches aufopferungsvolles Engagement, das ihm persönlich keinerlei Vorteile eingebracht, sondern nur die Zahl seiner politischen Gegner vergrößert hatte, war er bei den Sansculotten angesehen, auch wenn er Aktionsformen wie Plünderungen höchst ablehnend gegenüberstand. Nach seiner Ermordung wurde Marat zu einer Kultfigur der revolutionären Linken. Die Revolutionären Republikanerinnen setzten sich wie kaum eine andere politische Kraft in Paris dafür ein, diesem Revolutionshelden die angemessene Ehrung zuteil werden zu lassen: So plädierten sie dafür, Büsten für die ermordeten Konventsabgeordneten Marat und Lepelletier errichten zu lassen. Als sie abgewiesen wurden, hakten sie nach, erneuerten ihre Projekte im Generalrat – mit Erfolg. Ferner forderten sie hier wie im Konvent sowie im Jakobiner- und Cordelierklub und in vielen Sektionen, Werkstätten für die Frauen von Freiwilligen einzurichten, entfalteten Projekte zur Unterdrückung der Prostitution, verlangten nach rigoroser Unterdrückung von Wucher, engagierten sich für Preiskontrollen. Auch für allgemeinpolitische Fragen wurden sie nicht müde, alte, unerfüllte Forderungen zu erneuern: Bestrafung aller Verdächtigen, Verdrängung aller Adligen aus den öffentlichen Ämtern und Strafverfolgung, Rechenschaftslegung aller Beamten – insonderheit griffen sie den Innenminister Garat an – Einrichtung von vielen Revolutionstribunalen... die Reihe ließe sich fortsetzen. Und diese programmatische Breite wurde mit einer Vielfalt von Aktivitäten verknüpft: Generalrat der Kommune, Konvent, politische Klubs, Sektionen. Auch bei der Koordination von Sektionen und Klubs zu besonders wichtigen Petitionen konnte man sie erleben. So kann man auf einer Vielzahl von Dokumenten der Monate August/September 1793 auch die Unterschrift von Pauline Léon oder Claire Lacombe entdecken. Bei einigen Konzessionen, die dem Konvent abgerungen wurden, hatten sie diesen Erfolg miterstritten: bei der Todesstrafe für Wucherer und Hamsterer (26. Juli 1793) und der Allgemeinen Aushebung (1. August 1793). Ganz besonders erfolgreich operierte die Pariser Volksbewegung dann Anfang September 1793 und mit ihr auch die Revolutionären Republikanerinnen. Als Ergebnis des Aufstands vom 4./5. September 1793 wurde der »Terror auf die Tagesordnung« gesetzt, die Revolutionsarmee eingeführt, das Gesetz gegen die Verdächtigen erlassen und am 29. September gar das »Allgemeine Maximum« beschlossen (Höchstpreise und Höchstlöhne in angemessenem Verhältnis bei Festschreibung der Preise für notwendigste Bedarfsgüter).

Seit Anfang August hatten sie ihren Tagungsort gewechselt: Sie waren in die Krypta der ehemaligen Kirche St. Eustache im Hallenviertel umgezogen. Da ihre Sitzungen öffentlich waren, kamen auch Außenstehende, ja ihnen sogar eher feindlich gesonnene Besucher wie der royalistische Adlige Proussinalle (Dok. 65), der kurz darauf nach London emigrierte. Er verhehlte seine Feindseligkeit und Ironie gegenüber den Aktivitäten dieser Frauen keineswegs. Da sein Bericht aber der einzige von einer »normalen« Sitzung ist, ist gegen die Publizierung hier wohl nichts einzuwenden, zumal das Sitzungsthema außerordentlich interessant war: die Gleichberechtigung der Frauen. Wenn sich die Revolutionären Republikanerinnen dieses Themas bislang in der Öffentlichkeit angenommen hatten, dann zumeist als Reaktion auf Äußerungen von Männern in verschiedenen politischen Positionen, die ihr politisches Engagement in Frage stellten. In einem solchen Falle wußten sie sich als selbstbewußte Frauen darzustellen, die keine Art von Konfrontation mit einem Mann scheuten. Im Rahmen der Aktivitäten, die sie auf den verschiedenen Ebenen entfalteten, hatten sie Anerkennung gefunden und für sich selbst eine relative Gleichberechtigung erstritten. Wenn sie diese Positionen jetzt auch allen anderen Frauen zugänglich machen wollten, mußten sie sich auch mit der nach wie vor bestehenden rechtlichen Ungleichbehandlung auseinandersetzen und Schritte überlegen, wie diese Benachteiligung von Frauen überwunden werden könnte (vgl. Kapitel 4). Nachdem in einem vorbereiteten Diskussionsbeitrag mit einer Fülle von Beispielen aus Geschichte und Gegenwart der Erweis erbracht worden war, daß auch Frauen zu außergewöhnlichen Leistungen auf allen politischen Ebenen fähig wären, wurde über die zeitgemäßen Schlußfolgerungen diskutiert. Alle von Feministinnen auch schon seit längerem erhobenen Forderungen wie gleiche politische Rechte oder gleicher Zugang zu allen öffentlichen Ämtern waren auch hier zu vernehmen. Aber die Gesellschaft der Revolutionären Republikanerinnen ließ diese im Raum stehen und nur die seit der Klubgründung erhobene Forderung, alle Französinnen sollten eine Kokarde in den Nationalfarben tragen, wurde als Beschluß festgehalten. Allein die Kokarde, Symbol für republikanische Gesinnung und gleichberechtigtes Engagement für den Sieg der Republik, war Ende August/Anfang September 1793 konsensfähig; alle darüber hinausgehenden Projekte stellten Ziele und Wünsche für Morgen dar: Heute waren andere Dinge dringlicher und drängender.

60. Gründungsaufruf der Revolutionären Republikanerinnen

12. Mai 1793

Bürger,

die Gesellschaft der Revolutionären Republikanerinnen mit Sitz in der Bibliothek der Jakobiner, hat uns zu Euch[1] abgeordnet, damit wir Euch die dem Vaterland drohenden Gefahren darlegen. Es bedarf sofortiger und energischer Maßnahmen, um es zu retten. Während die besten Bürger an unseren Grenzen die blutdürstigen Sklaven der gekrönten Banditen zurückschlagen, während unsere Männer und Brüder zur Verteidigung der Vendée eilen, sollte Paris den Intriganten und Schurken, den Komplizen Dumouriez[2] und der Konterrevolutionäre, die den Bürgerkrieg in mehreren Départements entzündet haben, ausgeliefert sein? Müssen wir uns unter das Joch unserer Tyrannen beugen? Müssen wir uns von jener freiheitsmordenden Fraktion, die geschworen hat, die Heimat der Freiheit zu zerstören, fesseln lassen? Wollt Ihr, zärtliche Mütter, Eure Kinder auf Eurem Schoß erwürgt sehen, Eure Töchter vergewaltigt vor Euren Augen? Das ist das Entsetzliche, das Euch erwartet.

Frauen des 6. Oktober, kommt wieder heraus! Zwingt diese eiskalten Männer, die die Gefahren der Revolution ganz ruhig mitansehen, ihre unwürdige Apathie abzulegen. Und wenn sie zu feige sind, um Eurer Verachtung zu trotzen, so sollen Eure Hände sie verunstalten. So sollen Kompanien von Amazonen aus unseren Vorstädten, aus Hallen und Märkten dieser ungeheuren Altstadt herausziehen. Dort nämlich wohnen die wahren Bürgerinnen, jene, die in diesen Tagen der Verderbtheit noch immer reine Sitten bewahrt und als einzige den Preis von Freiheit und Gleichheit gespürt haben.

Eure stolze Haltung, großmütige Frauen, wird diese reichen Egoisten vor Schrecken erstarren lassen. Ihr werdet sie zwingen, ihre Geldkästen zu öffnen, in denen sie unser Kleingeld angehäuft haben. Und da sie erbärmlich genug sind, sich in keiner Weise an einem Krieg zu beteiligen, von dem das Glück der Menschheit abhängt, so sollen sie wenigstens seine Kosten tragen. Sie werden einen Teil ihrer Millionen verfüttern, um die Frauen und Kinder derjenigen zu versorgen, die für die gemeinsame Sache kämpfen.

Das ist der Geist, der unsere Gesellschaft beseelt. Ihr Bürgerinnen von Paris, die Ihr unsere Gefühle teilt: vereinigt Euch mit uns. Wir haben entschieden, das [Landes-]Innere zu heilen, während unsere Brüder die Grenzen verteidigen. Und wir sind entschlossen, eher unter den Trümmern unserer eingestürzten Häuser zugrundezugehen, als uns dem Gesetz der Banditen, die uns bedrohen, zu unterwerfen.

Wir haben beschlossen:

1. daß alle Bürgerinnen jeder Sektion von 18 Jahren an, sofern es ihre Kräfte zulassen, aufgefordert werden, ihren heimischen Herd zu verteidigen;

2. daß wir alle als Erkennungszeichen die dreifarbige Kokarde tragen;

3. daß wir Kommissare zur Organisierung einer Sammlung ernennen, um Frauen von Sansculotten zu bewaffnen, die es nicht aus eigenen Mitteln können.

P. Léon, Präsidentin
Dubreuil, Sekretärin

1 Die Jakobiner.
2 Dumouriez war General der französischen Nordarmee, bis er im Frühjahr 1793 zu den Feinden überlief.

Bibliothèque Nationale Nouv. acq. fr. 2668 f. 184—185 (Mss)

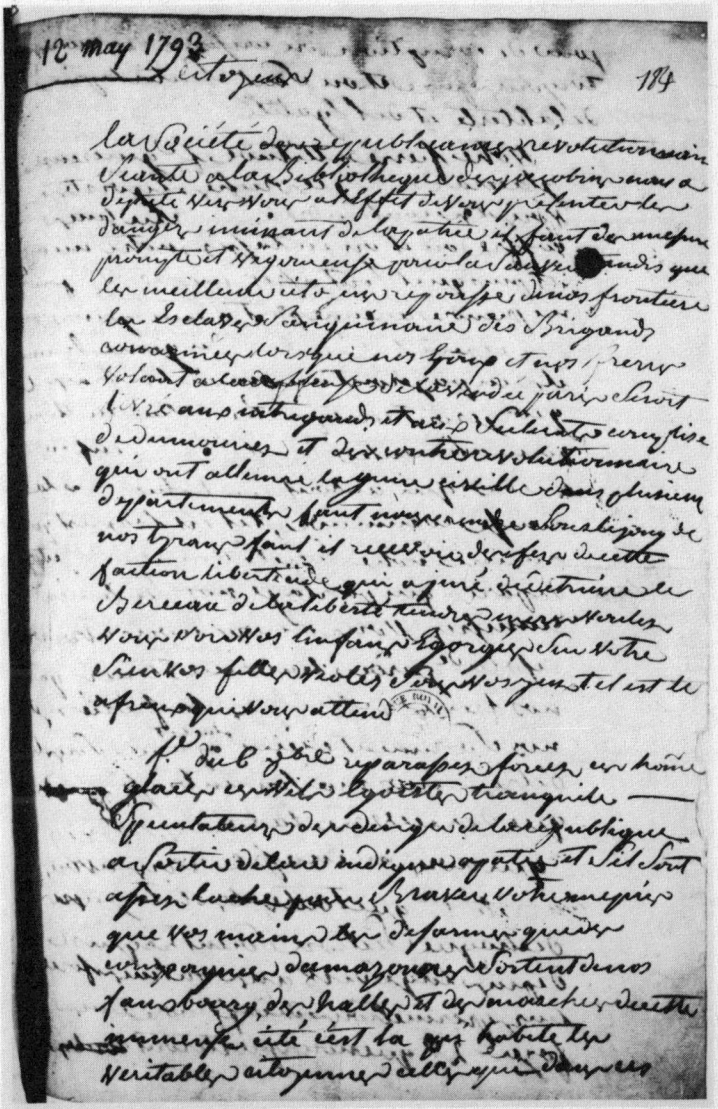

12.e may 1793

Citoyens   184

la Société des républicains révolutionnaires
réunie à la Bibliothèque des jacobins nous a
députés vers vous a l'effet de vous présenter les
dangers imminans de la patrie il faut des mesures
promptes et rigoureuses pour les combattre tandis que
les meilleurs cités sur nos frontières
les esclaves stipendiaires des brigands
conspirent lorsque nos pères et nos freres
volont au secours [...] du pays et croit
[...] ans intrigans, et [...] fédéralisme croupisse
d'immoriries et deux [...] futermaire
qui ont allumé la guerre civille dans plusieurs
départemens [...] nos [...] sont il reçoit de faire [...]
faction liberticide qui a juré [...] la
Bureau de la liberté tendre [...]
[...] les enfans égorgés sur vôtre
[...] filles violées [...] tel est le
[...] qui vous attend

[...] régarder [...] en [...]
glacé est-il [...] la cité tranquille ———
[...] de la république
[...] indiquer [...] et s'il sont
[...] lâches [...] trahison [...]
que les mains [...] désarmer [...]
[...] de [...] sortent de nos
fauxbourg, des halles et de [...]
[...] tête c'est la [...] habite [...]
véritable citoyenne celle qui [...]

jour de corruption ou accablé divan ...
toujours pure et ... Seul ... l'interdegrin
de la liberté et de l'égalité

Notre fiere attitude et l'generense
glacera de spropre riche legoriste
... aux timeres ... ...
... ou il ... entaffes notre mone
et puisqu'il sont apres me risable pour
ne prendre aucune part à une guerre
don depend le Bonheur du genre human
ils en payeront au moins le frais il
gorgeront un ... de leur million
... alimenter ... de ... et de enfans
de ... qui aurent combattre, dans la
cause commune, il est d'esprit que
... notre société ... ...
de pari ... partagé nos sentimen
... Nous avons nous avons
résolu que ... ... tendis que
nos freres ... ...
nos Scubment ... ...
l'être de nos maison ... ...
que de receveur le lot de s' ...
... menasse, ...
arrêté 1.er que Tout ... cité ...
de chaque section Soient réunis
d'epur ... d'età aux ... pour
leur permetront de deffendre leur
foyer 2.e que ... partirout ...

porteront toutes, pour y Signer de
la criée nos...
habiment..... qui ..... nommeront
de commissaires à l'effet de procéder
à la colette pour amener les pe
Ils... Sansculottes qui n'auront pas
le moyen de Sy procurer de ... armes

pour copie conforme à l'original
Déposé aux archives de la Société le douze
mai 1793 2e de la république française

N. Léon président de

Dubreuil
Secretaire

189

61. Frauen am 10. August 1792 – der Sturz des Königs: Aus dem zweiten Antwortbrief an den preußischen Kanzler Braunschweig

Ich sah einen Augenblick vor dem Kampf [mit den Schweizer Söldnern vor dem Tuilérienschloß] ein liebenswertes und junges Fräulein[1] mit einem Schwert in der Hand auf einen Stein steigen, und ich hörte sie wie folgt zur Menge reden: »Bürger! Die Nationalversammlung erklärt, daß das Vaterland in Gefahr ist und sie es nicht retten könne, daß sein Wohl von euren Armen abhinge, von eurem Mut, von eurer Vaterlandsliebe. Bewaffnet euch also und lauft zum Tuilérienschloß. Denn dort befinden sich die Anführer eurer Feinde. Löscht diese Vipernrasse aus, die seit drei Jahren nichts anderes macht, als gegen euch zu konspirieren. Wählt zwischen Leben und Tod, zwischen Freiheit und Sklaverei. Respektiert die Nationalversammlung, achtet das Eigentum, macht kurzen Prozeß mit Plünderern, und dann – laßt uns losmarschieren!« Sofort haben sich Tausende von Frauen in die Auseinandersetzungen gemischt, die einen mit Säbeln, die anderen mit Piken. Ich selbst sah welche, die eigenhändig Schweizer [Wachen] getötet haben, andere ermutigten ihre Ehemänner, ihre Kinder, ihre Brüder. Mehrere dieser Frauen wurden getötet, ohne daß sich die anderen dadurch einschüchtern ließen. Ich habe sie dann rufen hören: »Sollen sie doch kommen, diese Preußen, diese Österreicher. Wir werden viele verlieren, aber keiner dieser Hanswürste wird wieder nach Hause zurückkehren. . .«

1 Théroigne de Méricourt oder Claire Lacombe? Auch Reine Audu beteiligte sich mit Bravour.

Moniteur, n° 241 (28. August 1792, S. 438).

62. Bericht über das revolutionäre Verhalten von Anne Pauline Léon, Frau Leclerc

4. Juli 1794

Ich kam am 28. September 1768 als Tochter des Schokoladenherstellers Pierre Paul Léon und dessen Gattin, geborene Mathurine Télohan, in Paris zur Welt. Während der Revolution half ich meiner Mutter, die seit fünf Jahren Witwe war, sowohl ihren Handel fortzusetzen als auch ihre aus fünf Kindern bestehende Familie großzuziehen. Infolgedessen erhielt ich in ihrem Hause Kost und Logis. Dieser Zustand währte bis zu meiner Hochzeit am 28. Brumaire des Jahres II der Republik. Von da an überließ mir meine Mutter die Leitung ihres Handels. Das erlegte mir die Verpflichtung auf, ununterbrochen im Hause tätig zu sein.

Mein Vater war ein aufgeklärter Mann gewesen und hatte uns nach seinen Grundsätzen erzogen. Da er nur wenig begütert war, konnte er uns keine besonders glanzvolle Ausbildung zukommen lassen. Immerhin aber hat er uns vor Vorurteilen bewahrt.

Die denkwürdigen Tage der Einnahme der Bastille und die darauffolgenden durchlebte ich in einem Gefühl lebhaftester Begeisterung. Obgleich ich eine Frau bin, blieb ich nicht untätig. Morgens wie abends sah man mich die Leidenschaft der Bürger gegen die Anhänger des Tyrannen anstacheln und sie ermuntern, die Aristokraten zu verachten und ihnen Trotz zu bieten, in den Straßen Barrikaden zu bauen und die Feigen anzuspornen, ihre Häuser zu verlassen, um dem in Gefahr schwebenden Vaterland zu Hilfe zu eilen.

Der Verräter Lafayette schien mir verdächtig, seitdem er sein Amt angetreten hatte. Meine Vermutungen bestätigten sich am 5. und 6. Oktober 1789. Von diesen Tagen an schwor ich ihm ewig währenden Haß und setzte alle nur möglichen Mittel ein, ihn zu entlarven.

Gemeinsam mit mehreren patriotischen und mir befreundeten Bürgerinnen eilte ich im Februar 1791 zu Fréron. Dort schlugen wir die in dessen Wohnung stehende Büste Lafayettes in Stücke und warfen sie aus dem Fenster. Um dieselbe Zeit erlangte ich Zutritt zum Klub der Cordeliers, den ich fortan ebenso wie die Brüderliche Gesellschaft beider Geschlechter und die Volksgesellschaft Mutius Scaevola ständig besucht habe.

Am Tage der Flucht des Tyrannen nach Varennes erhob ich die Stimme gegen diesen schändlichen Verrat. Beinahe wäre ich, zusammen mit meiner Mutter und einer meiner Freundinnen, im ehemaligen Palais-Royal von einem Trupp Leibgardisten und Spitzeln Lafayettes getötet worden. Unsere Rettung verdankten wir allein einigen Sansculotten, die sich um uns scharten, um uns zu verteidigen. Kraft ihres bewunderungswürdigen Mutes gelang es ihnen, uns den Klauen dieser Ungeheuer zu entreißen.

Am 17. Juli desselben Jahres zogen wir zur Unterzeichnung der Bittschrift aufs Marsfeld. Wir entrannen der großen Gefahr, von den wütenden Soldaten Lafayettes getötet zu werden, und entgingen auch dem Gemetzel. Als wir wieder zu Hause anlangten, beschimpften und mißhandelten uns unsere Nachbarn. Wir wurden in unsere jeweilig zuständigen Sektionen abgeführt und mit Einlieferung ins Gefängnis bedroht, am Ende mit Bitterkeit getränkt.

Zum 10. August 1792 hatte ich mich einen Teil der Nacht in der Sektion Fontaine de Grenelle aufgehalten, mischte mich sodann am folgenden Tag mit einer Pike bewaffnet unter Bürger dieser Sektion, die sich anschickten, den Tyrannen nebst seinen Schergen aufs Haupt zu schlagen. Nur weil mich fast alle diese Patrioten ganz inständig baten, auf meine Pike zugunsten eines waffenlosen Sansculotten zu verzichten, willigte ich ein. Ich habe sie ihm jedoch nur unter der Maßgabe ausgehändigt, guten Gebrauch von ihr zu machen.

Meine Unterschrift steht sowohl unter einer gedruckten Petition, die den Tod von Louis Capet forderte, als auch unter vielen anderen patriotischen Bittschriften.

Alle Patrioten wissen Bescheid über mein Verhalten am 31. Mai 1793. Weiterhin haben sie von den Anstrengungen Kenntnis, die ich unternahm, um den revolutionären Frauenklub[1] zu bilden. Ich hielt ihn für geeignet, diese ruhmreiche

Epoche zu beschleunigen, und seine ganze Kraft auf dieses Ziel hin zu lenken. Schließlich kennt jedermann meine politischen Ansichten. In den Volksgesellschaften wie vor den Volksmassen bekannte ich meine Liebe zum Vaterland, verbreitete ich die Grundsätze der wohltuenden Gleichheit und trat für die Einheit und Unteilbarkeit der Republik ein. An denselben Orten verfluchte ich die Schurken Roland und Brissot samt der ganzen üblen föderalistischen Sippschaft und ergriff Partei für alle ungerecht Verfolgten wie Robespierre, Marat und so weiter. In den Faubourgs Saint-Antoine und Marceau wie auch im Zentralen Klub[2] rief ich im Beisein der Kommissare aller Sektionen und Volksgesellschaften mit aller mir zur Verfügung stehenden Energie zur heiligen Erhebung auf, die die republikanische Verfassung zur Welt bringen sollte, indem sie die Montagne von ihren Fesseln befreite. In Gegenwart des Volkes, seiner Vertreter und seiner Amtsträger beschwor ich auf den Champs-Elysées die Bürger, zur Verteidigung ihres Vaterlandes herbeizueilen. Zuletzt habe ich inmitten des Nationalkonvents im Auftrag der Bürgerinnen meiner Sektion deren Freude und Genugtuung über die Vollendung der Verfassung Ausdruck verliehen.

Seit dieser Zeit war ich mit einem armen und verfolgten Patrioten vereinigt. Als mein Mann zur Hilfeleistung für das Vaterland gerufen wurde, ertrug ich diese Trennung nicht nur mit Gelassenheit, sondern auch in ungeteilter Einsicht. Die Umstände erlegten mir nun andere Beschäftigungen auf. Ich widmete mich ausschließlich der Sorge um meinen Haushalt und lieferte ein Beispiel für Gattenliebe und häusliche Tugenden, die die Grundlage der Vaterlandsliebe darstellen. Zu Beginn des Monats Germinal führte mich das der Natur entspringende, unwiderstehliche Gefühl junger Eheleute nach La Fere, um noch einmal meinen Mann zu umarmen, bevor er zum Kampf gegen die Feinde unseres Vaterlandes aufbrach. Meine Mutter hatte es auf sich genommen, während der kurzen Zeit meiner Reise Sorge für mein Haus zu tragen, um mir zu dieser Freude zu verhelfen. In La Fere wurden wir am 14. Germinal kraft einer Weisung des Sicherheitsausschusses verhaftet. Seit unserer Ankunft im Luxembourg-Gefängnis am 17. warten wir mit Gelassenheit darauf, daß uns die Gerechtigkeit in Freiheit dem Vaterland und unserer Familie zurückgibt. Ich möchte lediglich bemerken, daß uns die Gründe für unsere Festnahme völlig unbekannt sind. Da wir frei von Vergehen sind, leiden wir keine Furcht. Wir haben unserem Vaterland Opfer aller Art gebracht, ihm um seiner selbst willen und mit vollständigster Uneigennützigkeit gedient. Wir sind arm, verschuldet und vollständig von all jenen getrennt, die führende Politiker sind oder waren.

Niedergeschrieben im Luxembourg-Gefängnis am 16. Messidor des Jahres II der einen, unteilbaren und unvergänglichen Republik.

Pauline Léon, Frau Leclerc

1 Société des citoyennes républicaines révolutionnaires (Mai 1793).
2 Im ehemaligen Erzbischöflichen Palais: Erhebung vom 31. Mai/2. Juni 1793.

Archives Nationales F⁷ 4774⁹, dossier Leclerc/Léon (J.).
Markov, Revolution im Zeugenstand, Bd. 2, S. 617–620.

63. Polizeibeobachter Dutard an Innenminister Garat über die »Heldinnen der Freiheit« (22. Mai 1793):

Die »Heldinnen der Freiheit« waren um elf Uhr auch dort [im Generalrat der Kommune]. Sie warteten, bis sie an der Reihe waren. Als ich ging, sagten sie zu mir, daß sie dort wären, um ihre Zustimmung zur Nominierung von Boulanger [zum Kommandeur der Pariser Nationalgarde, S. P.] zu geben. [. . .]

Gestern sah ich auf der Schloßterrasse ein Dutzend »Heldinnen der Freiheit«. Sie erzählten mir verschiedenes, so auch von einem Gespräch, das eine von ihnen mit einem Konventsabgeordneten geführt hatte, in welchem der Abgeordnete sehr ungeschickt aufgetreten war. Sie seien gerade dabei gewesen, die Eingangstüren [des Konvents] zu bewachen, um den Eintritt mit von Abgeordneten ausgehändigten Karten zu verhindern. »Was macht ihr da? Wer hat euch erlaubt, euch dort aufzuhalten?« – Antwort: »Die Gleichheit. Sind wir nicht alle gleich? Und wenn wir alle gleich sind, habe ich dasselbe Recht wie jeder andere.« Der Abgeordnete: »Ihr kommt auch, um die Versammlung zu stören, und ich werde sehr wohl ein Mittel finden, um Euch rausbringen zu lassen.« Antwort: »Gehen Sie, Herr, hier ist nicht ihr Platz, Ihr Platz ist im Saal, und trotz all Ihrer Anstrengungen werden wir hier bleiben, und wir werden uns Ihren Ungerechtigkeiten in den Weg stellen. . .«

Eine von ihnen, von der ich es für sehr wahrscheinlich halte, ein verkleideter Mann zu sein, sagte: »Ich könnte über all ihren Verrat hinwegsehen, aber uns Hungers sterben zu lassen . . .!«

Im übrigen gehören diese Frauen zu jenen, die ich in der Kommune gesehen habe. Sie sind entweder Frauen von Jakobinern aus der zweiten Reihe oder von den Jakobinern bezahlt. Und das aus öffentlichen Groschen.

Möge sich die Nationalgarde ihnen mit Vorsicht und Vernunft widersetzen, und Ihr werdet sehen, daß sie es nicht wagen werden, irgendetwas zu unternehmen. . .

Schmidt, Tableaux, Bd. 1, S. 271 f.

64. Öffentliche Belobigung durch das Département von Paris, Anfang Juli 1793

Die gewählten Vertreter des Départements von Paris und die Kommissare der Sektionen an die Revolutionären Republikanerinnen:

Empfangt das Zeugnis, das Euch die Vertreter des Volkes geben. Es ist Euer würdig. Es ist jenes aller freien Menschen, deren erhabenes Werkzeug sie sind. Die wohlmeinende Nachwelt wird es von Geschlecht zu Geschlecht überliefern.

Die Revolutionären Republikanerinnen haben sich um das Vaterland wohl verdient gemacht. Ihr Eifer ist unermüdlich, ihre Wachsamkeit deckt Verschwörungen auf, ihr Einsatz bringt sie zu Fall, ihr Argwohn wendet Intrigen ab, ihre Kühnheit beugt den Gefahren vor, ihr Mut überwindet sie – mit einem Wort: Sie sind Republikanerinnen und Revolutionärinnen.

Als Republikanerinnen ziehen sie den faden Ehrungen erniedrigter und geknechteter Wesen, den Freuden von Sklaven, den romantischen Phantasiebildern, dem Schmachten der Ritter, den Abendessen des ewigen Serail, wo das [Frauen-] Geschlecht bei allen versklavten Völkern dahinvegetiert, die Achtung durch die freien Männer vor. Sie feuern ihren Mut an und gewähren nur jenen die Krone der Liebe, die die Krone des Bürgers erhalten haben. Bei republikanischen Frauen und Müttern können die Haushalte nicht den Überfluß ihrer Gefühle bergen. Sie opfern ihre Vergnügungen dem Vaterland. Sie bewaffnen ihre Ehemänner, sie rüsten ihre Kinder aus. Ihre letzten Abschiedsworte sind weniger Klagen und Liebesküsse als aufs Gemeinwohl zielende Gelübde und Umarmungen. Tod oder Sieg – sagen sie noch stolzer als die Spartanerinnen. Sie stoßen die Schwächlinge zurück, überwachen die Einhaltung der Eide, verfolgen die Verräter und liefern sie aus. Sie verachten den Schmuck, und ihre Diamanten sind Kokarden, ihr Posten ist unter der Trikolore, ihre Tänze umkreisen den Vaterlandsaltar, all ihre Gesänge würdigen die Freiheit, und ihre lebhafteste Begeisterung gilt der Republik. Revolutionärinnen, die sie sind, erkennen sie in allen Umständen, was das Wohl des Vaterlandes von ihnen verlangt. Und diese Heldinnen, die bei der Bastille[1] kämpften, die nach Versailles gingen,[2] die sogar ihre Ehemänner und Kinder auf dem Altar des Vaterlandes opferten und die schließlich die Schweizer [Leibgarden] und die Tyrannei niedergeworfen haben,[3] sie haben – ebenso klug wie mutig – allen hinterlistigen Einflüsterungen widerstanden.

Bewaffnet Euch, sagten die Perfiden, bewacht den Temple,[4] umkreist den Konvent, an Euch ist es, diesen Ruhm den Männern zu entreißen.

Vorsichtig, wie sie sind, haben sie erkannt, daß blutrünstige Männer das Signal zum Bürgerkrieg durch die Frauen selbst geben lassen wollten. Sie haben davor gezittert, daß die Geißel des Krieges, die bislang erst die Hälfte des Menschengeschlechts bedrückt, sich auch auf die andere Hälfte ausdehnt. Sie haben schließlich die Macht der Gewalt verachtet und nur die höchste Kraft der Überzeugung ausgeübt.[5] Sie haben auch die öffentlichen Säulenhallen und Plätze gefüllt, die Gleichheit[6] aufrechterhalten und die öffentliche Meinung wieder in Ordnung gebracht. Sie haben die Verräter eingeschüchtert und die Revolution vom 31. Mai vorbereitet. Der Konvent war von beunruhigenden Krämpfen erschüttert. Das Gift des Tyrannen zerfraß seine Eingeweide. Und weit davon entfernt, die Verfassung zur Welt zu bringen, drohte er [der Konvent] mit einer Fehl- oder monströsen Mißgeburt niederzukommen.

Ihre [der R. R.] zärtliche Fürsorge hat ihm bei seinen Anstrengungen geholfen. Die Versammlung hat schließlich ihre Kraft wiedergefunden, und die Verfassung ist erschienen.[7]

Seine [des Konvents] Feinde haben Unruhe hinsichtlich der Lebensmittel verbreitet. Sie haben versucht, die Kanäle auszutrocknen, indem sie die Schiffe plündern ließen. Diese Revolutionärinnen, die über dem Irrtum standen, haben noch einmal ihr Amt ausgeübt. Sie haben sich auf die Gruppen verteilt, sie haben den Abgrund gezeigt, sie haben die Prinzipien verbreitet. Und indem sie die Anstrengungen der Volksvertreter unterstützten, haben sie die Würdigung, die diese ihnen erteilten, wohl verdient.

Mut, Bürgerinnen, die Beamten des Volkes anerkennen die

Rechte der Vertreterinnen der Natur. Sie bekräftigen die Kraft der Überzeugung, die sie Euch gibt; sie stellen diese Mission unter den Schutz des Gesetzes, die Ihr durch Eure Leidenschaften wie durch Eure Tugenden wahrnehmt. An Sehnsüchten unersättliches Geschlecht, von einer ungeheuren Liebe geprägtes Geschlecht, nein, Euer Herz täuscht Euch nicht, wenn es niemals zufrieden ist. Es füllt sich bis zum Rand mit Freuden, doch seufzt es immer noch; es sagt Euch nämlich: Mütter einer Generation, Ihr seid auch jene der künftigen Generation; ihr Leben existiert durch Euch, und im Grunde Eurer Seele lassen Euch diese Generationen, die bereits Eure Zärtlichkeit beanspruchen, fühlen, daß Ihr geboren seid, um ihr Glück vorzubereiten!

[...]

In dieser Liebe zur Gegenwart und Zukunft aufgehend, verlangt Ihr jeden Tag von den Patrioten, verlangt Ihr von den Volksbehörden das Wort der Stunde, eine Aufgabe und Ratschläge. Hier sind sie:

Schon haben die Trompeten das Ende des Verfassungsentwurfs angekündigt. Dieser wird den Urwählerversammlungen vorgestellt. Die wahren Patrioten erkennen diesen [Verfassungsentwurf] an und stimmen ihm zu. Die versteckten Royalisten, die Intriganten, die Bestochenen – endlich: die Verräter aller Art werden auf tausenderlei Weise dagegen vorgehen. Sie werden diskutieren, vertagen, ergänzen und vorschlagen wollen. Sie werden ohne Zweifel durch die Kraft der Vernunft, durch die Augenfälligkeit der Prinzipien niedergeworfen werden. Da aber selbst die Prinzipien Verteidiger benötigen, ist es vor allem an Euch, Bürgerinnen, diese zu unterstützen. Stachelt den Eifer an, drängt auf Zügigkeit, haltet Euren Ehemännern, Euren Kindern ihr Recht auf Freiheit vor, erinnert sie an ihre Eide – und das Vaterland wird gerettet sein.

Wenn Zwietracht die Lebensmittelzufuhren anhält, müssen sie nicht durch Konvois sichergestellt werden? Wenn ein Verrat die Grenzen entblößt, muß man nicht zu den Waffen eilen und neue Kräfte aufbieten? Es ist an Euch, Revolutionäre Republikanerinnen, auf die öffentlichen Plätze zu laufen, um die Jugend zu begeistern, ihr den Sieg zu verheißen und den Ruhm und die Kronen zu versprechen. Ihr werdet es schaffen. Es wäre eine Beleidigung, daran zu zweifeln. Ihr werdet es schaffen, und die verschreckten Tyrannen, die den Blicken der Tugend nicht standhalten können, werden vor Wut und Scham umkommen.

Der freie Mensch [Mann]

L. P. Dufourny, Präsident [des Pariser Départements]

1 Am 14. Juli 1789.

2 Am 5./6. Oktober 1789, um die Königsfamilie nach Paris zu holen (vgl. Kapitel 3).

3 Am 10. August 1792.

4 Temple: Staatsgefängnis, in dem ganz besonders wichtige politische Gefangene untergebracht wurden.

5 Abstrahiert davon, daß viele Revolutionäre Republikanerinnen selbst in den Krieg ziehen bzw. zumindest zuhause bewaffnet sein wollten, um den Revolutionsfeinden im Innern des Landes den Kampf ansagen zu können.

6 Zumindest so, wie die bürgerlichen Revolutionäre »Gleichheit« begriffen.

7 Die neue republikanische Verfassung wurde Anfang Juli 1793 veröffentlicht, in ganz Frankreich abgestimmt (häufig auch unter direkter Beteiligung von Frauen) und angenommen, aber ihr Inkrafttreten wurde bis zum Frieden vertagt.

A. N. T 1001.[1.3.] Doss. Claire Lacombe; jetzt auch in: Cérati, Le Club des Citoyennes. . ., S. 92–96.

65. Der Adlige Proussinalle über eine Sitzung der Revolutionären Republikanerinnen (undatiert, August oder Anfang September 1793)

Die Sitzung dieser Gesellschaft wurde in einem gewölbten Saal abgehalten, der ehedem als Krypta gedient hatte. Gegenüber der Eingangstür nahmen die Präsidentin und die Sekretärinnen Platz. Zwei Bankreihen zu beiden Seiten dienten den Gesellschaftsmitgliedern. Ich zählte 67. Keine Tribünen. Die Zuschauer begaben sich nach ganz unten im Saale und waren von den Klubmitgliedern nur durch eine einfache Schranke in Sitzlehnenhöhe getrennt. [. . .]

Nach Verlesung des Protokolls und der Korrespondenz erinnerte die Präsidentin Lacombe daran, daß auf der Tagesordnung die Nützlichkeit der Frauen in einer republikanischen Regierung stünde. Sie lud jene dazu ein, die über diesen Gegenstand nachgedacht hätten, ihre Forschungen der Gesellschaft mitzuteilen. Die Schwester[1] Monic erhielt das Wort und las das, was folgt:

[Nach historischen Beispielen herausragender Frauengestalten aus dem Alten Testament, der griechischen, römischen Geschichte und des Mittelalters:]

»Ich weiß gar nicht mehr, warum ich mich so sehr im Staub der Geschichte vertiefe, um dort nach Spuren zu suchen, die den Wert und die Ergebenheit von Frauen [verdeutlichen], wo wir doch in unserer Revolution davon so viel vor Augen haben.« Und sie erwies »dem Frauenbataillon, das den Despoten aus Versailles geholt und ihn im Triumph nach Paris brachte, nachdem es gekämpft und die Waffen der Leibgarde niedergezwungen hatte,«[2] die Ehre.

Es gefiel ihr, »trotz der Bescheidenheit der Präsidentin«, in Erinnerung zu rufen, daß »am 10. August[3] Claire Lacombe tapfer gegen das Schloß marschiert sei an der Spitze einer Abteilung der Föderierten.«

Wieder zu Atem gekommen, behandelte die unermüdliche Bürgerin Monic den zweiten Punkt ihres Themas, die Fähigkeit der Frauen zum Regieren. Und der Ausflug fing wieder bei Théolinde, Königin der Lombardei, an, kam zu »Sémiramis, Taube im Kabinett und Adler auf den Feldern«, um bei Isabella von Spanien zu verweilen und das 18. Jahrhundert zu erreichen und Katharina von Rußland zu rühmen, »die das vollendete, was Peter nur angefangen hatte«.

So endete sie:

»Von daher kann man zusammenfassend sagen, daß die Frauen würdig sind, zu regieren, ich sage, fast mehr als die Männer. Ich verlange, daß die Gesellschaft mit all ihrem Wissen die Stellung prüft, die Frauen in der Republik einnehmen sollen, und ob man sie weiterhin von allen Posten und Verwaltungen ausschließen darf.«

Diese Rede wurde heftig beklatscht, und es entwickelte sich eine Diskussion [. . .] Eine [Rednerin] forderte, eine Armee von 30 000 Frauen zu bilden, eine andere wünschte, daß man ihr

Geschlecht in der ganzen Verwaltung zuließe [. . .] Und nach einer halben Stunde Debatte entschied man sich bescheiden, den Konvent aufzufordern, daß das Tragen der Nationalkokarde für die Frauen obligatorisch sein solle.

1 Anrede der Klubmitglieder untereinander; hier vom Beobachter ins Lächerliche gezogen.
2 5./6. Oktober 1789.
3 10. August 1792 beim Sturm auf die Tuilérien; vgl. a. Dok. 61.

Proussinalle, Le Chateau des Tuiléries, t. II, S. 35, Paris 1802; jetzt auch in M. Cérati, Le Club des Citoyennes . . ., S. 48−50.

9. Kapitel
Der Kokardenstreit – September 1793

Große öffentliche Aufmerksamkeit erzielten die Revolutionären Republikanerinnen im September 1793 mit einer Kampagne, deren Bedeutung dem heutigen Betrachter und der Leserin von heute nicht sofort einleuchtet. Allen Frauen wollten sie es zur Pflicht machen, die blau-weiß-rote Kokarde zu tragen. Im Vordergrund stand hier wieder das patriotische Motiv, dem »Reich der Freiheit Bürgerinnen zu werben«, wie Louise Otto gut 50 Jahre später es nennen sollte. Es ging ihnen aber auch darum, ein Stück politischer Gleichberechtigung für ihr Geschlecht zu erobern: Die Männer waren schon seit Anfang April gesetzlich verpflichtet, in der Öffentlichkeit die Kokarde oder die rote Jakobinermütze zu tragen; gleiches den Frauen aufzuerlegen, hieß, sie als politische Subjekte ernst (oder doch ernster) zu nehmen. Nun war diese öffentliche Aufmerksamkeit freilich alles andere als wohlwollend.

Provoziert fühlten sich viele Männer, darunter auch Jakobiner, die den feministischen Stachel der Kampagne bemerkten und auf das traditionelle, politische Betätigung ausschließende Frauenbild pochten. Der härtere Widerstand, so militant, daß die gesamte Affäre als »Kokardenkrieg« in die Annalen der Revolution eingehen sollte, aber schlug den Republikanerinnen aus den Reihen der Frauen selbst entgegen. Viele Marktfrauen, Kleinhändlerinnen in den Pariser Hallen, erst recht die ohnehin im Geruch royalistischer Gesinnung stehenden berühmten »Fischweiber«, lehnten die Zumutung, revolutionäres Bewußtsein öffentlich zu bekunden, als geschäftsschädigend ab und wehrten sich buchstäblich mit Händen und Füßen. Aber es war dieser politische Hintergrund nicht allein ausschlaggebend für die Dissonanzen unter den Frauen. Hinzu kamen handfeste ökonomische Interessenkonflikte zwischen den Frauen der Markthallen und all jenen anderen Frauen, die in steter Abhän-

Fischhändlerin   *Milchverkäuferin*

gigkeit von Händlern und Händlerinnen aller Art lebten, um ihre Existenz zu sichern. Und die Revolutionären Republikanerinnen standen inmitten der Sansculottenbewegung mit ihren Reglementierungswünschen und Preiskontrollen, ihrem heftigen Mißtrauen gegen Händler aller Art und mithin in direkter Frontstellung zu den Marktfrauen. Dabei repräsentierten die vielen hundert, wenn nicht gar tausend Marktfrauen eine außerordentlich einflußreiche Gruppe innerhalb des komplizierten Pariser Versorgungssystems. Für Teuerungen und Mangel wurden gerade sie von der leidgeprüften Bevölkerung verantwortlich gemacht (vgl. Kapitel 6). Aber die Position der Marktfrauen war solange uneingeschränkt, wie sie sich hinter Inflation und Mangel verstecken und selbst über die Höhe der Preise bestimmen konnten. Das schon frühzeitig formulierte Ziel der

Revolutionären Republikanerinnen bestand demgegenüber darin, die Preise festzusetzen nach Maßgabe der materiellen Möglichkeiten der städtischen Volksmassen, Kontrollen über Vorräte einzuführen, um jeder Art von Horterei die Grundlage zu nehmen. Damit mußten sie den Haß der Frauen der Pariser Markthallen auf sich ziehen.

Seit seiner Gründung hatte nun der Klub die Kokarde gefordert, und die Resonanz des Kommunerats zeigte, daß der patriotische Gesichtspunkt sich über antifeministische Bedenken hinwegsetzen konnte, zumal in dieser Revolutionsphase: Immerhin empfahl er allen Frauen das Kokardetragen schon Mitte Juni (Dok. 66), was allerdings kaum Konsequenzen zeitigte. Erst nach über zwei Monaten traten die Revolutionären Republikanerinnen neuerlich vor den Generalrat der Pariser Kommune, wobei sie sich u. a. darüber beschwerten, wegen der Kokarde tätlich angegriffen worden zu sein, und um Begleitschutz baten (Dok. 67). Hilfe wurde zugesagt.

Unterstützung erhielten die Revolutionären Republikanerinnen auch von anderen Frauen, so von einer Frauenabordnung aus der Sektion Unité, die sich ebenso für die Kokarde wie für drastische ökonomische Maßnahmen einsetzte. Mitte September war es die Sektion Luxembourg, die den Generalrat der Pariser Kommune dazu bewegte, in öffentliche Gebäude nur noch mit Kokarden geschmückte Frauen einzulassen. Und wenige Tage später war es wieder die Brüderliche Gesellschaft der Sektion Unité, die vom Konvent forderte, das Kokardetragen für alle Frauen verbindlich zu machen. Diese Vielzahl von Initiativen in verschiedenen Gremien scheint darauf hinzudeuten, daß die Sektionen, bzw. die im Rahmen der um die Pariser Lebensmittelversorgung wiederentstandene konzertierte Aktion zwischen allen Sektionen, viel enger kooperierten und in viel kürzerer Zeit zu Absprachen und gemeinsamen Handlungen finden konnten als ehedem. Der Erfolg zeigte sich zu Beginn September. Und wenn der Schein nicht trügt, gingen sie auch bei dieser Frauenforderung konzertiert vor, tauschten die Rollen, wechselten sich ab. Obwohl die Unruhe unter den Frauen schon erheblich zugenommen hatte – gerade zu dieser Zeit beriet der Konvent ja auch über das von den Pariser Marktfrauen so abgelehnte Allgemeine Festpreisgesetz – entschied der Konvent nichts. Daraufhin setzten sich die Konflikte in den Straßen fort, ja, glaubt man den Berichten der Beobachter der öffentlichen Meinung, steigerten sie sich noch erheblich (Dok. 68–71): Schlägereien, Aufläufe, politische Dispute aller Art – eine derartige öffentliche Diskussion konnte sich der Konvent angesichts der vielen Belastungen, der erheblichen Versorgungsschwierigkeiten und der Attacken der äußersten Linken nicht mehr leisten. Deshalb verpflichtete der Konvent am 21. September 1793 alle Frauen, in der Öffentlichkeit die Kokarde gut sichtbar zu tragen; widrigenfalls wurden langwierige Gefängnisstrafen für den Wiederholungsfall angedroht. Die Strafen waren aber so überzogen, daß sie kaum Eindruck machten, wie es die Polizeiberichte nach Veröffentlichung des Gesetzes belegen (Dok. 72, 73). Angaben zur nationalen Umsetzung dieses Gesetzes fehlen völlig. Fast überrascht es, hier und da doch Belege für seine Anwendung zu finden.

An den Argumenten und Vorbehalten gegen das Kokardetragen von Frauen überrascht die Vielfalt: Hier sind es Frauen, die sich aus ihrer traditionellen Frauenrolle gedrängt sehen, provoziert scheinen, aggressiv reagieren, dort sind es Frauen, denen die Kokarden als Vorwand gerade recht kamen, um die Revolutionsführung pauschal anzugreifen, und die ihrem Rückzug durch Übertreibungen, Spitzfindigkeiten und Gerüchte, aber auch durch Tätlichkeiten Anhängerinnen zuführen wollen. Und es hat den Anschein, als ginge ihre Rechnung zumindest teilweise auf. Aber auch etliche Männer fühlen sich in ihrer traditionellen Rolle bedrängt, sind provoziert und wollen daraufhin die Frau lieber wieder an den Haushalt fesseln. Ihre Äußerungen lassen darauf schließen, daß zumindest viele Männer in den kokardetragenden Frauen echte Konkurrentinnen sahen, die bald schon Ansprüche auf politische Gleichberechtigung stellen würden. So wie in diesen Septembertagen sorgte die Gleichberechtigung von Frauen in keiner anderen Revolutionsphase für Wirbel in der Öffentlichkeit.

Sicherlich stellte dieses Gesetz einen Erfolg für die Revolutionären Republikanerinnen und all die anderen Frauen aus den Sektionen und Volksgesellschaften dar, die sich dafür eingesetzt hatten. Angesichts der wenig später eingeleiteten Angriffe auf die Revolutionären Republikanerinnen fragt es sich aber, was die Konventsmehrheit in Wirklichkeit geleitet hat, in dieser Frage nachzugeben. Sicher wollte sie zunächst einmal die Pariser Versorgungslage entspannen, indem sie dem gesetzlosen Zustand ein Ende bereitete; dann zeigte sie sich konzessionsbereiter, weil sie schon gegen die äußerste Linke vorging; die Revolutionären Republikanerinnen hoffte sie durch die Kokarde, die Gesetze gegen die Verdächtigen und das Allgemeine Maximum zumindest für den Augenblick noch auf ihre Seite ziehen zu können.

66. »Jedes Individuum muß dem Staat dienen«

Sitzung des Generalrats der Pariser Kommune am 13. Juni 1793.

Die Bürgerinnen der Gesellschaft der Revolutionären Republikanerinnen beklagen sich bitterlich darüber, am letzten Sonntag in der Sektion Croix rouge von dort aufgestellten Frauen beschimpft und von Aristokraten in den Straßen geschlagen worden zu sein, weil sie die blauweißrote Kokarde getragen hätten. »Die Konterrevolutionäre«, sagen sie, »wollen es nicht, daß wir uns um politische Angelegenheiten kümmern. Sie schlagen uns vor, daß wir uns mehr um unsere Kinder und unseren Haushalt kümmern sollten. Wir antworten ihnen, daß jedes Individuum dem Staat dienen muß. Wir tragen die Kokarde seit einem Monat. Wir haben die Tyrannen zum Zittern gebracht. Eine von uns hat zehn Aristokraten in die Flucht geschlagen. Wir würden eher zugrundegehen, als sie [die Kokarde] abzulegen. Man sagt, wir wären bestochen. Ich für meinen Teil,« sagt die Rednerin, »habe vier Fausthiebe erhalten.« »Wenn die Patrioten losmarschiert sein werden,« fügen sie hinzu, »werden wir die Stadtschranken bewachen, die Aristokraten verhaften, werden wir die Kanonen gegen sie richten, und wir werden dort das Feuer eröffnen, wenn sie Widerstand leisten.«[1]

1 Vgl. a. ihren Gründungsaufruf vom 12. Mai 1793, Dok. 60.

Journal de Paris, n° 166 (15. Juni 1793), S. 383.

67. Die Kokarde – der Kopf der Medusa?

Sitzung des Pariser Generalrats vom 25. August 1793.

Eine große Abordnung von Bürgerinnen aus 48 Pariser Sektionen beklagt sich darüber, heute morgen von Frauen ihrer Kokarde wegen beleidigt worden zu sein. Sie geben weiterhin zu bedenken, daß der Konvent, indem er heute ihre Forderung hinsichtlich der Armeebekleidungsarbeiten an das Marktkomitee überwies, die Dringlichkeit ihrer Nöte mißachtet habe. Die Rednerin legt ferner dar, daß sie, als sie heute abend die Krypta von St. Eustache, ihren Versammlungsort, verließen, um sich zum Rat zu begeben, von einem Steinhagel seitens Übelgesonnener überfallen worden wären, weshalb sie darum bäten, daß sie bei ihrer Rückkehr von Kommissaren begleitet würden, weil sie neuerliche Angriffe befürchteten. [. . .]

Die Brüderliche Gesellschaft der Sektion Unité leidet seit einigen Sitzungen unter hinterhältigen Vorstößen von Adligen, die aus ihre Gräbern steigen und mit ihren vergifteten Schatten immer noch unsere Hemisphäre zu bedecken versuchen. Auf allen Märkten sind die Patrioten Zielscheibe von Beschimpfungen. Die Kokarde, mit der sich mehrere von uns ehrenvoll schmücken, scheint für diese Aberwitzigen der Kopf der Medusa zu sein. Sie entrissen uns dieses Freiheitssymbol mit aller Gewalt und werden bei den Worten nicht rot: »Wenn ihr die notwendigsten Waren so teuer bezahlt, so verdankt ihr dieses Unglück Eurer Republik. Als es einen König gab,« fügen sie hinzu, »war alles billiger.« – Bürger, werdet ihr diese Unverfrorenheit anwachsen lassen? Wenn man den Schwall derartiger perfider Reden in unseren Départements gestoppt hätte, wäre kein Blut geflossen, und man wäre nicht verpflichtet, so viele Schurken zu verfolgen, die die Straffreiheit noch kühner gemacht hat. Bürger, Eure Arbeit ist sehr mühselig, aber unsere Leiden sind groß. Und jeder neue Tag bringt Tod. Nichts ist schrecklicher, als in dieser Zeit Tag und Nacht an der Tür einer Bäckerei zu verbringen, wo man schließlich ein Brot bekommt, dessen Farbe und Geruch einen schon sattmachen, ohne daß man davon gegessen hat. Von dort kommen Übelgesonnene in unsere Gesellschaften und schreien, daß sie Brot wollen. »Brot«, sagen sie, »anstelle Eurer unnötigen Reden,« als ob es von uns abhinge. Gefiele es Gott, wenn es so wäre, liefen die Dinge vielleicht anders. Bürger, wir haben nicht diese Tugenden, die zum Heroismus gehören. Macht uns die Revolution lieb und vor allem diesen Leuten, die ihr [der Revolution] kein Opfer mehr bringen wollen. (Macht) keine Versprechungen mehr, sondern (organisiert) reale Erfolge. Seht Euch das Gesetz gegen die Wucherer an, das acht Tage nach seiner Verkündung durchgeführt werden sollte. Nichts tut sich, nur das Übel wächst täglich, erhitzt die Gemüter, bringt verwirrte Köpfe in Wallung und läßt dadurch die Aristokratie triumphieren. Bürger, im Namen der Republik, deren Unteilbarkeit wir beschworen, berücksichtigt unsere Eingabe. Es ist mehr denn je an der Zeit. Ihr habt unser Vertrauen erhalten [sic!], verschenkt es nicht. Erinnert euch, daß die Sektion Unité auf ihrem Posten sterben und das Vaterland gerettet sein wird.

Unterzeichnet von Ledagre, Präsidentin, Bebiant, Emile Monge, Estelle Monge, Subreville, d'Allongeville (Sekretärinnen).

Journal de Paris, n° 239 (27. August 1793), S. 961–962.

68. Polizeibeobachter Béraud am 20. September 1793:

Die Stimmung in der Bevölkerung ist bis zum äußersten gereizt. Wenn man nicht die Kokarden unterdrückt oder anordnet, daß alle Frauen sie tragen sollen, wird es zu fatalen Vorkommnissen kommen. Ganze Stadtteile treten sie mit Füßen, andere respektieren sie mehr denn je. Während man vor den Stadttoren St. Denis und St. Martin jene Frauen stäupt [auspeitscht], die sie tragen, droht man in der Halle jenen mit Fausthieben, die sie nicht haben. Eine Alte hatte einen gebrochenen Arm, weil sie gestoßen und hin- und hergezerrt wurde. Wenn ich nicht darauf zugekommen wäre, hätte man eine andere aufhängen wollen. Das Volk, insbesondere die Frauen, sagen tausend Schrecklichkeiten über den Konvent. Sie schimpfen auf ihn, weil die Lebensmittelpreise tagtäglich steigen. »Der ›Sumpf‹ [die schwankende Konventsmehrheit] ist das beste. Wir müssen ihn [den Konvent] säubern«, sagen sie. Eine größere Kohorte von Frauen passierte gegen sieben Uhr abends den Boulevard Poissonière, wobei sie unerträgliche Lieder gegen die Jakobiner sangen. Der Refrain lautete: »Es leben die muscadins!«[1] »Sie wollten«, so sagten sie, »allen die Augen ausreißen, die sich ihnen näherten.«

[1] Stutzer.

Caron, Paris, Bd. 1, S. 146 f.

69. Polizeibeobachter Latour-Lamontagne am 20. September 1793:

Unter den Frauen herrscht immer noch große Aufregung. Zweifellos kann man sich ihrer bedienen, um in Paris Bewegungen heraufzubeschwören. Die Kokarde ist der Deckmantel, unter dem die Übelgesonnenen heute ihre perfiden Absichten verbergen. Vorgestern verprügelte man die Frauen, die sie nicht trugen, gestern bedrohte man all jene mit dieser Züchtigung, die sie bei sich hatten. Die Frauen vom Markt St. Martin waren mit Ruten bewaffnet und hielten die bürgerfeindlichsten Reden.

Dieses bestärkt mich in der Auffassung, daß man diese Bewegungen nicht genug überwachen kann, daß dies alles nur einen Vorwand darstellt, die Dinge weiter zu verschlimmern, daß diese Mißstimmung nicht beschränkt, sondern ganz allgemein verbreitet ist, daß diese Frauen alle darin übereinstimmen, daß es eine neue Ordnung geben müsse, die sie aus dem Elend, in das sie alle – wie sie sagen – getaucht seien, herauszöge. Sie beklagen sich über alle gewählten Körperschaften, ohne eine auszunehmen, verlangen die Erneuerung des Konvents, der Verwaltungen, der Gerichte. Und wenn sie auch noch nicht das Wort König in den Mund nehmen, so steht doch zu befürchten, daß sie es bereits im Herzen tragen. Hier in eigenen Ausdrükken, wie man es eine Frau im Faubourg St. Antoine hat verbreiten hören: »Wenn unsere Ehemänner die Revolution gemacht haben, so können wir gut und gern die Konterrevolution machen, wenn sie notwendig ist.«

Caron, Paris, Bd. 1, S. 149 f.

70. Polizeibeobachter Latour-Lamontagne am 21. September 1793:

Gleiche Unruhe über die Kokarde, vor allem unter den Frauen der Halle. Es ist ein neuer Zankapfel, den Übelgesonnene unter uns geworfen haben. Sie erregen in den Frauen den Wunsch, die politischen Rechte der Männer zu teilen. Wenn sie die Kokarde tragen, so sagen sie, werden sie auch Bürgerrechte fordern, werden sie in unseren Versammlungen abstimmen, mit uns die Verwaltungsposten teilen wollen, und aus diesem Interessen- und Meinungsstreit wird eine unseren Absichten günstige Unordnung entstehen.

Man muß nichtsdestoweniger diesen Frauen gegenüber gerecht sein. Sie bezeugen im allgemeinen den tiefsten Respekt für die Nationalvertretung. Sie lehnen es ab, die Kokarde zu tragen, weil das Gesetz es nicht vorschreibt: »Möge der Konvent sich dazu äußern«, sagen sie, »und welches auch sein Dekret sein mag, wir werden es ausführen.« Es hat den Anschein, daß man diesbezüglich die merkwürdigsten Gerüchte ausgestreut hat. Ich habe gehört, wie man zu einigen Frauen sagte, man wolle sie nur die Kokarde tragen lassen, um sie anschließend an die Grenzen zu schicken, weil es nicht genug Männer gebe, um diese zu verteidigen.

Caron, Paris, Bd. 1, S. 154 f.

71. Polizeibeobachter Latour-Lamontagne am 22. September 1793:

Die Kokarde trennt immer noch die Frauen. Aber es hat den Anschein, als habe das Gesetz, das der Nationalkonvent aus diesem Anlaß erlassen hat, jene Wirkung, die man sich davon versprach. Die Übelgesonnenen, die durch eine solch kluge Maßnahme abgelenkt wurden, errichten in diesem Augenblick neue Geschütze. Diese Feinde der öffentlichen Ruhe schmeicheln der

Eigenliebe der Frauen, versuchen sie davon zu überzeugen, daß sie genauso viele Rechte wie die Männer bei der Ausübung der Regierung ihres Landes hätten, daß das Abstimmungsrecht in den Sektionen ein Naturrecht sei, das sie fordern müßten; daß in einem Staat, wo das Gesetz die Gleichheit dauernd erhalten will, die Frauen auf alle zivilen und militärischen Posten Ansprüche erheben könnten; daß die Dinge zweifellos sehr viel besser liefen, wenn die Angelegenheiten von guten Republikanerinnen geführt würden; daß man tausend Beispiele von Frauen anführen könnte, die berühmt geworden seien in der Kunst der Regierungsführung ebenso wie in der Militärkunst etc. Dies ist der Inhalt einer ziemlich langen und sehr sorgfältig ausgearbeiteten Rede, die gestern ein junger muscadin in der Gegenwart einiger Frauen im Jardin-Egalité vortrug, verborgen unter dem Kostüm eines Sansculotten. Aber er verlor all die Frucht seiner anarchischen Beredsamkeit. Man hörte ihm ungefähr so zu, wie man einem Scharlatan lauscht, der sein »Wie schön bin ich« vorträgt. Und man zog sich zurück, ohne daß irgendeiner versucht hätte, von seinem Rezept Gebrauch zu machen.

Caron, Paris, Bd. 1, S. 164 f.

72. Polizeibeobachter Prévost am 25. September 1793:

Seit langer Zeit versuchen die Feinde des öffentlichen Wohls mit allen möglichen Mitteln, die so erstrebenswerte Ruhe zu stören. Vor allem an die Frauen glaubt man sich dabei wenden zu müssen. Die Kokarde, die man sie zu tragen zwingt, hat viel Unglück hervorgebracht: Gestern wurde im Faubourg Montmartre eine schwangere Frau von anderen Frauen so mißhandelt, daß sie nur noch knapp nach Hause gelangte, wo sie eine Fehlgeburt hatte.

Auf dem Markt »Des Innocents«, in der Nähe des Brunnens, strickte eine Bänderhändlerin Mützen aus dreifarbiger Baumwolle. Eine hatte sie sich aufgesetzt. Frauen der Hallen belagerten sie; eine große Anzahl von Händlerinnen und anderen [Frauen] hatte sich bei ihr versammelt und beschimpfte sie dermaßen, daß sie von ihnen getötet worden wäre, wenn die Wachmannschaft nicht in genügender Stärke dort erschienen wäre. Die Frauen behaupteten, daß man sie gezwungen habe, die Kokarde zu tragen, und nun wolle man sie anscheinend auch noch zwingen, solche Mützen zu tragen, um sie noch mehr zu erniedrigen. Aber sie ließen sich nicht betrügen, sie wüßten, was man mit ihnen vorhabe. Wenn eine Frau solch eine Mütze trüge, müßte sie schon bestochen worden sein. Eine von ihnen sagte [sogar], daß sie – wenn es nur sechs von ihresgleichen gebe – den anderen Frauen die [Jakobiner-] Mütze abreißen und diese mit Füßen treten würde. Männer sollten die Kokarde tragen. Sie [die Frauen] sollten sich nur um ihren Haushalt und nicht um Tagespolitik kümmern.

Es wäre zu wünschen, die Frau mit der dreifarbigen Mütze festzunehmen [Vorschlag des Polizeibeobachters], um in Erfahrung zu bringen, wer sie dazu bewegt hat, diese zu tragen. Diese Maßnahme erscheint mir um so zweckmäßiger, als man dann ihr Motiv kennenlernte. Ich habe den Eindruck, daß man auf alle erdenkliche Weise die Konterrevolution in die Stadt bringen will, indem man überall Zwietracht sät. Es wäre gut, sich dieser Angelegenheit anzunehmen, weil sie zu den wichtigsten zählt.

Caron, Paris, Bd. 6, S. 240 f.

73. Polizeibeobachter Prévost am 29. September 1793:

Sieben Bürger, die in einer Kneipe in der Rue Neuve-des-Petits-Champs zu Mittag speisten, unterhielten sich über einen Vorfall, der sich anläßlich der von Frauen getragenen Jakobinermützen ereignet hatte. Sie waren unzufrieden darüber, die Klasse der ehrsamen Frauen auf diese Weise von einer Gruppe von Spaltern erniedrigt zu sehen, die gerade jetzt Unruhe zu stiften versuchte. Alle waren einhellig der Meinung, daß dies von Übel sei. Dieselben bezahlten Frauen würden sie eines Tages erwürgen. Und wenn diese Gruppe dann noch stärker sei, weil sie mit Piken und Faustkeilen bewaffnet wäre, bestünde gut und gern die Möglichkeit, daß Männer von ihrer Begleitung ermordet würden, wenn sie nicht damit rechneten. Es sei für das männliche Geschlecht erniedrigend, daß Frauen die Kokarde trügen und überall Entsetzen säten. Sie würden alles aufgeben und eine Katharina von Medici regieren lassen, die die Männer in Ketten gelegt habe.

Zwei andere Bürger berichteten, daß ein Dutzend mit Piken bewaffneter Frauen von der Polizei aus mehreren Bäckerläden geholt worden sei. In der Rue du Jour habe sich eine von ihnen mit der Jakobinermütze auf dem Zahltisch befunden, das Brot verteilt und das Geld eingenommen.

Caron, Paris, Bd. 6, S. 269 f.

10. Kapitel

Das Verbot von Frauenklubs und die Folgen
(Oktober 1793 bis Juni 1795)

Am 9. Brumaire II (30. Oktober 1793) erließ der Konvent ein Verbot, das für alle Zusammenschlüsse von Frauen galt, insbesondere aber der Gesellschaft der Revolutionären Republikanerinnen ein Ende machen sollte. Als Vorwand dienten massive Auseinandersetzungen zwischen den »Damen der Hallen« und den Revolutionären Republikanerinnen, die die öffentliche Ordnung störten, sowie Anträge verschiedener Sektionen gegen diese Gesellschaft. Alle vorliegenden Dokumente sprechen dafür, daß nicht die Revolutionären Republikanerinnen den Konflikt verschärft hatten, sondern »gemäßigte« Kräfte, die ihre Aggressionen gegen sie und generell gegen Frauen mit Kokarde oder Jakobinermütze vermehrten und verstärkten. Da nützte es wenig, daß der Konvent den Revolutionären Republikanerinnen erst vor kurzem nachgegeben und das Kokardetragen allen Frauen vorgeschrieben hatte, denn nicht die Gegner dieses Dekrets mußten sich vor Verfolgungen schützen, sondern die Revolutionären Republikanerinnen, denen in Verdrehung der Tatsachen die gesamte Schuld für die Unruhen zugeschoben wurde. Ob der Konvent schon bei der Verabschiedung dieses Gesetzes den Hintergedanken gehabt hatte, dadurch die Situation unter den Frauen so zuzuspitzen, daß ein Verbot des Frauenklubs als ein Gebot der öffentlichen Ordnung angesehen würde, ist nicht zu entscheiden; ganz ausgeschlossen erscheint es nicht.

Auf der anderen Seite haben sich aber zwischen dem 21. September und 30. Oktober 1793 auch noch andere Ereignisse zugetragen, die den Lauf der Dinge zuungunsten der Revolutionären Republikanerinnen beeinflußten.

Die radikalen Linken, die Enragés Jacques Roux und Leclerc, saßen im Gefängnis, ihre Zeitungen, die um die Nachfolge des

»Volksfreundes« des ermordeten Marat gewetteifert und die Aktivitäten der Revolutionären Republikanerinnen publizistisch voller Sympathie begleitet hatten, erschienen kaum noch. Die Angriffe auf die Autonomie der Volksbewegung bei gleichzeitiger Übernahme von Volksforderungen (Maximum, Terror) sowie zunehmend zentralistischen Tendenzen in der Staatsführung bedrohten die Revolutionären Republikanerinnen, zumal diese kein Blatt vor den Mund nahmen, wenn es um Kritik an führenden Revolutionären ging. Daher war es mehr ihre programmatische Parallele zu den Enragés denn eine Folge ihrer persönlichen Bindungen, daß sich Claire Lacombe und Pauline Léon als führende Repräsentantinnen dieser radikalen Frauenorganisation immer schärferen und direkteren Attacken ausgesetzt sahen: Der Jakobinerklub tat sich diesmal als Denunziator hervor, und sogar der linkere Cordelierklub – wohl unter dem Einfluß seiner eher jakobinischen Kräfte – versagte den radikalen Frauen die Unterstützung. Angesichts dieser Konstellation überrascht es kaum, daß der Konvent am 6. Oktober eine Abordnung des Frauenklubs mit einem Pfeifkonzert empfing und überhaupt nicht zu Wort kommen ließ. So schnell ließen sich die Frauen allerdings nicht ins politische Abseits stellen: Bereits am nächsten Tag erstritt sich Claire Lacombe noch einmal das Rederecht und schloß mit den drohenden Worten: »Unsere Rechte sind jene des Volkes. Und wenn man uns unterdrückt, werden wir der Unterdrückung Widerstand entgegenzusetzen wissen.«

In dieser angespannten Atmosphäre kam es dann am 7. Brumaire II (28. Oktober 1793) zu einem Zwischenfall in der Sektion Réunion, der das Schicksal des revolutionären Frauenklubs besiegeln sollte. Aus dem Sitzungsprotokoll (Dok. 74) geht recht eindeutig hervor, daß die Revolutionären Republikanerinnen, die von der Sektion eingeladen worden waren, eine feierliche Sitzung abzuhalten, hereingelegt worden waren. Anders sind die Vorkommnisse, bei denen die anwesenden radikalen Frauen körperlich massiv bedroht wurden, wohl nicht zu bewerten, zu gut paßten sie vom Zeitpunkt wie von der Stoßrichtung her in die Pläne, die im Sicherheitsausschuß des Konvents bereits gegen den Pariser Frauenklub geschmiedet wurden. Anders ist es auch nicht zu erklären, wieso alle Polizeikräfte der Sektion gegen die Revolutionären Republikanerinnen tätig wurden und nicht zu deren Schutz. Es kam den attackierten Frauen so vor, als habe man Frauen regelrecht gegen sie aufgehetzt und tätliche Auseinandersetzungen von vornherein miteinkalkuliert, wenn nicht geplant.

Obwohl sich die Revolutionären Republikanerinnen schon viel Ärger mit der Nationalkokarde eingehandelt hatten, setzte dieser Vorfall den ganzen Auseinandersetzungen die Krone auf: So isoliert wie am 7. Brumaire II, als sie in aller Heimlichkeit den Ort verlassen mußten, an dem sie zum Teil lebensgefährlich verprügelt worden waren, waren die Revolutionären Republikanerinnen noch nie gewesen. Diese Schwäche ausnutzend, verlangte bereits am nächsten Tag eine Abordnung »gemäßigter« Frauen im Konvent, den Frauenklub offiziell aufzulösen und die Jakobinermütze keinesfalls für Frauen verbindlich zu machen. Die Antwort ließ in diesem Falle, wo alles so schön zusammenpaßte und sich in das Konzept der Revolutionsregierung integrierte, nicht lange auf sich warten (Dok. 75): Im Namen des Sicherheitsausschusses legte Amar, ein Montagnard, das Verbotsdekret vor. Die lange Grundsatzrede über die Natur der Frauen und deren Rolle in der Gesellschaft, die er aus diesem Anlaß hielt, gab den neuen Ton an, der in der Folge dann mannigfach variiert werden sollte: Politisches, auch revolutionäres Engagement von Frauen war nicht mehr gefragt, Heim und Herd ihre naturgemäße Wirkungsstätte. Nicht alle Abgeordneten mochten sich den antifeministischen philosophischen Betrachtungen anschließen; in der Rede Charliers finden wir durchaus Anklänge an die Argumentation Condorcets und Olympe de Gouges (vgl. Kapitel 4), aber um Menschenrechtsphilosophie ging es letzten Endes ja auch nicht: Wenn Basire den gesamten Prinzipienstreit kurzerhand beiseiteschiebt und das Verbot des Klubs aus Gründen revolutionärer politischer Zweckmäßigkeit fordert, so wirft dies wahrscheinlich mehr Licht auf den Ansatz jakobinischer »Frauenpolitik« als die inzwischen zu »Klassikern« des Antifeminismus gewordenen theoretischen Darlegungen Amars oder später auch Chaumettes (Dok. 77). Der Konvent wollte verhindern, daß nach Ausschaltung der Enragés der revolutionäre Frauenklub zu einem Forum sich erneuernder radikaler, die Wirksamkeit der Revolutionsregierung konterkarierender sansculottischer Agitation werden könnte, deshalb wurde das Verbot ohne Rücksicht auf Widersprüchlichkeit in der Begründung einmütig dekretiert.

Die Folgen des Verbots trafen freilich nicht nur die Revolutionären Republikanerinnen, auch nicht nur die Frauenvereinigungen im ganzen Lande, die jetzt geschlossen werden mußten. Die Unterdrückung der Avantgardeorganisation bildete den Auftakt zu einer wahren publizistischen Hetzkampagne, die gegen politisch aktive Frauen schlechthin gerichtet war und die von den im November 1793 ausgesprochenen Todesurteilen gegen so berühmte Frauen wie Marie-Antoinette, Gattin Ludwigs XVI., Manon Roland, Ehefrau des ehemaligen Innenministers und Mittelpunkt der verfolgten »Girondisten«, und die Frauenrechtlerin Olympe de Gouges zusätzliche Impulse erhielt (Dok. 76). Denn alle drei, jede auf ihre Weise, schienen das Argument zu stützen, daß große Politik nicht Sache von Frauen sei. Wenn der »Moniteur« seinem Lesepublikum solche Konsequenzen nahelegte, so war dies mehr als der fromme Wunsch eines einzelnen Redakteurs: Es war die offiziell zu verbreitende Auffassung der Pariser Départementalverwaltung, die nach Abschaffung der täglichen Sektionsversammlungen und Einrichtung offener sektioneller Volksgesellschaften wohl den Einfluß von politisch aktiven Frauen eindämmen wollte, die nach dem Frauenklubverbot hier eine geeignete Wirkungsstätte gefunden hatten, um an ihre früheren Kampagnen anzuknüpfen.

Welchen Verfolgungen Frauen jetzt ausgesetzt waren, die es immer noch wagten, die Jakobinermütze aufzusetzen, zeigte sich besonders drastisch in einer Sitzung des Pariser Stadtrats am 27. Brumaire II (15. November 1793). Der Stadtratsvorsitzende Chaumette nutzte den Auftritt rotbemützter Frauen in einer in Auszügen vielzitierten Philippika dazu, Frauen das Recht zu nehmen, als Abordnung in der Kommune aufzutreten

(Dok. 77). Daß eine derartige Entscheidung in der kommunalen Versammlung mehrheitsfähig war, signalisiert, wie sehr sich die politischen Verhältnisse zuungunsten der engagierten Frauen, der Radikalen insgesamt, verschoben hatten. Chaumette setzte Zeichen für die Art von Vorwürfen, mit denen Frauen sich fortan auseinanderzusetzen hatten. Denn er brandmarkte das Auftreten von Frauen mit Jakobinermützen als »sittenwidrig«, »unschicklich«, »schamlos«, »despotisch« oder »denaturiert«.

Inzwischen schien jedes Unglück gerade recht, es den Frauen mit den roten Mützen zuzuschieben: so am 25. November 1793, als Chaumette einer rotbemützten Frau anlastete, ihre zwei Kinder in den Flammen (bei einem Wohnungsbrand) umkommen gelassen zu haben: »Frauen, bleibt in Eurem Haushalt. Wacht über das Leben Eurer Kinder, denn sie gehören dem Vaterland.« (Journal de Paris, 7 frimaire II (27. November 1793), S. 1331). Nicht genug damit, daß dieses traurige Unglück noch öffentlich dazu ausgeschlachtet werden sollte, auch noch die letzte Frau vom »Politisieren« abzuhalten, unterschlägt Chaumette auch die ökonomische Notwendigkeit, die viele Frauen dazu trieb, ihre Kinder oft stundenlang unbeaufsichtigt in der Wohnung oder auf der Straße zurückzulassen.

Der Wandel der öffentlichen Meinung läßt sich bis in die Reflexionen von Polizeispitzeln hinein verfolgen. Wenn der Agent Pourvoyeur jetzt unablässig »das Volk« im Munde führt, das es nicht mehr ertragen könne, daß die Frauen außer Hause gingen und sich auch noch um andere Dinge als den Haushalt zu kümmern wagten, wo doch eher er selbst es war, dem ein derart selbstbewußtes öffentliches Auftreten von Frauen zu denken gab (Dok. 78), so wäre dergleichen vor dem Frauenklubverbot sowie der öffentlichen Denunziationskampagne kaum vorstellbar gewesen. Die aktive, eigenmächtige und selbstbewußte Rolle war nicht mehr jene, die den Frauen gestattet wurde. Alle Kritiker der rebellischen Frauen, der »jakobinischen Strickweiber«, der »Mannweiber«, die es auch schon vor 1793 gegeben hatte, gewannen nun Oberwasser ebenso wie all jene Frauen, denen das radikale politische Engagement ihrer Geschlechtsgenossinnen schon seit jeher suspekt gewesen war, wie den einflußreichen »Damen der Hallen«. Jedes von diesem Trend abweichende Verhalten provozierte nunmehr den Vorwurf konterrevolutionärer Gesinnung.

So gut es unter diesen Voraussetzungen ging, engagierten sich Frauen immer noch und wurden von den Beobachtern der öffentlichen Meinung auch weiterhin als Gradmesser für die allgemeine Stimmung ernstgenommen. Auch ehemalige Revolutionäre Republikanerinnen wirkten auf ihrem Terrain weiter, wie eine »revolutionäre Wäscherin«, die Sekretärin und Vizepräsidentin der »Frauengesellschaft von St. Eustache« gewesen war. Polizeibeobachter Bacon urteilte: »Diese Frau weiß alles, kennt alle.« (Dok. 79). Ihre detaillierten Anschuldigungen gegen etliche führende Männer ihrer Sektion wurden unverzüglich weitergeleitet. Ob auf der Tribüne einer Volksgesellschaft oder auf der Straße, insbesondere nach Verhaftung, Prozeß und Verurteilung Héberts und seiner Freunde im März 1794 wurde der Reaktion von Frauen ganz besondere Bedeutung beigemessen (Dok. 80). Als unorganisierte Masse nach wie vor ernst genommen, weil ihnen große Fähigkeiten zur Beeinflussung der öffentlichen Meinung zuerkannt wurden, konnten engagierte Frauen im Einzelfall kaum auf Zuspruch rechnen, mochte ihre Lage auch so trostlos sein wie die der Witwe des als Hébertist guillotinierten Angestellten Descombes (Dok. 81).

Dem neuen Frauenbild entsprach es, wenn Frauen öffentlichen Veranstaltungen beiwohnten, die für ihre Allgemeinbildung und republikanische Gesinnung als förderlich angesehen wurden (Dok. 82, 83). Bei derartigen Anlässen bestand ihre Aufgabe darin, aufmerksam zuzuhören, an den richtigen Stellen Begeisterung oder Entrüstung zu zeigen.

Viele Revolutionszeitungen taten das ihre, um die Öffentlichkeit vom Ideal der passiven, in Hausarbeit, Kindererziehung und Familie gänzlich aufgehenden Frau zu überzeugen (Dok. 84).

Augenscheinlich tat sich die neue Zeitung »Der Sansculotten-Beobachter« in dieser Kampagne besonders erfolgreich hervor, da er in seiner populären Sprache viele armselige Haushalte zu erreichen schien. Und wenn sich Frauen erst einmal zu Hause wohl fühlten, wäre es das Gebot der Stunde, viele Kinder zu bekommen. Denn davon hinge schließlich das Wohl des Vaterlandes ab; eine Losung, der sich nach Merciers »Neuem Parisbild« (1798) etliche Französinnen verschrieben (Dok. 85).

Mit einer Verschwörung fand die Jakobinerherrschaft im Thermidor des Jahres II (26. Juli 1794) ein Ende. Die Volksferne der führenden Revolutionäre um Robespierre und St. Just, mit denen kurzer Prozeß gemacht wurde, hatte bereits solche Ausmaße angenommen, daß selbst die Pariser Sansculotten nicht mehr in großer Zahl zur Rettung der Robespierristen mobilisiert werden konnten. Auch Frauen fanden sich kaum, die Robespierre eine Träne nachgeweint hätten. Aber alle Hoffnungen, die Versorgungslage und die allgemeine politische Situation werde sich nun unter den Thermidorianern entspannen und verbessern, erwiesen sich als trügerisch. Denn von allen Hemmnissen befreit, setzten die Bürgerlichen im Konvent nun auf die Handelsfreiheit und den umfassenden Abbau aller so mühselig von den städtischen Konsumenten erstrittenen Reglementierungen. Im Dezember 1794 wurde sogar das Allgemeine Maximum aufgehoben, die Preise stiegen sprunghaft in solche Höhen, daß das Lebensnotwendige für Frauen aus dem Volk nicht mehr zu bekommen war. Im Winter 1794/95 waren wieder Hungertote zu beklagen; die Zahl der Erkrankungen nahm drastisch zu, und auch die Selbstmordrate stieg sprunghaft an. Der Reis, der den Ärmsten schließlich zugeteilt wurde, konnte nicht gekocht werden, weil die Pariser Seine zugefroren war und kein Brennholz anlangte. Unter diesen ökonomischen Verschlechterungen litten Frauen in besonderem Maße. Aber auch die einsetzenden politischen Verfolgungen, der »weiße Terror« der Thermidorianer, trafen die Pariser Sansculottenbewegung, zu der ja auch viele Frauen zählten (Dok. 86).

Es waren Frauen, die im Germinal des Jahres III (April 1795) die Männer riefen, um den Konvent mit ihrer Forderung nach Brot und der Verfassung von 1793 zu bedrängen. Aber die Mobilisierung reichte nicht aus; allzu schnell ließen sich Frauen und Männer mit vagen Versprechungen abspeisen, daß alles unternommen würde, um die Lebensbedingungen zu verbessern und die Brotversorgung sicherzustellen. Die nächsten Wochen zeigten überdeutlich, daß sie einem Betrugsmanöver aufgesessen waren. Noch einmal riefen sie zum Marsch auf den Konvent und boten viele der Sektionsbataillone auf, die sie bei ihrer Belagerung begleiteten. Wie verbissen, unerbittlich, mutig die Frauen in dieser nichtendenwollenden Konventssitzung am 1. Prairial III auftraten, davon vermittelt selbst das offizielle Protokoll einen gewissen Eindruck (Dok. 87). Aber das alles half nichts. Inzwischen war die militärische Übermacht so groß, daß die Sansculottenbewegung sogar ihre letzten Waffen abgeben mußte.

Der gescheiterte Aufstand im Prairial markierte das Ende der politischen Intervention von Frauen in der Französischen Revolution: Sie verloren auch noch das individuelle Petitionsrecht und durften nicht mehr den Konventssitzungen beiwohnen. Frauen wanderten als »fanatische Jakobinerinnen« oder »jakobinische Blutsäuferinnen« scharenweise ins Gefängnis. Vorläufig blieb den Frauen kaum noch etwas anderes als Heim und Herd, Straße und Markt. Aber Erfolge wie Niederlagen, die die Frauen im Laufe von sechs Revolutionsjahren errungen bzw. erlitten hatten, gingen als kollektive Erfahrung in das Bewußtsein vieler Frauen ein und wurden zum Bestandteil ihrer revolutionären Tradition, ihrer Hoffnungen.

Ermordung des Abgeordneten Féraud im Nationalkonvent

74. Die Revolutionären Republikanerinnen zu Gast bei der Sektion Réunion am 7. Brumaire II (28. Oktober 1793)

Die Gesellschaft [der Revolutionären Republikanerinnen], die von der Sektion Réunion eingeladen worden war, so zahlreich wie möglich der Einweihung zweier [Büsten von] Freiheitshelden beizuwohnen, versammelte sich um elf Uhr mit ihren Attributen: einem Auge der Wachsamkeit, einer Fahne und vier Piken. Während die anwesenden [Frauen] noch auf die Ankunft der übrigen Mitglieder warteten, erstattete eine Bürgerin den im Saale Wartenden über Machenschaften unserer Feinde Bericht, die die Patrioten auszuhungern trachteten. Sie berichtete darüber, daß man in den Abwässern von Montmartre und von Temple eine große Menge Brot gefunden habe. Eine Bürgerin rief von der Tribüne, daß sie es solange nicht glaube, wie sie es

217

nicht mit eigenen Augen gesehen habe. Mehrere Personen bezeugten die Wahrheit dieses Vorfalls. Andere riefen: »Runter mit der Jakobinermütze! Weg mit den Jakobinern! Weg mit den Jakobinern und der Kokarde! All diese Übeltäter haben Frankreich ins Unglück gestürzt!«

Die Unruhe nahm zu; die Vizepräsidentin, die den Vorsitz hatte, versuchte vergebens, die Gemüter zu beruhigen. Eine Bürgerin teilte der Gesellschaft mit, daß alles eine abgekartete Sache sei, um die Gesellschaft [der Revolutionären Republikanerinnen] auflösen zu lassen. Dann versuchten mehrere Mitglieder, die Geister durch die Waffen der Vernunft wieder zu besänftigen. Vergeblich setzte man diese ein, denn die verbittertsten [Frauen] waren betrunken. Als man die Ruhe auf diese Weise nicht wiederherstellen konnte, ließ man die Wache kommen, die die Tribünen zur Raison bringen sollte, waren sie doch kurz davor, sich über die Gesellschaft zu ergießen. Sechs Bürger kamen mit gezogenem Säbel, zusammen mit dem Friedensrichter namens Lindet, der sich auf der Tribüne zeigte. Nachdem er das Wort verlangt hatte, gab die Präsidentin es ihm, und er sagte: »Bürgerinnen! Im Namen des Gesetzes: Ruhe!« Dann sagte er: »Bürgerinnen, die Jakobinermütze ist keine Frage mehr. Tragt sie nicht mehr, und Ihr werdet frei sein, Euch am Kopf so zu kleiden, wie es Euch gefällt.« [Dann] ging er wieder weg und nahm die Nationalgardisten mit, obwohl die Gesellschaft drei Mal um Hilfe gebeten hatte. Einen Augenblick später kam der Richter allein zurück. Er stieg zum Tisch der Versammlungsleiterin und forderte sie auf, ihre Jakobinermütze abzulegen. Dadurch, so versicherte er, würde sie die Ruhe wiederherstellen. Sie gehorchte, nahm sie [die Mütze] ab und setzte sie dem Friedensrichter auf den Kopf. Da haben die Leute von den Tribünen begeistert Beifall geklatscht. Der Friedensrichter wandte sich den Zuhörern zu und sagte ihnen: »Die Revolutionären Bürgerinnen befinden sich nicht in einer Sitzung, alle können eintreten.«

Dann strömte eine unzählige Menge in den Saal und überhäufte die Mitglieder mit den schmutzigsten Beleidigungen. Man stürzte sich auf die Attribute: das Auge der Wachsamkeit, die Fahne, die Piken – alles wollte man in Stücke reißen. Die Bürgerinnen, die fest inmitten der Gefahren blieben und ihre Attribute nicht hergeben wollten, wurden geschlagen, und ihnen wurde auf das unwürdigste Gewalt angetan. Sie dachten nicht mehr an sich selbst, sondern daran, dem Freiheitssymbol, das die Fahne repräsentierte, Geltung zu verschaffen. Eine von ihnen schrie: »Tötet uns, wenn ihr wollt, aber achtet wenigstens das Einheitssymbol der Franzosen.« Die Bürgerin, der die Fahne anvertraut war, wurde so sehr mißhandelt, daß sie sich kaum noch widersetzen konnte. Sie wandte sich an den Friedensrichter und sagte zu ihm: »Ich lege sie [die Fahne] in Deine Hände. Ich verlasse mich auf Deinen Kopf.« Da kamen mehrere Kanoniere der Sektion, die mithalfen, sie vor jenen zu schützen, die diese in Stücke reißen wollten. Als die Wildgewordenen ihre Wut nicht mehr daran auslassen konnten, haben sie sich ein zweites Mal auf die Mitglieder gestürzt, sie geschlagen, sie über den Boden gezogen. Eine von ihnen, die bewußtlos blieb, wurde von einem Mitglied des sektionellen Revolutionskomitees weggebracht. Mehrere Bürgerinnen, die sich verfolgt sahen, haben sich dorthin geflüchtet. Auch Ärzte waren dort zu finden, verbanden eine schwerverletzte Bürgerin und halfen mehreren, die das Bewußtsein verloren hatten. Ein Bürger, Mitglied des Komitees, erhielt einen Messerstich, als er das Leben einer Bürgerin retten wollte, die man mit Stiefeltritten derart traktierte, daß diese immer noch zu sehen sind. Diese Tat spielte sich auf der Straße ab. Die Bürgerin Vizepräsidentin verlangte im Namen der Gesellschaft vom Komitee, ein Protokoll über all das anzufertigen, was sich zugetragen hatte. Die Mitglieder dieses Komitees haben diese Frage lange Zeit untersucht. Drei Frauen wurden vorgeführt: Eine Mutter und zwei Töchter, angeklagt wegen Körperverletzung. Bürger Gérault schlug vor, sie wieder freizulassen. Vergeblich erhoben die verletzten Bürgerinnen gegen diese verdächtige Nachsicht Einspruch. Derselbe Bürger bestand darauf, daß es im Augenblick gelte, den Weg der Sanftheit einzuschlagen. Die Frauen wurden ebenso freigelassen wie zwei andere Bürger, die verhaftet worden waren.

Gerade da machte Bürger Gérault den Vorschlag, die Revolutionären Bürgerinnen in einem Türmchen unterzubringen, weil sie sich, wie er behauptete, in größter Gefahr befänden. Das Volk wolle sie kriegen und sei bereit, sich den Weg nach oben zum Komitee mit Gewalt zu bahnen. Wären sie versteckt, könnten sie das Volk zur Beruhigung hochkommen lassen, weil sie dann nicht mehr dort wären. Zu keinem Zeitpunkt stimmten die Bürgerinnen diesem Verlangen, sich zu verstecken, zu, obwohl es mehrere Male wiederholt wurde. Gérault gab zu bedenken, daß man sich überlegen sollte, wie die Bürgerinnen herauszubringen seien. Für das Protokoll sei morgen noch Zeit. Demgegenüber hob eine Bürgerin hervor, wie notwendig es zur Ehrenrettung des Komitees sei, in dessen Gebiet die Gesellschaft beleidigt worden war, sofort alle ihnen bekannten Tatsachen durch die anwesenden Bürgerinnen abzeichnen zu lassen. Endlich begann man damit. Plötzlich gingen zwei Mitglieder, die leise mit Gérault gesprochen hatten, nach unten. Einen Augenblick später kam ein Offizier der Nationalgarde herein.

Nachdem er zu Gérault gesprochen hatte, antwortete letzterer mit erhobener Stimme: »Was wollt Ihr? Diese Bürgerinnen bestehen darauf, daß das Protokoll gemacht wird.« Der Offizier wandte sich an die Gesellschaft und sagte: »Bürgerinnen, ich habe soeben meinen Posten verlassen, um den Gefahren, die Ihr lauft, zuvorzukommen. Die Köpfe sind erhitzt, die Menge ist riesig. Man schreit gerade: Es lebe die Republik! Nieder mit den Revolutionären(innen)! Man ist bereit, die Nationalgarde unter Druck zu setzen. Das öffentliche Wohl und jenes der Sektion machen es erforderlich, daß Ihr Euch sofort zurückzieht. Wir haben einen Weg gebahnt, durch den ihr ohne Risiko herauskommt. Die Zeit drängt. Ich verlange von Euch ein Ja oder ein Nein.«

Die Bürgerinnen, die dem allgemeinen Wohl helfen, haben zugestimmt, fortzugehen. Nachdem der Offizier gegangen war, hat man uns sofort gesagt, daß wir zu zweit herunterkommen müßten; es bestünde überhaupt keine Gefahr mehr. Wir waren bereit, uns davon zu überzeugen. Man hat uns eine Kirche durchqueren lassen, die Passage von Sainte-Agnès; alles kam uns ruhig vor.

Die anwesenden Mitglieder, die die im Protokoll angegebenen Tatsachen anerkannt haben, haben unterzeichnet. [Es folgen 15 Unterschriften.]

Révolutions de Paris, n° 215 (23 Brumaire – 30 Brumaire II), S. 207–210; auch in: Cérati, Républicaines Révolutionnaires, S. 146–150.

75. Begründung des Verbots von Frauenklubs (Amar u. a., 9. Brumaire II, 30. Oktober 1793)

Begründung des Verbots von Frauenklubs im Auftrage des Sicherheitsausschusses durch Amar:

[Nach Schilderung einiger öffentlicher Vorfälle im Zusammenhang mit der Nationalkokarde und dem Klub der Revolutionären Republikanerinnen und dem Antrag der Sektion Marchés, Frauenklubs zu verbieten, hätten sich dem Sicherheitsausschuß Fragen allgemeiner Natur gestellt:]

»1. Dürfen Frauen politische Rechte ausüben und sich in Regierungsangelegenheiten einmischen? Regieren heißt, die öffentlichen Angelegenheiten durch Gesetze zu lenken, deren Abfassung ausgedehnte Kenntnisse, eine Hingabe und grenzenlose Ergebenheit, eine strenge Unempfindlichkeit und Verneinung seiner selbst verlangt. Regieren heißt darüber hinaus, die Handlungsweise der gewählten Vertreter zu lenken und zu berichtigen. Sind die Frauen für diese Bedürfnisse und Fähigkeiten, die sie erfordern, geeignet? Man kann ganz allgemein mit nein antworten. Sehr wenige Beispiele dementieren dieses Urteil. Die politischen Rechte des Bürgers bestehen darin, zu diskutieren und [das Staatsinteresse betreffende] Entscheidungen in die Wege zu leiten, Vergleiche anzustellen und der Unterdrückung zu widerstehen. Besitzen die Frauen die moralische und physische Kraft, die die Ausübung des einen wie des anderen dieser Rechte erfordert? Weltweit wird diese Auffassung verworfen.

2. Dürfen sich die Frauen in politischen Vereinigungen versammeln? Das Ziel volkstümlicher Vereinigungen besteht in fol-

gendem: die Manöver der Feinde der öffentlichen Ordnung zu entschleiern, die Bürger als Individuen wie auch die Beamten und selbst die gesetzgebende Körperschaft zu überwachen, den Eifer der einen wie der anderen durch beispielhafte republikanische Tugenden anzustacheln, sich durch öffentliche und tiefschürfende Diskussionen über Mangel oder Reform der politischen Gesetze aufzuklären.

Können sich Frauen diesen nützlichen und mühseligen Aufgaben hingeben? Nein, weil sie dann dazu gezwungen wären, wichtigere Aufgaben, zu denen die Natur sie ruft, dem zu opfern. Diese häuslichen Aufgaben, zu denen Frauen von Natur aus bestimmt sind, gehören selbst zur allgemeinen Ordnung der Gesellschaft. Diese soziale Ordnung resultiert aus dem Unterschied, der zwischen Mann und Frau besteht. Jedes Geschlecht ruft nach einer ihm eigenen Art von Beschäftigung, bewegt sich in diesem Kreis, den es nicht überwinden kann. Denn die Natur, die dem Menschen diese Grenzen gesetzt hat, befiehlt gebieterisch und hält sich an kein Gesetz.

Der Mann ist stark, robust, mit einer großen Energie, mit Kühnheit und Mut geboren. Er meistert die Gefahren, die Rauhheit der Jahreszeiten durch seine Konstitution. Er widersteht allen Elementen. Er ist für die Künste wie für schwere Arbeiten geeignet. Und da er fast ausschließlich für die Landwirtschaft, den Handel, die Schiffahrt, die Reisen, den Krieg bestimmt ist, (d. h.) zu all jenem, was nach Kraft, Intelligenz und Fähigkeit verlangt, so scheint auch er allein zu tiefgehenden und ernsthaften Meditationen geeignet, die eine große Anstrengung des Geistes und lange Studien voraussetzen, denen sie nicht nachgehen können.

Welches ist der der Frau eigentümliche Charakter? Die Sitten und die Natur selbst haben ihr Aufgaben zugesprochen: die Erziehung der Menschen zu beginnen, den Geist und das Herz der Kinder auf die öffentlichen Tugenden vorzubereiten, sie von früh an zum Guten hin zu lenken, ihr Gemüt [âme] zu entfalten und sie im Freiheitskult zu unterweisen – darin bestehen ihre Aufgaben nach den Sorgen um den Haushalt. Natürlich ist die Frau [auch] dazu bestimmt, die Tugend liebenswert zu machen. Wenn sie [die Frauen] all diese Aufgaben erfüllen, haben sie sich um das Vaterland verdient gemacht. Zweifellos ist es notwendig, daß sie sich selbst in den Grundsätzen der Freiheit unterrichten, um diese ihren Kindern nahezubringen. Sie können den Beratungen der Sektionen, den Diskussionen der Volksgesellschaften beiwohnen. Dürfen sie aber, die doch dazu bestimmt sind, die Sitten des Menschen zu mäßigen, aktiv an Diskussionen teilhaben, deren Hitzigkeit unvereinbar mit der Sanftmut und Bescheidenheit ist, die den Charme ihres Geschlechts ausmachen?

Wir müssen sagen, daß dies vor allem eine Frage der Sitten [Moral] ist – und: ohne Sitten keine Republik. Erlaubt es die Sittsamkeit einer Frau, sich in der Öffentlichkeit zu zeigen und gemeinsam mit den Männern zu kämpfen, im Angesicht des Volkes über Fragen zu diskutieren, von denen das Wohl der Republik abhängt? Im allgemeinen sind Frauen kaum zu hohen Vorstellungen und ernsthaftem Nachdenken fähig. Wenn es ihnen bei alten Völkern ihre natürliche Scheu und Scham nicht erlaubten, außerhalb ihrer Familie in Erscheinung zu treten, wollt Ihr [nun], daß man sie in der französischen Republik an die Schranken [des Parlaments], auf die Tribüne und zu den politischen Versammlungen wie Männer kommen sieht, womit sie die Zurückgezogenheit, Quelle aller Tugenden ihres Geschlechts, ebenso wie die Sorge um ihre Familie aufgeben würden?

Sie haben mehr als ein Mittel, dem Vaterland zu dienen. Sie können ihre Ehemänner aufklären, ihnen wertvolle Überlegungen mitteilen, die der Ruhe eines seßhaften Lebens entspringen, sich bemühen, in ihnen die Vaterlandsliebe zu stärken durch all das, was ihnen die persönliche Liebe an Einfluß verleiht. Und der Mann, der durch ruhige Diskussionen im Familienkreis aufgeklärt wird, wird in die Gesellschaft die nützlichen Ideen einbringen, die ihm von einer ehrbaren Frau aufgetragen wurden. Wir glauben also, daß eine Frau nicht ihre Familie verlassen darf, um sich in Regierungsgeschäfte einzumischen.

Auch unter einem anderen Aspekt scheinen die Frauenvereinigungen gefährlich. Wenn wir davon ausgehen, daß die politische Erziehung erst am Anfang steht, daß noch nicht alle Grundsätze entwickelt sind und daß wir das Wort Freiheit erst stammeln, um wieviel weniger erst sind Frauen, deren moralische Erziehung gleich null ist, in den Grundsätzen aufgeklärt! Ihre Gegenwart in den Volksgesellschaften gäbe folglich jenen Leuten aktiven Anteil an der Regierung, die mehr zu Irrtum und Verführung neigen. Fügen wir hinzu, daß Frauen durch ihre Veranlagung mehr nach dem Gefühl handeln, was für die öffentlichen Angelegenheiten unheilvoll wäre, und daß die Staatsinteressen bald schon all dem, was die Lebhaftigkeit von Leidenschaften an Verwirrung und Unordnung zustande bringen kann, geopfert würden. Der Hitzigkeit öffentlicher Debatten ausgeliefert, flößten sie ihren Kindern nicht Vaterlandsliebe ein, sondern Haß und Voreingenommenheit.

Wir glauben also, und Ihr werdet zweifellos denken wie wir, daß es nicht möglich ist, daß Frauen politische Rechte ausüben. Vernichtet also diese angeblichen Volksgesellschaften von Frauen, die der Adel nur schuf, um sie mit Männern streiten zu lassen, um diese zu entzweien, weil sie in den Auseinandersetzungen Partei ergreifen sollten, und um Unruhe zu stiften.«

Charlier: »Trotz der Nachteile, die man soeben anführte, ist mir das Prinzip unbekannt, auf das man sich stützen kann, um den Frauen das Recht zu entziehen, sich friedlich zu versammeln. (Gemurmel) Es sei denn, daß Ihr in Frage stellt, daß die Frauen einen Teil des Menschengeschlechts darstellen. Könnt Ihr ihnen dieses allen denkenden Wesen gemeinsame Recht entziehen? Wenn eine Volksgesellschaft es an der allgemeinen Ordnung wird fehlen lassen, an den Gesetzen, werden die Mitglieder des Delikts überführt, oder die ganze Vereinigung, sofern sie sich schuldig gemacht hat, durch die Justiz belangt. Und Ihr habt Beispiele für die Auflösung mehrerer Gesellschaften, die von der Aristokratie beeinflußt worden waren. Aber die Furcht vor einigen Mißbräuchen, für die eine Institution anfällig ist, sollte Euch nicht die Institution selbst vernichten lassen. Denn welches ist die Institution, die frei von Mängeln wäre?«

Basire: »Es gibt niemanden, der nicht die Gefahr fühlte, an die Polizei die Überwachung und oberste Leitung der Volksgesellschaften abzutreten. So darf dieses Hilfsmittel, das selbst einen Mißbrauch darstellt, nicht gegen die tatsächlichen Fehler der Frauengesellschaften ins Feld geführt werden. Hier nun, wie man die Aufhebung dieser Gesellschaften begründen kann: Ihr habt Euch zur Revolutionsregierung erklärt, von dieser Position aus könnt Ihr alle Maßnahmen treffen, die das öffentliche Wohl verlangt. Ihr habt für einen Augenblick einen Schleier über die Grundsätze geworfen, in der Furcht vor dem Mißbrauch, den man dabei begehen könnte, um uns zur Konterrevolution zu führen. Es stellt sich also einzig und allein die Frage, ob Frauengesellschaften gefährlich sind. Die Erfahrung der vergangenen Tage hat gezeigt, wie sie der öffentlichen Ruhe abträglich sind. Das festgestellt, möge man mir nicht länger von Prinzipien reden. Ich fordere, daß auf revolutionäre Weise und als Maßnahme zur öffentlichen Sicherheit diese Vereinigungen verboten werden sollten, zumindest während der Revolution.« [Das von Amar vorgeschlagene Dekret wird in folgendem Wortlaut angenommen. . .]

Archives parlementaires, Bd. 78, S. 50 f.

76. An die Republikanerinnen (17. November 1793)

In kurzer Zeit hat das Revolutionstribunal den Frauen ein großes Beispiel gegeben, das ihnen zweifellos nicht entgehen wird; denn die Justiz, immer unparteiisch, stellt ohne Unterlaß die Lektion an die Seite der Strenge.

Marie-Antoinette, aufgewachsen an einem perfiden und ehrgeizigen Hof, brachte die Sünden ihrer Familie nach Frankreich. Sie opferte ihren Ehemann, ihre Kinder und das Land, das sie angenommen hatte, den ehrgeizigen Zielen des Hauses Österreich, dem sie bei seinen Unternehmungen diente, indem sie sich des Bluts, des Volksvermögens und der Geheimnisse der Regierung bediente. Sie war eine schlechte Mutter, eine zur Ausschweifung neigende Gattin und starb unter den Flüchen jener, deren Ruin sie hatte herbeiführen wollen. Ihr Name wird der Nachwelt immer Schrecken bereiten.

Olympe de Gouges, die mit einer überschäumenden Einbildungskraft geboren wurde, nahm ihre Wahnvorstellungen für eine Eingebung der Natur. Sie begann mit Unsinnigkeiten und endete mit einer Unternehmung der Perfiden, die Frankreich spalten wollten. Sie wollte ein Staatsmann sein, und es hat den Anschein, als habe das Gesetz diese Verschwörerin dafür bestraft, daß sie die Tugenden, die ihrem Geschlecht eigen sind, vergaß.

Frau Roland, Schöngeist mit großen Plänen, Philosophin für wenig Einsatz, Königin des Augenblicks, umgeben von bestochenen Schriftstellern, denen sie Abendessen gab, verteilte ihre Gunstbeweise, Plätze wie Geld und war ein Monster in jeder Hinsicht. Ihr unwürdiges Verhalten gegenüber dem Volk und den von ihm gewählten Richtern, der hochmütige Starrsinn ihrer Antworten, ihr ironischer Humor und diese Entschlossenheit, die sie anläßlich ihrer Überführung vom Justizpalast zum Revolutionsplatz zur Schau stellte, zeigen, daß sie von keiner schmerzlichen Erinnerung in Anspruch genommen wurde. Dennoch: Sie war eine Mutter, aber sie hat ihre Natur geopfert, als sie sich über sie erheben wollte. Das Verlangen, eine Wissenschaftlerin zu sein, führte sie dazu, die Tugenden ihres Geschlechts zu vergessen, und dieses Vergessen, das immer gefährlich ist, endete damit, daß sie auf dem Schafott zugrunde ging.

Frauen! Wollt ihr Republikanerinnen sein? Liebt, befolgt und lehrt die Gesetze, die Eure Ehemänner und Eure Kinder zur Ausübung ihrer Rechte rufen. Seid stolz auf die hervorragenden Taten, die sie zugunsten des Vaterlandes vollbringen, weil sie zu Euren Gunsten sind. Seid einfach in Eurer äußeren Erscheinung, fleißig in Eurem Haushalt. Folgt niemals den Volksversammlungen in dem Wunsch, dort zu sprechen. Allein Eure Gegenwart ermutigt manchmal Eure Kinder. So wird Euch das Vaterland segnen, weil Ihr dann wirklich das gemacht haben werdet, was es mit Recht von Euch erwarten kann.

Moniteur, n° 59 (29. Brumaire II, 17. November 1793), S. 450.

77. Ratssitzung der Pariser Kommune am 27. Brumaire II (15. November 1793)

Eine Abordnung, an deren Spitze sich Frauen mit roten [Jakobiner-] Mützen befanden, wurde im Rat vorstellig. Heftiges Gemurmel war von den Zuschauertribünen zu vernehmen, von wo aus man schrie: »Runter mit der Jakobinermütze, Frauen!« Der Lärm nahm zu; der Präsident bedeckte sich [unterbrach die Versammlung] und rief die Tribünen zur Ordnung. Die Ruhe kehrte wieder ein.

Chaumette: »Ich verlange das Mißfallen, das soeben zu hören war, im Protokoll lobend zu vermerken, denn es handelte sich um eine Würdigung der Sitten. Es ist schrecklich und gegen alle Gesetze der Natur, daß sich eine Frau zum Mann machen will. Der Generalrat muß sich in Erinnerung rufen, daß diese widernatürlichen Frauen, diese Mannweiber [viragos] es waren, die unlängst mit Jakobinermützen durch die Hallen rannten, dieses Freiheitszeichen beschmutzen und alle Frauen zwingen wollten, ihre eigene bescheidene Kopfbedeckung abzulegen. Der Saal, in dem die Vertreter des Volkes beraten, muß jedem Individuum verboten werden, das die Natur gröblich beleidigt.«

Ein Mitglied: »Nein, das Gesetz erlaubt es ihnen, einzutreten; möge man doch das Gesetz lesen. . .«

Chaumette: »Das Gesetz schreibt vor, die Sitten zu respektieren und ihnen Geltung zu verschaffen. Hier aber sehe ich sie verachtet! Heh! Seit wann ist es [denn] erlaubt, seinem Geschlecht abzuschwören? Seit wann ist es schicklich, Frauen die frommen Sorgen ihres Haushalts, die Wiege ihrer Kinder aufgeben zu sehen, um auf die öffentlichen Plätze, auf die Volkstribünen, an die Schranken des Senats zu eilen? Hat die Natur den Männern die häuslichen Aufgaben anvertraut? Hat sie uns Brüste gegeben, um unsere Kinder zu säugen? Nein! Sie hat zum Mann gesagt: Sei Mann. Die Jagd, die Landwirtschaft, die politischen Aufgaben, die Anstrengungen aller Art – das ist Dein Reich. Sie hat zur Frau gesagt: Sei Frau. Die liebevollen Sorgen, die der Kindheit geschuldet sind, die verschiedenen Haushaltsdinge, die süßen Sorgen der Mutterschaft – das sind deine Arbeiten. Aber deine fleißigen Dienste verdienen eine Entschädigung! Nun gut! Du wirst sie erhalten; du wirst die Göttin des häuslichen Bereichs sein, du wirst über alles herrschen, was er umfaßt, durch den unbezwingbaren Charme der Anmut und der Tugend.

Schamlose Frauen, die ihr Männer werden wollt, wurde euch nicht gerecht zugeteilt? Was braucht ihr mehr? Euer einziger Despotismus, den unsere Kräfte nicht schlagen können, besteht in der Liebe und ist folglich das Werk der Natur. Im Namen dieser Natur, bleibt, was ihr seid. Und weit davon entfernt, euch die Gefahren eines stürmischen Lebens zu wünschen, begnügt euch damit, diese uns inmitten unserer Familien vergessen zu machen, wenn sich unsere Augen am bezaubernden Schauspiel unserer durch eure Sorgen glücklichen Kinder weiden können.« (Die Frauen mit der Jakobinermütze ersetzen dieses Symbol sofort durch eine ihrem Geschlecht angemessene Kopfbedeckung.)

»Ah! Ich sehe es. Ihr wollt sie nicht imitieren, diese Frauen, die nicht mehr rot werden. Die Gefühle, die den Zauber einer Gesellschaft ausmachen, sind in euch nicht ausgelöscht. Ich huldige eurer Empfindsamkeit. Aber ich muß euch den Abgrund in seiner ganzen Tiefe zeigen, in den euch ein Augenblick des Irrtums tauchen würde.

Erinnert euch an diese hochmütige Frau eines dummen und perfiden Ehemannes, die Roland, die sich auserkoren sah, die Republik zu regieren, und die in ihr Verderben rannte; erinnert euch an die schamlose Olympe de Gouges, die als erste Frauengesellschaften gründete, die die Hausarbeit aufgab, um sich in die Regierung einzumischen, und deren Kopf unter dem rächenden Eisen des Gesetzes gefallen ist? Gebührt es Frauen, Eingaben zu machen? Dürfen sich Frauen an die Spitze unserer Armee stellen? Wenn es eine Jeanne d'Arc gab, so doch deshalb, weil es einen Karl VII. gegeben hat. Wenn das Schicksal Frankreichs früher einmal in den Händen einer Frau lag, so doch deshalb, weil es einen König gab, der nicht den Kopf eines Mannes besaß, und weil seine Untertanen sich unterhalb des Nichts befanden.«

Chaumette endete mit der Forderung, daß die Abordnung der Frauen nicht angehört werden und der Rat keine Frauenabordnungen mehr zulassen solle, aufgrund eines ad hoc-Beschlusses, ohne das Recht einzuschränken, daß die Bürgerinnen jederzeit den Volksvertretern ihre Forderungen und individuellen Klagen vortragen dürften.

Die Rede Chaumettes wurde häufig von lebhaftem Beifall unterbrochen und sein Antrag einstimmig angenommen.

[. . .]

Moniteur, n° 59 (29 Brumaire II, 17. November 1793), S. 450 f.

78. »Volkesmeinung« über politisch-engagierte Frauen

a) Polizeibeobachter Pourvoyeur am 1 Nivôse II (21. 12. 1793):

Von Zeit zu Zeit und unter den unterschiedlichsten Vorwänden gibt es kleinere Ansammlungen von Frauen. Einige verlangen die Rückkehr ihrer Ehemänner, die sich in Haft befinden. Das Volk ist der Meinung, daß das immer noch von jenen Frauen herrühre, die dem Konvent die Gesetze diktieren wollten. Es wäre angezeigt, diese Bürgerinnen aufzufordern, wieder in ihre Haushalte zurückzukehren. Das Volk sagt weiterhin, daß die Mehrzahl der Gerichte nur mit Frauen gefüllt sei, immer mit denselben, die dort den ganzen Tag verbrächten. Unter ihnen gäbe es viele, die ihre kleinen Kinder auf dem Arm mitbrächten und es riskierten, daß diese erdrückt würden; häufig seien sie selbst schwanger. Das Volk und eine Anzahl vernünftiger Frauen sind der Meinung, daß sie bei diesem Durcheinander zu Hause sein sollten; im übrigen sei die Mehrzahl dieser Frauen von den Sektionen beauftragt, Hemden und Hosen für unsere Waffenbrüder herzustellen. Man solle sie auffordern, ihre Zeit nicht länger zu vergeuden und auch nicht gute Bürger, sogar die Richter, daran zu hindern, den Debatten im Gerichtssaal zu folgen, weil sie ständig schwätzten und ihre Kinder schrien.

Caron, Paris, Bd. 1, S. 319.

b) Polizeibeobachter Pourvoyeur am 6 Pluviose II (25. 1. 1794):

Frauen diskutierten in den Gruppen und griffen ausgezeichnete Patrioten an. Das Volk brachte sie zum Schweigen und forderte sie auf, sich um ihren Haushalt zu kümmern. Man hielt ihnen vor, es stehe ihnen nicht zu, ein derartiges Wort zu führen, und vor allem nicht, aufrechte Republiker zu belasten. Das Volk sagt, man habe bemerkt, daß Frauen blutrünstig geworden seien, daß sie nur noch Blut sehen wollten, daß eine gewisse Anzahl von Frauen die Guillotine nicht mehr verlassen wolle und auch nicht das Revolutionstribunal. Aber die Mehrzahl dieser Frauen habe nur etwas gegen wahre Patrioten und beschuldige (diese). Das Volk meint, daß man es ihnen nachsehe, wenn sie aus Unkenntnis so sprächen; aber es (das Volk) begehrte zugleich, daß man sie zur Ordnung rufe. Denn eine bestimmte Anzahl dieser Frauen, die sich in einem derartigen Zustand befänden, sei sehr eigensinnig und gehöre zu den gefährlichsten. Sie mischten sich fast täglich unter die Gruppen, um Unruhe zu stiften und Falschmeldungen zu verbreiten. Das Volk sagt, daß sich in einer vollkommenen Eintracht die Freiheit und die Republik durchsetzen ließen, daß aber Übelgesonnene immer wieder nach Mitteln suchten, Zwietracht zu sähen.

Caron, Paris, Bd. 3, S. 149 f.

79. Anzeige einer Wäscherin, die Mitglied der Revolutionären Frauen gewesen ist. Polizeibeobachter Bacon am 27./28. Pluviôse II (15./16. Februar 1794):

(a) Rue des Vieux-Augustins sagten mir eine revolutionäre Wäscherin, die seinerzeit Sekretärin der Frauengesellschaft von St. Eustache war, sowie zwei andere Personen Schreckliches über Gauthier, der im Haus Beauvais, Rue des Vieux-Augustins wohnt und Mitglied des Revolutionskomitees der Sektion Wilhelm Tell ist. Dieser Gauthier, der Hahn der Versammlung und Führer des Revolutionskomitees sei, sei trotz allem ein Anhänger von Fayette [Royalist, ehem. Kommandant der Pariser Nationalgarde]. »Denn ich habe für diesen Herrn Gauthier gebleicht, und vor nicht einmal drei Monaten befand sich in seinem Arbeitszimmer das Porträt von Lafayette.« Diese Wäscherin hat auch gesagt, daß er ein Mann mit zwei Gesichtern sei, der nur seine Interessen kenne. Rat für die Verwaltung: Ich vergaß, daß sie gesagt hat: »Wenn ich aussagen muß, weiß ich noch mehr über diesen Schurken.«

Caron, Paris, Bd. 4, S. 116 f.

(b) Gestern sprach ich in meinem Bericht von einer Wäscherin, die wahrhaft patriotisch ist. Sie war Vizepräsidentin und Sekretärin der Frauengesellschaft von St. Eustache. Heute habe ich sie noch in einem Haus der Rue Vieux-Augustin wiedergesehen. Diese Frau weiß alles, kennt alle. Als man über die Revolutionskomitees sprach, ist sie die Mitglieder des Komitees der Sektion Contrat-Social durchgegangen. Sie hat gesagt, daß Pote, Schuster aus der Rue Tiquetonne und Mitglied des Revolutionskomitees der Sektion Contrat-Social, ein teuflisch eigennütziger Mann sei, daß er, bevor er für dieses Komitee benannt wurde, ziemlich mager gewesen sei, aber nach einigen Monaten habe er einen Bauch besessen, der mindestent 50 Pfund schwer sei. Wenn man sich diesen Herrn von nahem vornähme, würde man noch so manche Dinge entdecken.

Caron, Paris, Bd. 4, S. 141.

80. **Polizeibeobachter Bacon über die Reaktion von Frauen auf die Verhaftung des Ratsvize Hébert, Herausgeber der populären Zeitung »Le Père Duchesne« (25. Ventôse II, 15. März 1794):**

Aus der allgemeinen Versammlung der Sektion Lombards: Neben mir sagten Frauen: »Ich hatte nie Vertrauen zu Hébert.

Ich habe ihn immer für einen schlechten Patrioten gehalten. Ich werde ihn mit dem größten Vergnügen auf die Guillotine steigen sehen.«

Beim Courtille, einer Kneipe, sprachen Frauen aus dem einfachen Volk, will sagen richtige Sansculottinnen, von der Verhaftung des »Père Duchesne« [Hébert, S. P.]. Eine von ihnen sagte: »Wer hätte geglaubt, daß Hébert so ein Schurke wie Pétion [ehem. Pariser Bürgermeister, Girondist, S. P.] sein könnte. Was soll aus uns werden, wenn wir von all jenen Leuten verraten werden, zu denen wir Vertrauen hatten?« Eine andere erwiderte: »Nach der Aufdeckung dieses neuen Komplotts müssen wir größtes Vertrauen zum ganzen Konvent haben, weil er, verdammt noch mal, keinen [Verschwörer] übersieht.«

Die Frauen bemerkten, daß sie, je mehr sie den Père Duchesne geliebt, desto größere Angst vor ihm gehabt hätten. Nur wenige gaben zu bedenken, daß er vielleicht gar nicht schuldig sei. Man scherzte sogar über die große Wut des Père Duchesne [Anspielung auf Überschriften im Père Duchesne, S. P.] in seinem Gefängnis.

Bacon, wenige Tage später, am 28. Ventôse II (18. März 1794):

In der Straße Charenton, in der Nähe von Quinze-Vingts, sprachen fünf bis sechs Frauen vom Père Duchesne. Als ich mich ihnen näherte, habe ich mitbekommen, daß eine dieser Bürgerinnen zu den anderen sagte: »Gerade höre ich im Faubourg Saint-Antoine, daß Robespierre im Gefängnis ist.« »Wie das«, haben die anderen geantwortet. »Das ist nicht möglich.« »Auf Ehre«, behauptete erstere. Viele Personen bestätigen dies. Ich habe auch eine Wäscherin in der Rue du Bon-Conseil getroffen, die mir gleiches erzählt hat. Sie hat mir versichert, daß man heute morgen in der Halle und bei den Türen der Fleischer ganz laut sagte, daß es in kurzer Zeit einen Krach und noch eine Verschwörung gebe.

Dauban, Paris 1794, S. 244 f; 263 f.

81. Bittgesuch der Lebensgefährtin von Descombes, eines Freundes von Hébert aus der Pariser Stadtverwaltung

Bürger Gesetzgeber!

Am 4. Germinal fiel Descombes unter dem Schwert des Gesetzes. Seit drei Jahren war mein Schicksal mit dem seinen verbunden. Ich sollte seine Ehefrau werden. Ich war Mutter seines Sohnes. Wir waren einer wie der andere ohne Vermögen. Ein Amt, das 1800 Livres einbrachte und das Descombes von seiner Sektion erhalten hatte, entschädigte uns für alle Entbehrungen, die wir erlitten hatten. Descombes ist nicht mehr. Seine Möbel, deren Wert 400 Livres nicht übersteigt und die uns gemeinsam gehörten, sind von der Nation beschlagnahmt worden. Seine Wohnung wurde versiegelt. Mich hat man vertrieben. Vergeblich erhebe ich für mein minderjähriges Kind Einspruch. Ich mußte miterleben, daß der Siegelbewacher mehr bekam als das, was es in unserer gemeinsamen Behausung an Wert gab. (Die Siegel sind immer noch nicht abgenommen, und der Wächter wird mit 3 Livres täglich bezahlt, was schon mehr als 500 Livres ausmacht.)

Ihr seht eine unglückliche Mutter ohne Geld und ohne Hilfe. O Ihr, die Ihr das Bedürfnis verspürt, das Schicksal der Unglücklichen zu mildern, kommt meinem Sohn zu Hilfe.
Jeanne Antoine Bernard
[Ihrem Ersuchen vom 26. Fructidor II (12. 9. 1794) wurde nicht stattgegeben.]

Archives nationales, D III1 f.240–242.

82. Polizeibeobachter Bacon am 1. Pluviôse II (20. Januar 1794):

Die Volksgesellschaft der Sektion Faubourg-Montmartre war sehr zahlreich, und es befanden sich dort mehr Frauen auf den Tribünen als gewöhnlich. Man sprach von verschiedenen Personen der Sektion, die verdächtigt wurden, Rolandisten[1] zu sein. Alles wurde an das Revolutionskomitee überwiesen. Danach las man republikanische Instruktionen. Der Redner wurde häufig unterbrochen, wenn er von Heiligen, von heiligen Frauen und ihren kleinen Hunden und vom Teufel sprach. Ich zitiere hier keine Passage, denn die ganze Rede war schön, revolutionär und enthielt ewige Wahrheiten. Sie hatte glückliche Auswirkungen auf die Gemüter. Und die Frauen konnten sich beim Beifall des Lachens nicht enthalten. Die öffentliche Meinung kam in dieser Gesellschaft voran.

1 D. h. Gemäßigte; Anhänger d. ehem. Innenministers Roland, der zu den »Girondisten« gehörte, die nach dem 2. Juni 1793 verfolgt wurden.

Caron, Paris, Bd. 3, S. 52.

Republikanische Vergnügungen

83. Polizeibeobachter Bacon am 5. Pluviôse II (24. Januar 1794) über republikanische Erziehung von Frauen:

Im Theater Nicolet hat man kostenlos für das Volk gespielt. Die Frauen trugen Sorge, ihre Kinder mitzubringen. Man rief: »Es lebe die Republik!« und sang patriotische Lieder, die das Gemüt der Bürger noch mehr für Freiheit und Gleichheit entzündeten. Als sie diese Aufführung verließen, sagten die Bürgerinnen, die ihre Kinder auf dem Arm trugen, zu ihren Ehemännern: »Glaub mir, alles, was wir gesehen haben, war sehr schön; was hätten unsere armen Kinder versäumt, wenn wir sie nicht zur Aufführung mitgenommen hätten.« Alle schienen mir sehr revolutionär, denn es gab keinerlei Unordnung.

Caron, Paris, Bd. 3, S. 118.

84. Polizeibeobachter Latour-Lamontagne am 5. Februar 1794:

Das Volk liest seit einiger Zeit mit viel Interesse das Blatt, das »Der Sansculotten-Beobachter« heißt. Die Geschichte mit dem Suppentopf hat lebhafte Anteilnahme ausgelöst. Ich habe mehrere Personen gesehen, die gespannt waren, diesen Artikel zu lesen. Und der »Sansculotte« wird heute mehr als einem Kranken zu einer Suppe verholfen haben.

Mehrere Bürger bedauern, daß diese Zeitung sich nicht wie all die anderen verkauft. »Wenn ich mein Tagwerk verrichtet habe«, sagte ein guter Alter, »gegen Abend, an der Ecke bei dem Feuer, zwischen meiner Frau und meinen Kindern, erhole ich mich damit, dieses Blatt zu lesen.« »Ich kenne den Autor dieser Zeitung nicht«, sagte ein anderer, »aber dieser ehrliche Mann hat mir einen großen Dienst erwiesen: Er hat meine Frau von der Sucht befreit, zu den Versammlungen zu laufen. Dank seiner guten Ratschläge ist sie eine hervorragende Hausfrau geworden. Ohne ihn müßte ich vielleicht ebenso klagen wie einer meiner Nachbarn. Seine Frau, die bei keiner Sitzung der Jakobiner fehlte, hat anderntags ihr Kind verbrannt vorgefunden, als sie wieder nach Hause kam. Mein armer Nachbar hat sie verlassen, weil er nicht länger mit einer Frau zusammenleben wollte, die glaubte, als gute Jakobinerin eine böse Mutter sein zu müssen. Also ein totes Kind, eine zerbrochene Ehe – das alles vielleicht, weil man nicht den ›Sansculotte‹ gelesen hat.« Dieser gute Mann könnte recht haben. Ich glaube, daß es angezeigt wäre, alle Bürger in den Stand zu setzen, ein Werk zu lesen, das so geeignet ist, Geist und Gemüt zu bilden.

Caron, Paris, Bd. 3, S. 342.

85. Mercier: Die Mütter sind die Nährerinnen

Wenn man jeden Tag die bewegenden Szenen unserer Revolution nachzeichnet, warum soll man nicht von einem Schauspiel sprechen, das wenigstens tröstlich ist und unseren Augen wieder und wieder begegnet? Es ist jener Anblick vieler Kinder, die von ihren Müttern gestillt werden.

Wohin auch immer ich meine Blicke wende, überall treffe ich auf Kinder, auf den Armen aller Frauen; selbst Männer tragen diese unschuldigen Geschöpfe. Es gibt keinen Flecken Grün, keinen Spazierweg, keinen öffentlichen Platz mehr, der nicht Kindergruppen jeden Alters aufwiese. [...] Dort macht das kleine zehnjährige Mädchen die Aufpasserin, lenkt ihre Schwestern und Cousinen [...] Niemals – in keiner Stadt, zu keinem Zeitpunkt meines Lebens – haben meine Blicke so viele Kinder gesehen. Unsere Französinnen nehmen die Mutterschaft mit mehr Zustimmung auf: Alle stillen, alle sind stolz darauf, Mütter zu sein, und alle sind der Meinung, daß die einzig gute Ernährerin die richtige Mutter ist. Die Mutterschaft wird so verehrt, daß ihre Tätigkeiten alle lästerlichen Bemerkungen verstummen lassen, die nur Bosheit und Verleumdung ersinnen konnten. Das weibliche Geschlecht wird für all seine Schwä-

chen entschuldigt, sobald diese bei einer besorgten und auf-
merksamen Mutter anzutreffen sind. Die jüngsten sind gewissermaßen jene, die den größten Respekt erheischen. So sehr gebieten die Pflichten der Natur, wenn sie erfüllt werden, dem
Geschwätz unserer hohlen Moralisten Schweigen [. . .]

Es hat den Anschein, daß alle Seelen, die an die Grenzen gezogen sind, um das Vaterland zu verteidigen, nach Hause zurückkehren, um neue Wesen zu zeugen und eine Heimstatt von
Republikanern zu schaffen, die die Anstrengungen und Opfer
ihrer Vorfahren genießen sollen.

Mercier, Le Nouveau Paris, Bd. 3, S. 191–196.

86. Sansculottinnen im Visier der Thermidorianer: »Gefähr-liche Personen« der Sektion Montreuil (5. Nivôse III, 25. Dezember 1794)

Frau Castel, fanatische Jakobinerin, hat ihre Grundsätze offen
verfochten bis zu dem Augenblick, wo der Tod des Unbestechli-
chen ihr den Mund schloß, wird verdächtigt, eine der Agentin-
nen zu sein, die die Jakobiner im Faubourg unterhielten. Besuchte sehr beflissen die Sitzungen der Jakobiner, soll angeblich
früher besoldet gewesen sein. Hat sich gerühmt, sie habe allein
achtzehn Personen in Poissy einsperren lassen, und bedauert,
daß das Blutgericht nicht genug Opfer verschlungen habe. Sie
hat sich gemeldet, wenn es sein müßte, selbst die Schnur der
Guillotine zu ziehen. Sie lebte früher mit einem Junggesellen
zusammen, der ihr einige Existenzmittel hinterlassen hat, die
heute, da er verstorben ist, nicht mehr ausreichen. Gefährlich
durch ihre Prinzipien, die sie vertreten würde, wenn sich Gelegenheit dazu böte.

Frau Lagou, fanatische Jakobinerin, vertrat die gleichen
Grundsätze wie die Obengenannte, besitzt weniger Mittel.
Große Freundin der Frau Castel, die sie in jeder Weise leitet
und deren unzertrennliche Begleiterin sie bei ihren Pilgergän-
gen in die heute zum Glück geschlossene Mördergrube war.

Die Frau von Morin, früher Mitglied des Revolutionskomitees, böses umstürzlerisches Weib, im Falle eines Aufruhrs sehr zu fürchten.

Markov/Soboul, Sansculotten, S. 461.

87. Aus der Konventssitzung vom 1. Prairial III (20. Mai 1795)

Die Frauen füllen die letzte Tribüne auf der Brutusseite; sie steigen auf die Bänke und rufen lauthals: »Brot! Brot!« Dieser Ruf wird von einigen Personen auf den anderen Tribünen aufgegriffen. Der Präsident bedeckt sich [. . .]

Die Rufe »Brot! Brot!« heben wieder an.

Vergeblich versucht man diese Frauen zu beruhigen; die einen machen sich lustig über den Zustand, in dem sie den Konvent sehen, die anderen zeigen dem Präsidenten und anderen Volksvertretern die Faust. Das Beispiel macht Schule; die zweite Tribüne der anderen Seite füllt sich gleichermaßen mit Frauen, die denselben Ruf ertönen lassen. Die Versammlung bewahrt die größte Ruhe; nach einer Viertelstunde flaut der Tumult etwas ab.

Der Präsident (barhäuptig): »Diese schrecklichen Rufe kündigen uns an, daß das Gewitter losbrechen wird. Gerade haben wir gesehen, wie Frauen die Tribünen verließen. Zweifellos sind sie gegangen, um sich Instruktionen für ihr weiteres Vorgehen zu holen. Das Brot, das man von uns verlangt, ist Gegenstand unserer sorgfältigsten Anstrengungen. Tag und Nacht beschäftigen wir uns hiermit, um unserer Mitbürger damit zu versorgen.«

Die Frauen: »Brot! Brot!«

Der Präsident bedeckt sich von neuem. Nach einer Viertelstunde kann er sich Gehör verschaffen. Unbedeckt sagt er: »All diese Rufe werden die Lieferungen [von Getreide] nicht um einen Augenblick beschleunigen [. . .]«

Eine Frau: »Wir warten schon lange genug, verdammt!«

Die große Mehrheit der Versammlung erhebt sich entrüstet und fordert, daß diese Frau verhaftet werde. Ihre Nachbarin zeigt dem Konventspräsidenten die Faust. Die Abgeordneten auf der äußersten Linken bewahren tiefstes Schweigen. [Ein Abgeordneter fordert die Räumung der Tribüne.] Der Lärm hebt von neuem an; nach einigen Augenblicken kehrt wieder Ruhe ein.

Der Präsident: »Einer unserer Kollegen sollte über zufriedenstellende Neuigkeiten berichten, hat er doch selbst gerade die Anlandung von Lebensmittellieferungen vorangetrieben [. . .]«

Die Frauen: »Nein, Nein! Wir wollen Brot!« (Neuerlicher Lärm)

Mehrere Abgeordnete reden in dem Tumult.

Chateauneuf-Randon: »Sollte der Konvent etwa Angst haben?«

Féraud: »Seien wir fähig, zugrunde zu gehen, wenn es notwendig ist.«

(Die Frauen schreien und bedrohen insbesondere Féraud.[1])

[A. Dumont übernimmt von Vernier den Vorsitz.]

Der Präsident: »Ich erkläre den Tribünen, daß ich eher stürbe, als dem Konvent keine Achtung zu verschaffen.«

(Die ganze Versammlung erhebt sich zum Zeichen der Zustimmung. Die Frauen lachen und schreien.)

Louvet: »Die Vertreter des Volkes. . .« (Die Frauen stoßen neuerliche Schreie aus. Es ist unmöglich herauszuhören, was sie sagen.)

Der Präsident, sich zur Linken wendend: »Zum letzten Mal erkläre ich den Tribünen, daß ich den Befehl geben werde, sie räumen, die Aufwiegler verhaften und den Gerichten übergeben zu lassen.«

(Lebhafte Beifallskundgebungen von fast allen Tribünen. Die Frauen, die die große Tribüne auf der linken Seite und die beiden benachbarten auf der Brutusseite füllen, murren heftig. Ein Brigadegeneral[2] begibt sich zu ihnen und spricht energisch auf sie ein.)

[Boissy übernimmt die Präsidentschaft von A. Dumont.]

Louvet: »Es ist unmöglich, daß die guten Bürger, die der Sitzung beiwohnen, nicht in der Mehrheit sind: Und unmöglich können sie nicht alle zusammenstehen, um zu verhindern, daß das aufrührerische Gelächter und Geschrei, das wir gerade gehört haben, sich wiederholt. Wir sind hier die Repräsentanten von 25 Millionen Menschen: 50 Aufrührer werden uns nicht das Gesetz machen. Wisset von all Eurer Macht Gebrauch zu machen! Eine Schmach ist der nationalen Vertretung zugefügt worden; von dieser Tribüne da ist das aufrührerische Geschrei ausgegangen; ordnet an, daß man Euch die Schuldigen anzeige, und laßt sie verhaften. Draußen sind die Fermente des Aufruhrs ausgeworfen worden; Royalismus und Terrorismus stacheln sich gegenseitig an und vereinigen sich; vereinigen wir uns, um sie zu zerstören.«

(Die Frauen: »Nieder! Brot! Brot!«
Es vergeht eine Viertelstunde mit Schreien und Drohungen.
Der Präsident läßt den Brigadegeneral rufen.)
Der Präsident: »Ich hole die Empfehlung des Konvents ein.«
Die Frauen: »Brot! Brot!«
»Soll ich diese Tribüne räumen lassen?«
Die Frauen: »Brot! Brot!«
»Und soll ich im Weigerungsfalle alle dort befindlichen Individuen verhaften lassen?«
(»Ja!« rufen alle Abgeordneten aus und erheben sich spontan, um das Dekret zu beschließen.)
Die Frauen: »Brot! Brot!«
Die große Tribüne auf der Rechten sowie die benachbarte auf der Brutusseite füllen sich ebenfalls mit Frauen, die schreien und sich bedrohlich gebärden; anderen, die sich noch in den Gängen befinden, geben sie Zeichen, sich ihnen anzuschließen: Alle zusammen rufen sie dann: »Brot! Die Verfassung von 93!« Einige: »Die Verfassung von 89!«[3] Das ruft in der Versammlung die lebhafteste Empörung hervor, sowohl bei den jungen Leuten[4], als auch bei allen Bürgern, die sich an den Schranken und auf den Bänken der Petitionäre befinden. Sie steigen zu der Tribüne, von der diese royalistischen Rufe zu hören waren, hoch und reden in der hitzigsten Wut auf die Frauen ein, die sie aus-

gestoßen haben. Langandauernde lautstarke Auseinandersetzungen sind die Folge.

A. Dumont: »Ich habe den Präsidentensessel einen Augenblick verlassen, um den Befehl zur Räumung der Tribünen zu
verfassen.« [Er verliest diesen Text, der angenommen wird.]

Der Präsident zu einem Offizier an der Schranke: »Ich beauf-
trage den Kommandanten der Streitmacht. . .«

Die Frauen: »Wir werden nicht gehen!«

1 Der Abgeordnete Féraud sollte im weiteren Verlauf dieser Konventssitzung, als es noch
zu Schüssen kam, wirklich zu Tode kommen.

2 Da die Bataillone aus den östlichen Pariser Sektionen mit allen ihren Waffen gegen den
Konvent marschierten, wurde erstmals seit 1789 wieder das Kriegsrecht über die Hauptstadt verhängt. Nach dem Scheitern der Erhebung mußten dann alle Sektionen ihre Waffen
abgeben.

3 Die Aufständischen hatten im Vorfeld »Brot« und »Die Verfassung von 1793«, die
noch nie in Kraft gesetzt worden war, als Losungen verabredet. Sie trugen diese an Mützen,
am Zeug oder als Spruchbänder und skandierten sie auch. Der Ruf nach der »Verfassung
von 1789« war wohl nur ein Ausrutscher; denn das hätte Rückkehr zur Monarchie bedeutet, was die Übermacht der Aufständischen wirklich nicht im Sinne hatte. Es mag sich auch
um eine gezielte Provokation gehandelt haben, um die ganze Aufstandsbewegung besser
diskreditieren zu können.

4 Wahrscheinlich handelte es sich um Angehörige der sog. »Jeunesse dorée« (vergoldete
Jugend), einer jugendlichen Schlägerbande aus großbürgerlichem Hause, die sich in den
vorangegangenen Monaten durch ihren militanten Kampf gegen jede Spielart von Jakobi-
nismus in Paris die Lorbeeren der Thermidorianer verdient hatte.

Moniteur, Nr. 245 (24. Mai 1795), S. 501–502.

Das Volk stürmt den Konvent, 20. Mai 1795. Auf der Lanze der Kopf Férauds

Schluß

Frauen in der Französischen Revolution – einige Mosaiksteine sind zusammengetragen; doch wie viele müssen noch hinzugefügt werden, bevor ein Gesamtbild der Lage und des Wirkens von Frauen in der Französischen Revolution entstehen kann? Grobe Umrisse zeichnen sich freilich schon ab.

Die Revolution brachte das Volk in Bewegung. Wenn sie auch eine bürgerliche Revolution war, so doch eine, die ihre Erfolge dem aktiven Eingreifen plebejischer, »niederer« Volksschichten verdankte, die die Macht der »Straße« konstituierte. Die Revolution brachte auch die Frauen in Bewegung, aber es gab nicht eigentlich eine Frauenbewegung im Sinne eines Kampfes um die Gleichstellung des weiblichen Geschlechts. Nicht, daß für eine solche Bewegung kein Anlaß bestanden hätte: Wir haben gesehen, daß die Frauen im Ancien Régime in zivil-, straf- und öffentlich-rechtlicher Hinsicht wie auch, was die Möglichkeiten ihrer Berufstätigkeit anging, einer krassen Diskriminierung unterlagen und daß die neue Ordnung, die doch auch unter der Parole der »Gleichheit« angetreten war, allen Verbesserungen im Détail (Scheidungsrecht, egalitäres Erbrecht, zivilrechtliche Verbesserungen oder Projekte zur allgemeinen Schulausbildung) zum Trotz, an diesem Zustand das Entscheidende nicht veränderte. Nicht auch, daß ein Zweifel an der prinzipiellen Unterordnung oder Minderwertigkeit des weiblichen Geschlechts für die Zeitgenossen so gänzlich undenkbar gewesen wäre. Die glasklaren, die naturrechtliche Philosophie der Zeit beim Wort nehmenden und zuendeführenden Darlegungen eines Condorcet oder einer Olympe de Gouges beweisen das Gegenteil. Aber der großen Mehrheit der Frauen waren solche Gedankengänge fremd. Die überzeugten Feministinnen blieben, auch wenn sie sich wie Etta Palm und Théroigne de Méricourt an vorderster Front des revolutionären Kampfes engagierten, Einzelgängerinnen und ohne Resonanz bei der Masse der aktiven Sansculottinnen, an deren wichtigsten Problemen sie vorbeiredeten.

Erst als in der Folge der Industriellen Revolution Familie und Arbeitssphäre auseinanderfielen, als im Bürgertum die »Ökonomie des ganzen Hauses« der biologischen Kleinfamilie wich und das Problem der »unversorgten«, nach standesgemäßer Berufstätigkeit strebenden ledigen Töchter sich auftat und andererseits die sich ausbreitende Fabrikarbeit das proletarische Familienleben ruinierte, d. h. erst von der Mitte des 19. Jahrhunderts an, sollten die materiellen Bedingungen entstehen, die Frauenrechtsbestrebungen eine Massenbasis verschaffen konnten.

Was die Frauen in der Französischen Revolution auf die Straße brachte, war etwas anderes. Es waren, kurz gesagt, die Ziele der Revolution selbst. Was Sansculottinnen forderten, unterschied sich nicht grundsätzlich von dem, was auch ihre Männer wollten; mag es sich nun um den Sieg der Revolution im politischen Bereich oder um ökonomische Forderungen wie das Recht auf Existenz und daraus abgeleitete Reglementierungsforderungen gehandelt haben. Aber indem sie es forderten, indem sie ihre Forderungen – die neuen revolutionären Institutionen für sich nutzend, aber auch außerhalb der neuen Legalität – mit in den politischen Prozeß einbrachten, verwirklichten sie, wenn auch nur für kurze Zeit, ein Frauenrecht, ohne es explizit als solches einzuklagen: das Recht auf Teilnahme am politischen Leben. Und es ist interessant zu verfolgen, wie sehr ihr Erfolg mit dem Einfluß der Volksbewegung überhaupt korrespondierte: Solange die Revolution in aufsteigender Linie verlief, sich »radikalisierte«, d. h. auch: demokratisierte, solange das politische Gewicht der Volksmassen zunahm, solange gelang es auch den politisch aktiven Frauen, das Terrain ihrer Wirksamkeit beständig auszuweiten. Neben den Möglichkeiten »spontanen« Eingreifens in die Politik, von der Massendemonstration bis zum »Ladensturm«, erweiterten sich auch die Formen des institutionalisierten und organisierten Einwirkens auf die revolutionären Staatsorgane: Im Sommer 1793 gehörte außer dem individuellen auch das kollektive Petitionsrecht von Frauen zum politischen Alltag, und es wurde den Frauen sogar das Recht auf »autonome« politische Organisationen zugestanden. Der Prozeß des fortschreitenden Abbaus politischer Frauenrechte setzte lange vor dem Sturz Robespierres exakt in dem

Moment ein, in dem mit der Ausschaltung der »Enragés« und der Einsetzung der Revolutionsregierung die ersten Schläge gegen die Autonomie der Volksbewegung geführt wurden. Die Thermidorianer, die im Namen einer konsolidierten Bourgeoisie die letzten Flammen der Volksbewegung austraten, brachten auch diesen Prozeß zu einem traurigen Ende: Die Frauen hatten ihre revolutionäre Schuldigkeit getan, ihre »Erweckung« zu politischem Leben sollte Episode bleiben.

Die Frauenbewegung, die wir verfolgen konnten, unterlag also in ihrem Auf und Ab den allgemeinen Entwicklungsbedingungen der sansculottischen Volksbewegung. Das bedeutet freilich nicht, daß es keine frauenspezifischen Zugänge und Beiträge zur revolutionären Politik gegeben hätte. Wir konnten vielmehr sehen, daß so zentrale Forderungen der Sansculottenbewegung wie die nach Festpreisen und nach notfalls mit terroristischen Mitteln sicherzustellender Versorgung mit lebensnotwendigen Bedarfsgütern zunächst von Frauen geltend gemacht wurden: Vom Marsch nach Versailles über die Ladenstürme im Frühjahr 1793 bis hin zum gescheiterten Prairial-Aufstand im Mai 1795 zeigt sich diese Vorreiterrolle von Frauen in allem, was die Versorgung betraf, und daß es ihr nicht biologisch, sondern sozial definiertes »Frausein« war, was ihnen diese Rolle zumaß.

Daß Versorgungsfragen im besonderen Sinne »Frauenfragen« waren, entsprach der Bedeutung der Frau in der traditionellen Familienökonomie. Daneben waren es aber auch Probleme weiblicher Berufstätigkeit, die der Volksbewegung spezifische Impulse und auch spezifische Schattierungen gaben. Das Hervortreten zweier so profilierter und aktiver Frauengruppen wie der Wäscherinnen einerseits und der Marktfrauen andererseits hat überdies gezeigt, daß diese Impulse durchaus gegenläufig sein konnten. Auf die Geschlechtsgemeinschaft gegründete weibliche Solidarität gab es nicht einmal unter den sozial doch relativ homogenen Schichten, aus denen sich die Sansculotterie rekrutierte.

Aus der politischen Ebene wieder verdrängt, vergaßen aber viele Sansculottinnen nicht, welche Erfahrungen sie mit der Revolution gemacht hatten, welche Niederlagen sie erlitten und welche Erfolge sie errungen hatten; und auch die heutige Frauenbewegung sollte sie nicht vergessen – die Frauen des 5./6. Oktober und all die anderen namenlosen »Heldinnen«, »Amazonen« und »Märtyrerinnen der Freiheit«.

Literatur

Léon Abensour: La femme et le féminisme avant la Révolution française. Paris 1923

Maïté Albistur, Daniel Amogathe: Histoire du féminisme français du Moyen Age à nos jours. Paris 1977 (Bd. 1)

Jane Abry: Feminism in the French Revolution; in: The American Historical Review, 1975, S. 43—63

Archives parlementaires. Recueil complet des débats législatifs et politiques des chambres françaises, hg. v. Mavidal/E. Laurent. 1. Serie (1789/1799), 82 Bde, Paris 1867/1914

Jean-Paul Bertaud: La vie quotidienne en France au temps de la Révolution (1789—1795). Paris 1983; bes. S. 195—219

Jeanne Bouvier: Les femmes pendant la Révolution. Paris 1931

Pierre Caron (Hg.): Paris pendant la Terreur. Rapports des Agents secrets du Ministre de l'Intérieur, 6 Bde Paris 1910/1964; Bd. 5, hg. v. H. Calvet, Paris 1958; Bd. 6, hg. v. M. Eude. Paris 1964

Ders. (Hg.): Rapports des Agents du Ministère de l'Intérieur, dans les départements. 1793 – an II, 2 Bde. Paris 1913/1951

Marie Cérati: Le club des Citoyennes Républicaines Révolutionnaires. Paris 1966

Richard Cobb: The police and the people. French popular protest 1789—1820. London 1970

C. A. Dauban (Hg.): La démagogie en 1793 à Paris ou Histoire jour par jour de l'année 1793. Paris 1886

Ders. (Hg.): Paris en 1794 et en 1795. Histoire de la Rue, du Club, de la Famine composée d'après des documents inédits. . . Paris 1869

Louis Devance: Le féminisme pendant la Révolution française; in: Annales historiques de la Révolution française 49 (1977), S. 341—376

Paule-Marie Duhet: Les Femmes et la Révolution, 1789—1794. Paris 1971

Dies. (Hg.): Cahiers de doléances en 1789 et autres textes. Paris 1981

Mary Durham Johnson: Old Wine in New Bottles. The Institutional Changes for Women of the People During the French Revolution; in: Women, War & Revolution, hg. von Carol R. Berkin, Carol M. Lovett. New York 1980, S. 107—143

Arlette Farge: Vivre dans la rue à Paris au XVIIIe siécle. Paris 1979

Dies.: Le vol d'Aliments. Paris 1974

Les Femmes dans la Révolution française. 1789—1794. 3 Bde. Paris 1982

Marcel Garaud: La Révolution française et la famille. Paris 1978

Darline Gay Levy, Harriet Branson Applewhite, Mary Durham Johnson: Women in Revolutionary Paris 1789—1795. Urbana 1979

Ursula Geitner: Die eigentlichen Enragées ihres Geschlechts. Aufklärung, Französische Revolution und Weiblichkeit; in: H. Grubitzsch (Hg.): Grenzgängerinnen. Düsseldorf 1985, S. 181—217

Margaret George: The World Historical Defeat of the Républicaines Révolutionnaires; in: Science and Society 40 4/1976, S. 410—437

F. Gerbaux: Les Femmes soldats pendant la Révolution, in: La Révolution française 47 (1904), S. 47—61

Olympe de Gouges, ed. p. Olivier Blanc. Paris 1981

Olympe de Gouges, Schriften, hg. v. M. Dillier, V. Mostowlansky, R. Wyss, Frankfurt a. M. 1980

Ruth Graham: Loaves and Liberty: Women in the French Revolution; in: Becoming visible, hg. v. Renate Bridenthal, Claudia Koonz, Boston 1977, S. 238—254

Angela Groppi: Sur la structure socioprofessionelle de la Section des Gravilliers; in: Annales historiques de la Révolution française 2/1978, S. 246—276; bes. S. 261—270

Dies.: Le travail des femmes à l'époque de la Révolution française; in: Bulletin d'histoire économique et sociale de la Révolution française. 1979

Helga Grubitzsch: Michelets »Frauen der Revolution«; in: Dies. (Hg.): Grenzgängerinnen, a. a. O., S. 157—179

Elisabeth Guibert-Sledziewski: Naissance de la femme civile; in: La Pensée, n° 238 (1984), S. 34—48

Olwen Hufton: The Poor of Eighteenth-Century France, 1750—1789. Oxford 1975

Dies.: Women and the Family Economy in 18th Century in France; in: French-Historical-Studies 1975, S. 1—22

Dies.: Women in Revolution. 1789—1796; in: Past and Present 53 (1971), S. 90—108; dt. in: Listen der Ohnmacht. Zur Sozialgeschichte weiblicher Widerstandsformen, hg. v. Claudia Honegger und Bettina Heitz, Frankfurt 1981, S. 138—159

Leopold Lacour: Les origines du féminisme contemporain. Trois femmes de la Révolution: Olympe de Gouges, Théroigne de Méricourt, Rose Lacombe. Paris 1900

E. Latullier: Les femmes célèbres de 1789 à 1795 et leur influence dans la Révolution. Paris 1900

Scott H. Lytte: The Second Sex (September 1793); in: Journal of Modern History, Vol. 26 (1954), S. 11—26

Walter Markov: Exkurse zu Jacques Roux. Berlin 1970

Ders.: Revolution in Zeugenstand, 2 Bde. Leipzig 1982

Ders./Albert Soboul: Die Sansculotten von Paris. Berlin 1957

Albert Mathiez: La vie chère et le mouvement social sous la terreur, 2 Bde. repr. Paris 1973

Louis Sébastian Mercier: Mein Bild von Paris. Leipzig 1979

Ders.: Le nouveau Paris. 6 Bde. Paris 1797

Gustav Landauer: Briefe aus der Französischen Revolution, 2 Bde. Berlin 1985

Jules Michelet: Die Frauen der Revolution. München 1913, repr. 1984

Claudia Opitz: Die vergessenen Töchter der Revolution. Frauen und Frauenrechte im revolutionären Frankreich 1789–1795; in: H. Grubitzsch (Hg.): Grenzgängerinnen, a. a. O., S. 287–312

Henriette Perrin: Le Club de Femmes de Besançon; in: Annales révolutionnaires 1917, S. 629–53; 1918 S. 37–63, 505–532, 645–672

Michelle Perrot: Rebellische Weiber. Die Frau in der französischen Stadt des 19. Jahrhunderts; in: Listen der Ohnmacht, a. a. O., S. 71–98

Susanne Petersen: Lebensmittelfrage und revolutionäre Politik in Paris 1792–1793. München 1979

Dies.: Jacques Roux und der Pariser Ladensturm; in: Eine Jury für Jacques Roux. Dem Wirken Walter Markovs gewidmet; Berlin 1981, S. 68–78

Dies.: Überlegungen zum ökonomischen Kampf der städtischen Volksmassen; in: Die Französische Revolution – zufälliges oder notwendiges Ereignis? München, Wien 1983, Bd. 2, S. 131–144

Jean Portemer: Le statu de la femme en France depuis la réformation des coutumes jusqu' à la rédaction du Code civil; in: La Femme. Recueil de la Société Jean Bodin, Bd. 12. Brüssel 1962, S. 447–497

Elizabeth Racz: The Women's Rights Movement in the French Revolution; in: Science and Society (1951/1952). S. 151–174

Rétif de la Bretonne: Revolutionsnächte. München 1921

Daniel Roche: Le Peuple de Paris. Paris 1981

George Rudé: Die Massen in der Französischen Revolution. München 1961

Ders.: Paris and London in the Eighteenth Century: Studies in Popular Protest. New York 1971

Adolf Schmidt (Hg.): Tableaux de la Révolution française, publiés sur les papiers inédits du départment et de la police secrète de Paris. 3 Bde. Leipzig 1867/1870

Hannelore Schröder (Hg.): Die Frau ist frei geboren. Texte zur Frauenemanzipation. Bd. 1 (1789–1870). München 1979

Albert Soboul: Sur l'activité militante des femmes dans les sections parisiennes en l'an II, in: Bulletin d'histoire économique et sociale de la Révolution française, Paris 1979; abgedr. in: Ders.: Comprendre la Révolution, Paris 1981, S. 203–214

Ders.: La Civilisation et la Révolution française Vol. 1 und 2. Paris 1970, 1982

Ders.: Les Sans-culottes parisiens en l'an II, Paris 1959

Ders.: Die Sektionen von Paris. Berlin 1962

Julia Stoddard: The causes of the Insurrection of the 5th and 6th of October, in: University of Nebraska Studies 4 (October 1904), S. 267–327

Alexandre Tuetey (Hg.): Répertoire général des sources manuscrites de l'histoire de Paris pendant la Révolution française, 11 Bde. Paris 1890–1914

Baron Marc de Villiers: Histoire des Clubs de Femmes et des Légions d'Amazones, 1793–1848–1871. Paris 1910

Michel Vovelle: Die Französische Revolution. Soziale Bewegung und Umbruch der Mentalitäten. Frankfurt a. M. 1985

Arthur Young: Voyages en France. 1789, 1788, 1789. 3 Bde, hg. v. H. Sée, Paris 1931, repr. Paris 1976; Bd. 1: Journal de Voyages